8가지 크리스천 리더십의 법칙

팔복으로 리드하라

정영호 지음

쿰란출판사

팔복으로
리드하라

저자 서문

예수님은 가장 이상적이며 완벽한 리더십의 표본이다. 예수님의 리더십으로의 소명의 목적은 누가복음 4장 18-19절에 잘 나타나 있다.

> "주의 성령이 내게 임하셨으니 이는 가난한 자에게 복음을 전하게 하시려고 내게 기름을 부으시고 나를 보내사 포로 된 자에게 자유를, 눈먼 자에게 다시 보게 함을 전파하며 눌린 자를 자유롭게 하고 주의 은혜의 해를 전파하게 하려 하심이라."

예수님은 하나님께서 자신을 보내시고 부르신 목적이 무엇인지를 잘 아셨고 그것을 분명하게 정의하셨다. 크리스천 리더십으로의 부름의 목적은 바로 여기에 있다.

팔복은 예수님께서 리더십으로의 부르심의 목적을 구체적으로 설명한 방법이다. 예수님은 팔복의 성품과 윤리적 삶을 통해 리더십의 목적을 삶의 현실에서 구체적으로 실천하셨다. 그러나 오늘날 교회와 많은 크리스천 리더들의 리더십은 이것과는 매우 대조적이며 여러 방면에서 리더십의 부재를 보여 주고 있다. 그들은 세상 밖으로 흩어져 크리스천 리더십의 목적을 구현하기 위하여 선한 영향력을 끼치기보다는 개 교회 안에서의 봉사와 교제에만 머물면서 매우 제한된 리더십의 역할에 만족해 하는 모습을 보여 주는 것 같다. 뿐만 아니라 우리 사회 전반에 걸친 리더십의 도덕적 해이와 몰락은 리더십에 대한 불신의 벽을 더욱 높게 한다. 리더십의 위기가 한국 사회와 교회 모두에게 광범위하게 암울한 그림자로 퍼져 있다.

무엇보다도 그리스도인의 영적 리더십이 회복되고 새롭게 세워져야 한다. 교회와 그리스도인들은 세속적인 성공만을 추구하는 리더십의 기술이나 방법의 포로가 되어서는 안 된다. 필자는 신학과 정치학을 공부하고 국회와 정당을 중심으로 오랜 시간 일을 하면서 많은 크리스천 정치 엘리트들을 만났고 그들의 정치 행태를 관찰했지만 대부분이 크리스천 영적 리더십의 무지와 사명감의 부재로 몰락의 길을 걸었다. 뿐만 아니라 한국교회의 리더들도 실망스런 모습으로 세상의 조롱거리가 되었다. 세상의 방법으로 세상은 변화되지 않는다.

필자를 포함하여 그리스도인은 세상과 다른 방법, 즉 예수 그리스도의 리더십의 소명과 목적에서 영적 리더십의 권위와 방법을 발견해야 한다. 성령의 권능을 부여받은 교회와 크리스천 리더들은 스스로 성령의 권능을 제한하거나 약화시키는 리더십을 발휘해서는 안 된다. 하나님께서 교회와 그리스도인들을 리더십으로 초대하신 목적은 예수님의 리더십의 표본을 닮아 소금과 빛의 사명을 감당하라는 데 있다. 하나님께서 성령의 권능을 주신 이유가 여기에 있다.

　예수님의 산상수훈은 매우 역설적이며 대항적이다. 예수님은 산상수훈을 통해 남들과 다르게 살라고 말씀하신다. 오늘 우리가 사는 문화 속에서 산상수훈을 실천하며 산다는 것은 매우 힘들게 느껴지는 것이 사실이다. 필자 자신부터 어렵게 느껴질 뿐만 아니라, 팔복을 중심으로 산상수훈을 묵상하고 내 자신의 삶의 모습을 돌아보면 정말 나 같은 죄인이 어디 있겠는가 하는 고백과 회개를 하지 않을 수 없었다.

　필자는 이 글을 쓰면서 내 자신이 온전하게 회개하고 이제라도 예수님의 말씀의 교훈을 되새기며 내가 살아가는 삶의 자리에서 팔복의 성품을 품고 어떤 것 하나라도 제대로 실천하는 사명과 비전을 품고 산다면 그것만큼 더 행복하고 축복받는 삶은 없을 것이라는 확신과 비전을 새롭게 가졌다. 필자는 팔복을 읽고 깊이 묵상하면서 주님이 주시는 가르침의 깨달음이란 은혜를 체험했다. 내가 먼저 깨달은 이상 누군가에게 그 깨달음을 전하고 함께 나누는 것이 목사의 의무요 책임이기에 리더십의 관점에서 새롭게 정리해 보았다.

　《팔복으로 리드하라》는 8가지 크리스천 리더십의 법칙을 다룬다. 이 책은 팔복의 메시지를 리더십의 관점에서 8가지 핵심 주제어인 겸손, 이타심,

자기희생, 사명, 섬김, 도덕성, 피스메이커, 그리고 용기를 중심으로 리더십의 법칙을 설명한다. 각각의 주제어는 성경적 의미와 성경의 다양한 리더들의 삶과 행태를 중심으로 설명되고, 그 과정에서 주제어가 담고 있는 리더십의 핵심 메시지를 전한다. 그리고 역사 속에서 자신의 시대에 선한 영향력을 끼쳤던 위대한 크리스천 리더들을 소개하면서 그들을 리더십의 멘토로 소개한다.

《팔복으로 리드하라》는 필자가 구상하고 있는 《리드하라》 3부작 시리즈 제2편에 해당된다. 필자는 2016년 미국에서 귀국하면서 제1편에 해당하는 《STEP으로 리드하라》(엘컴퍼니)를 출판했다. 이 책은 리더십의 4가지 핵심 기둥인 서번트 리더십Servant Leadership, 변혁적 리더십Transformational Leadership, 윤리적 리더십Ethical Leadership, 그리고 공공 리더십Public Leadership의 이론을 바탕으로 자신의 시대를 바꾼 위대한 리더들의 삶과 비전, 그리고 리더십 스타일을 소개함으로써 독자들이 리더십 부재의 시대에 가장 이상적인 리더십의 롤 모델이자 멘토를 발견하도록 도움을 준다. 이 두 권의 책은 상호보완적이다. 함께 읽으면 유익함이 더 클 것이다.

이 책을 처음 구상하고 기본적인 메모를 하면서 전체 그림을 그린 것은 지난해 화창한 봄의 향연이 한창일 무렵이었다. 교회에서 팔복을 주제로 간단하게 메시지를 전하면서 이것을 리더십의 관점에서 접근해 볼 필요가 있음을 깨닫고 다양한 자료들을 읽고 연구하며 무더운 여름의 열기와 씨름하면서 조금씩 원고를 쓰기 시작하여 깊은 가을 끝자락에 초고를 마치고, 눈 내리는 크리스마스 시즌에 탈고했다. 이 과정에서 무리한 집필로 목 디스크가 발생해 많은 고생을 했다. 그래서인지 이 책에 대한 애정은 남다르다.

필자는 이 책을 집필하면서 한국에서는 국회와 정당을 중심으로, 그리고 하나님의 부르심을 받은 후 미국으로 건너가 신학을 공부하며 한인교회에서 목회했던 시간들 가운데서 크리스천 리더십의 중요성을 피부로 느끼고, 위대한 리더십의 멘토들에 대한 인문학적 접근의 필요성을 절감하면서, 또한 신앙과 일터의 연결고리를 리더십에서 찾고자 했던 열정의 시간들을 다시 기억하면서 새로운 비전을 발견하기 위해 노력했다. 또한 개인적으로 미국에서 생활하고 있는 두 자녀를 가슴에 품고 하나님의 새로운 비전을 추구하며 열심히 사는 아버지의 모습을 보여 주고 싶었다. 마지막으로 이 책은 전적으로 쿰란출판사 대표 이형규 장로의 도움으로 세상에 나올 수 있었다. 진심으로 감사를 드린다.

아무쪼록 《팔복으로 리드하라》가 한국교회와 많은 그리스도인들에게 유익함을 전해 주고 그들이 성령의 권능으로 팔복의 리더가 되어 하나님 나라의 비전을 품고 개 교회를 넘어 세상에 선한 영향력을 끼치고 한국 사회를 새롭게 변화시키는 도전과 변화의 삶을 헌신적으로 사는 데 작은 도움이 되기를 간절히 소망한다.

팔복의 크리스천 리더들을 소망하며

정영호

(여의도 일터 선교회 대표)

차 례

저자 서문   04

서론: 팔복, 그리스도인의 성품과 리더십   15

제1장 / 겸손의 법칙: 심령의 가난

심령의 가난, 겸손   24
겸손, 하나님 중심의 마음   28
교만은 겸손의 적이다   33
겸손은 리더의 최고의 덕목이다   37
겸손, 리더십의 신뢰를 구축하는 힘   39
겸손의 본을 보여 준 위대한 크리스천 리더들   42
   함께 생각 나누기   55

제2장 / 이타심의 법칙: 애통

영적 애통과 예수님의 애통   58
리더의 애통, 참회와 생명의 회복   63
이타심, 이웃과 공동체를 향한 애통   70
이타심, 사려 깊음과 사회적 책임   72
이타심의 본이 되는 위대한 크리스천 리더들   75
   함께 생각 나누기   90

제3장 자기희생의 법칙: 온유

온유한 사람	94
온유함, 예수 그리스도의 마음	97
온유함, 희생과 자제력	100
온유함, 고난을 이기는 내적 힘	105
자기희생의 본이 되는 위대한 크리스천 리더들	108
함께 생각 나누기	124

제4장 사명의 법칙: 의에 주리고 목마름

하나님의 의	128
자기 의, 자기중심적 세계관	131
주리고 목마른 마음	134
사명, 헌신과 비전	136
사명의 본이 되는 위대한 크리스천 리더들	147
함께 생각 나누기	162

제5장 섬김의 법칙: 긍휼

긍휼, 하나님의 속성	166
긍휼의 본이신 예수 그리스도	169
긍휼은 용서, 사랑, 그리고 섬김이다	171

긍휼은 자기부정이며, 서번트 리더의 심장이다	176
섬김의 본이 되는 위대한 크리스천 리더들	181
함께 생각 나누기	194

제6장 도덕성의 법칙: 청결

청결함, 하나님의 마음에 합한 삶	198
청결함, 회개, 자기부정	200
청결함, 리더의 온전함	205
청결함, 리더의 도덕적 심장	208
도덕성의 본이 되는 위대한 크리스천 리더들	212
함께 생각 나누기	227

제7장 피스 메이커의 법칙: 화평

평화의 하나님, 화평을 이루시는 그리스도	232
화평은 십자가의 희생이다	235
화평을 이룬 성경의 인물들	237
그리스도인은 화평을 위하여 부름을 받았다	244
피스메이커의 본이 되는 위대한 크리스천 리더들	246
함께 생각 나누기	260

제8장 용기의 법칙: 박해

불가피한 고난	264
박해받는 자	266
의를 위하여	271
롯의 처를 기억하라	275
용기의 본이 되는 위대한 크리스천 리더들	279
함께 생각 나누기	294

마치면서	297
◈ 미주	301
◈ 도움이 되는 책들	306

서론; 팔복, 그리스도인의 성품과 리더십

> "리더십이란 모든 사람들을 하나의 공통된 목적에 규합시키는 능력과 의지이며, 신뢰감을 불어넣는 성품이다."
> – 버나드 몽고메리

　타인이나 사물, 혹은 어떤 상황을 대하는 태도는 마음의 자세가 결정한다. 긍정의 마인드를 갖고 있으면 긍정적 태도로 대하고, 부정의 마인드를 갖고 있으면 부정적 태도로 대한다. 마음의 자세는 오랜 시간의 교육과 훈련을 통해 형성된다. 이렇게 형성된 마음의 자세가 성품이며, 그것은 사람의 행동을 결정하고 판단하는 중요한 토대가 된다. 헤라클레이토스는 "한 사람의 성품은 그의 운명이다"라고 말했다. 성품이 한 인간을 평가하는 데 있어서 매우 중요한 기준이 되고 있음을 강조하는 말이다.

　리더가 되는 과정은 모든 영역에서의 통합된 인간이 되는 과정과 동일하다. 리더십의 대가 워렌 베니스Warren Bennis는 대부분의 조직들은 경영자 혹은 리더를 평가하기 위하여 7가지 기준들을 사용한다고 말한다. 그가 강조하는 7가지 기준은, 기술적 역량, 대인관계people skills, 추상적 사고의 이해능력conceptual skills, 실적, 취향, 판단력, 그리고 성품이다. 이 가운데 판단력과 성품은 확인하고, 측정하거나 개발하기가 가장 어려운 요소들이다. 이 두 가지 요소는 MBA에서 가르쳐주지도 않고 배울 수도 없다. 그러나 우리는 그것들이 어떻게 형성되는지 잘 안다. 흥미로운 것은 많은 경영자들과 조직의 리더들이 판단력과 성품이 부족하다는 것이 드러났음에도 불구하고 그들의 기술적 역량만을 강조하고 있다는 사실이다. 리더십에서 가장 중요한 요소들이 쉽게 계량화될 수 없다는 것이 아이러니하다.

존 맥스웰은 《리더의 조건》(비즈니스북스, 2016)에서 리더가 지녀야 할 21가지 필수불가결한 자질들을 소개하면서 성품을 제1조건으로 들었다. 맥스웰은 리더의 성품이란 자신의 삶에 어떤 방식으로 대처해 왔는가를 통해 알 수 있다고 말하면서, 성품은 말로 되는 것이 아니라 사물을 바라보는 시각을 통해 어떤 '행동'을 할지 결정하게 되므로 그의 행동과 분리될 수 없다고 강조했다.

미국 남북전쟁 당시 남군을 이끌었던 로버트 리Robert Lee 장군이 모든 면에서 북군에 비해 열세였던 상황에서 남군의 병사들이 유약해지지 않고 패전할 때까지 하나의 공통된 목적으로 규합하여 그의 명령을 따를 수 있게 만들었던 근원적 힘이 그의 성품이었다. 영국 수상을 두 번 역임했던 아더 웨슬리Arthur Wellesley는 리 장군을 만난 후 "뜨거운 용광로에 들어가 남다르게 순도 높은 보석으로 빚어진 사람 앞에 서 있다는 감화를 준 것은 리 한 사람뿐이었다"라고 소감을 밝혔다. 리 장군의 탁월한 리더십이 그의 성품에 있었음을 말해 준다.

리더십은 신뢰를 바탕으로 한다. 사람들은 자기가 신뢰하는 리더를 따른다. 성품은 리더를 신뢰하게 만드는 기초가 된다. 리더의 성품이 사람들을 공통된 목적에 하나가 되게 하고 신뢰감을 불어넣는다. 좋은 성품이 좋은 리더를 만드는 이유가 여기에 있다.

마태는 예루살렘 성전 파괴 이후 유대인 크리스천들의 정체성에 대한 커다란 갈등이 존재했던 시기에 그들에게 그들의 관점에서 그리스도의 복음을 설명하기 위해 예수님의 이야기를 기록했다. 그들은 예수님을 메시아로 받아들였지만, 그들은 여전히 유대 공동체 안에서 살았고 이스라엘과 다른 전통을 따랐다.

마태는 이스라엘 왕이신 예수님의 본성과 성품에 맞춰 그리스도 공동체 안에서 새로운 정체성을 다시 찾으려고 노력했다. 마태가 발견하고자 했던 새로운 정체성은 오늘날 우리에게도 해당되는 질문이다. 그것은 "예수님은 누구시며, 우리는 예수님의 어떤 모습을 따라 살아야 하는가?" 하는 질문이다. 그래서 마태는 그리스도께서 삶의 모든 영역에서 자신의 특성을 구체화했으므로 예수 그리스도의 종들은 땅의 소금과 세상의 빛으로서 그들의 본성을 통해 예수 그리스도의 정체성을 드러내야만 한다는 것을 강조한다.

예수님이 전망 좋은 갈릴리 지역 어느 언덕에서 수많은 군중들을 앉혀놓고 제자들을 군중들 앞에 앉게 하신 후 제자훈련을 시작하셨다. 제자훈련의 목적은 하나님의 나라를 세우고 이끌어갈 리더십을 세우는 것이다. 그분은 세상과 다르게 사는 것이 리더의 길임을 산상수훈을 통해 제시하셨다. 그리고 산상수훈의 첫 번째 말씀인 팔복을 통해 그리스도인이 품어야 할 성품이 무엇인지, 그러한 성품을 품고 리더의 삶을 살아갈 때 어떤 축복을 누릴 수 있는가에 대해 명확하게 제시하셨다.

팔복은 예수님의 성품을 가장 잘 드러내는 말씀이다. 예수님은 팔복의 완전체다. 그분은 세상과 다르게 사는 그리스도인이 되기 위해서는 팔복의 성품을 지녀야 한다고 말씀하신다. 예수님의 팔복은 매우 간결하고 단순한 메시지로 구성되어 있다. 그러나 함축적인 의미를 지니고 있는 예수님의 팔복은 각각의 축복마다 심오하고 광대한 의미를 담고 있음을 우리는 잘 알고 있다. 아마도 그 깊이와 너비는 우리가 측량할 수 없는 풍부함으로 가득 차 있을 것이다.

팔복은 하나님(수직적 관계)과 그리스도인들이 만나는 모든 사람들(수평적 관계)과의 교제에서 하나님의 나라에서 하나님의 종으로서 그들이 가져야 할 이상적인 성품을 특징적으로 보여 준다. 그리스도의 종으로서 세상을 이끌기 위해, 우리는 이전의 성품들을 내려놓고 팔복의 특성들로 새로운 본성을 소유해야 한다. 따라서 하나님의 나라에서 종의 성품은 이전과는 완전히 다른 전혀 새로운 것들로 변해야만 한다. 이것은 "누구든지 그리스도 안에 있으면 새로운 피조물이라"(고린도후서 5:17)는 바울의 주장과도 같은 맥락에서 이해가 돼야 한다.

팔복은 하나님의 나라 모든 시민들을 위한 가장 이상적인 마음의 성품을 설명한다. 그리스도인에게 성품은 매우 중요하다. 하나님은 사람을 외모로 판단하지 않으시고 오직 그의 중심으로만 판단하신다(사무엘상 16:7). 예수님 역시 외모가 아니라 그 사람의 내면에 있는 무엇으로 판단하시며 평가하신다. 팔복은 예수님이 우리를 판단하시고 평가하시는 매우 중요한 기준이며 우리가 예수님의 성품을 닮기를 원하시는 여덟 가지 성품이다. 이것을 예수님께서 산상수훈을 통해 제시하셨다: 심령의 가난(마태복음 5:3); 애통(마태복음 5:4); 온유(마태복음 5:5); 의에 주리고 목마름(마태복음 5:6); 긍휼(마태복음 5:7); 청결(마태복음 5:8); 화평(마태복음 5:9); 그리고 박해(마태복음 5:10)이다.

예수님은 크리스천 리더십의 본질로서 팔복의 성품을 통해 8가지 크리스천 리더십의 법칙을 제시하셨다.

첫째, 겸손의 법칙이다. 이것은 크리스천 리더십이 지녀야 할 심령의 가난함이다. 심령이 가난한 자가 축복을 받는다. 심령의 빈곤은 매우 역설적인 표현이다. 그러나 가난한 자는 영적 거장이다. 그들은 하나님 앞에서 지극히 겸손하고 자기를 내려놓은 자들이다. 겸손한 리더는 추종자가 없으면 리더도 없다는 것을 너무나 잘 안다. 그렇기 때문에 리더와 추종자는 함께 리더십을 발휘한다.

둘째, 이타심의 법칙이다. 이것은 크리스천 리더십의 애통하는 마음을 의미한다. 애통의 성품을 지닌 리더는 다른 사람들의 고통을 알고 있다. 그들은 타인의 고통에 함께 애통한다. 타인의 애통을 이해함으로써 리더는 경험을 쌓고 인격을 발전시킨다. 애통하는 성품을 소유한 리더는 그 과정을 통해 지혜를 얻고 공동체 의식을 형성하고 이타적인 삶을 산다.

셋째, 자기희생의 법칙이다. 이것은 크리스천 리더십의 온유함이다. 온유한 지도자는 역설적으로 내면이 강하지만 협동적이며 섬김의 힘을 실천한다. 그들은 자신의 권력을 제어하는 능력이 있다. 그들은 공동체의 고통 앞에서 자신의 희생을 당연하게 받아들이며 자기희생을 통해 공동체의 유익함을 추구하는 것을 기뻐한다. 온유하며 섬기는 리더십의 힘은 폭발적인 영향력을 행사한다.

넷째, 사명의 법칙이다. 크리스천 리더십은 의에 목마르고 주릴 정도로 사명에 헌신하는 속성을 지닌다. 의에 목마른 리더는 하나님과 그의 백성들을 인도하는 사람들 사이에서 올바른 관계를 설정한다. 그들이 취하는 올바른 관계는 하나님의 공의와 공평을 추구하도록 이끌며 공동체를 위한 하나님으로부터의 사명에 헌신하면서 사람들과의 관계에서 신뢰를 구축한다.

다섯째, 섬김의 법칙이다. 크리스천 리더십은 서번트 리더십이다. 이것은 리더십의 긍휼의 성품을 강조한다. 긍휼은 자신을 낮추고 이웃의 고통을 자신의 것으로 품는다. 긍휼의 행위는 섬김으로 나타나며, 리더의 섬김은 추종자들의 신뢰를 높이며 비전을 공유하는 원동력이 된다. 긍휼하지 않은 리더는 추종자들에게 리더의 잠재력을 발휘하지 못하게 한다. 긍휼의 섬김은 새로운 가능성을 열어 준다.

여섯째, 도덕성의 법칙이다. 크리스천 리더십은 도덕적으로 온전함을 드러내야 한다. 청결한 마음은 모든 일을 순수한 마음으로 감당하도록 동기부여를 한다. 청결한 마음을 소유한 리더는 도덕적이며 윤리적 삶을 통해 추종자들의 마음을 사고 공동체에 영향을 끼친다. 대부분의 윤리적 리더들은 이러한 마음을 공통적으로 소유한다. 리더의 도덕성은 개인적 능력, 명예와 영광의 동기로 사람들을 이끄는 리더들과는 매우 대조적이다.

일곱째, 피스메이커peacemaker의 법칙이다. 크리스천 리더십은 모든 갈등의 중심에서 막힌 담을 허무는 본질을 드러내야 한다. 피스메이커는 가공된 조화가 아닌 진정한 갈등을 극복하는 평화를 추구한다. 그들은 분쟁을 조정하고, 갈등의 벽을 넘는 새로운 대안을 제시하고 협의하며 공동선을 추구한다. 그들은 평화를 만드는 과정에서 하나님께서 주신 영감을 따라 헌신하며 모든 화평의 중심에 하나님을 둔다.

여덟째, 용기의 법칙이다. 크리스천 리더십은 복음의 의를 위한 사명에 헌신함에 있어서 용기를 보여 준다. 용기 있는 리더는 하나님으로부터 받은 사명에 헌신하며 자신의 모든 것을 희생한다. 어떤 고통도 믿음으로 극복하고 공동체 구성원들과 비전의 공유를 통해 지지력을 이끌어 낸다. 그리고 분명한 목표를 향해, 그리고 목적을 이루기 위해 구성원들을 이끌고 함께 길을 걷는다.

존 스토트는 팔복은 그리스도인들이 내면에 균형을 유지해야 할 다양한 성품을 제시하고 있다고 말한다. 그의 설명에 따르면[1], 팔복은 8개의 서로 다른 제자 집단이 아니라, 같은 집단에 속한 이들이 갖는 8개의 자질로, 그 집단에 속해 있는 사람들은 심령이 가난하고 동시에 긍휼이 많으며 온유하고 마음이 청결한, 그리고 애통하고 주리며 화평케 하는 자이고 박해를 받는 자라는 것이다.

팔복은 모든 그리스도인들이 어떤 존재가 되어야 하는가에 대해 예수님이 직접 설명하신 것으로 이 모든 자질은 그분을 따르는 모든 사람들의 성품이며, 크리스천 리더십의 근원이다.

1

겸손의 법칙: 심령의 가난

"심령이 가난한 자는 복이 있나니"
−마태복음 5:3

심령의 가난, 겸손
겸손, 하나님 중심의 마음
교만은 겸손의 적이다
겸손, 리더십의 신뢰를 구축하는 힘
겸손의 본이 되는 위대한 크리스천 리더들

"그리스도인은 그리스도의 온유함을 보여 줌으로써, 다른 사람들을 도울 준비가 항상 되어 있고, 친절한 말을 하고 비이기적 행위를 수행함으로써 세상에 온 가장 거룩한 메시지를 높이고 고귀하게 함으로써 진정한 겸손을 드러내야 한다."

― 엘렌 화이트

심령의 가난, 겸손

수많은 사람들이 예수님의 말씀을 듣기 위해 모였다. 그들은 유대 사방과 예루살렘과 두로와 시돈의 해안으로부터 온 사람들이었다. 그들 가운데는 예수님으로부터 병 고침을 받았던 사람들, 병 고침을 받기 위해 온 사람들, 그리고 예수님의 소문을 듣고 말씀을 듣기 위해 온 사람들을 포함해서, 예수님을 지도자로 모셔 이스라엘의 해방을 꿈꾸는 사람들과 이스라엘의 종교지도자들, 사두개인과 바리새인들도 있었을 것이다. 예수님은 많은 무리들 앞에 제자들을 앉히셨다.

드디어 예수님이 구름 떼같이 모여든 사람들 앞에 혼자 섰다. 웅성거리던 사람들이 갑자기 조용해졌다. 그들의 눈과 귀는 오직 한 분 예수님을 향해 집중되었다. 그들은 예수님이 무슨 말씀을 하실 것이며, 그 말씀의 첫 마디가 무엇인지 궁금했을 것이다. 그들은 아마도 예수님이 이스라엘이 로마의 압제 하에 있는 상황에서 오래전 예언자들의 예언의 성취를 이루실 분이 바로 예수님 자신임을 선포하는 말씀을 하실 것이라고 생각했을 것이다.

그런데 뜻밖에도 예수님의 첫 말씀은 "심령이 가난한 자는 복이 있나니 천국이 그들의 것임이요!"였다. 이게 무슨 말씀인가? 아무리 자신들의 예상에 빗나간 말씀일지라도 "심령이 가난한 자"라니! 도대체 "심령이 가난한 자"란 무슨 말인가? 심령의 부자도 아니고!

예수님은 산상수훈의 첫 단어를 '심령'(프뉴마)Pneuma으로 시작하셨다. '프뉴마'란 인간의 '영혼'soul, spirit을 의미하는 말로서 인간의 '내적 자아'를 뜻한다. 개역성경은 이 말을 '마음'이라고 번역했는데, "심령이 가난한 자"란 인간의 '내면적 가난'으로서 '마음의 가난', 즉 '가난한 마음'을 의미한다.

그리스어는 가난의 의미로 두 개의 단어를 사용한다. 하나는 '페네스'Penēs 인데, 이 단어는 자신의 생존을 위해 일을 해야만 하는 사람으로서, 이 사람에게 있어서 삶은 투쟁과도 같은 것이다. 이 사람은 모든 것이 부족한 가난한 사람이다. 가난을 의미하는 다른 하나는 '프토코스'ptōchos다. 이 단어는 절대적 빈곤으로서 비참한 가난을 의미한다. 예수님은 '가난'의 의미로 이 단어를 사용하셨다.

'심령의 가난'이란 물질적 가난을 넘어선 영적 가난으로서 하나님의 은혜가 아니면 하루도 살기 어려운 처절한 영적 가난의 마음이다. 이것은 자신의 죄에 대한 무거운 채무를 느끼고 마치 돌아온 탕자처럼 아버지 앞에서 한없이 초라하고 자신의 자존심과 교만을 다 내려놓고 오직 하나님만 의지하고 그분의 은혜만을 간구하는 겸손을 의미한다.

다윗은 시편 34편 6절에서, "이 곤고한 자가 부르짖으매 여호와께서 들으시고 그의 모든 환난에서 구원하셨도다"라고 노래하는데, 여기서 "이 곤고한 자"로 사용된 그리스어가 '프토코스'이다. 또한 사무엘하 22장 28절에서, 다윗은 하나님께서 "모든 원수의 손과 사울의 손에서 구원하신 그날에"(사무엘하 22:1) 하나님께 "주께서 곤고한 백성은 구원하시고 교만한 자를 살피사 낮추시리이다"라고 노래했는데, 여기서도 "곤고한 백성"이 '프토코스'의 의미로 사용되었다.

가난한 마음으로서 겸손은 그리스도인의 최고의 덕목이다. 예수님은 겸손을 통해 가장 최고의 리더십의 본을 보여 주셨다. 그분은 스스로 낮은 자가 되어 오직 하나님의 뜻을 따라 순종하고, 자신의 능력을 자신을 위해서가 아니라 하나님 나라의 복음과 고통받는 이웃을 위해 사용하였고, 가난한 자들과 식탁을 함께 나누며 그들과 하나가 되셨을 뿐만 아니라 스스로 무릎을 꿇고 제자들의 발을 씻어 주시는 종의 모습으로 겸손의 삶을 사셨다. 예수님은 섬기며, 종이 되고, 자기를 낮추는 것으로써 겸손을 다음과 같이 말씀하셨다.

"너희 중에는 그렇지 않아야 하나니 너희 중에 누구든지 크고자 하는 자는 너희를 섬기는 자가 되고 너희 중에 누구든지 으뜸이 되고자 하는 자는 너희의 종이 되어야 하리라"(마태복음 20:26-27).

"누구든지 자기를 높이는 자는 낮아지고 누구든지 자기를 낮추는 자는 높아지리라"(마태복음 23:12).

그뿐만 아니라 예수님은 자신의 마음을 겸손한 마음으로 지칭하면서 "나는 마음이 온유하고 겸손하니 내게 배우라"(마태복음 18:29)고 말씀하셨다. 그리스도인이 가장 우선적으로 닮아야 하는 예수님의 성품이 겸손이라는 이유가 바로 여기에 있다. 예수님의 마음이 겸손이기에 그리스도인은 겸손을 배우고 본받아야만 한다. 바울도 그리스도인이 본받아야 할 마음이 바로 그리스도 예수의 마음이라고 하면서 "자기를 비워 종의 형체를 가진" 예수님의 겸손을 칭송했다.

"그는 근본 하나님의 본체시나 하나님과 동등됨을 취할 것으로 여기지 아니하시고 오히려 자기를 비워 종의 형체를 가지사 사람들과 같이 되셨고 사람의 모양으로 나타나사 자기를 낮추시고 죽기까지 복종하셨으니 곧 십자가에 죽으심이라"(빌립보서 2:6-8).

여기서 "자기를 비워"라는 말은 자신의 모든 지위와 기득권을 내려놓은 완전한 자기포기와 굴종, 그리고 자기부정을 의미한다. 바울은 예수님이 철저한 자기포기와 부정을 의미하는 겸손의 모습으로 하나님의 뜻을 이루셨다고 강조한다.

궁극적으로 예수님의 겸손은 십자가의 죽음으로 꽃을 피웠고, 이것은 기독교 신앙의 핵심으로서 십자가의 도에 나타난 하나님의 용서와 끝없는 사랑의 비밀을 드러나게 한 것이다. 자신을 철저하게 부정하고 비우며, 내려놓고 오직 하나님의 뜻에만 의지하는 '가난한 마음', 겸손의 마음이 하나님의 위대한 사랑을 보여 주었다.

겸손, 하나님 중심의 마음

영적 가난의 마음이란 전적으로 하나님의 주권적 은총을 의지하고 사모하는 것임을 말한다. 겸손은 하나님의 주권적 은총을 인정하고 하나님 중심의 영적 마음을 소유하는 것이다. 야곱은 20년간 망명생활을 하다 고향으로 돌아와 에서를 만날 준비를 할 때, 자신이 고생해서 가정을 이루고 많은 부를 축적했음에도 자신은 하나님의 은혜조차 감당하기 어려운 미비하고 연약한 존재였다는 사실을 고백했다(창세기 32:10).

이사야를 비롯하여 많은 선지자들도 심령의 가난함으로 하나님 앞에서 슬픔에 젖었을 때 하나님의 축복을 받았다. 특히 이사야는 웃시야 왕의 죽음으로 슬픔으로 깊은 상실감에 빠져 있을 때 하나님 안으로 들어와 그는 하나님께서 보여 주신 환상을 보고 그분의 높고 높으심과 자신의 비천함을 깨닫고 하나님의 부르심에 순종하는 겸손을 보여 주었다(이사야 6장).

사무엘 하나님 앞에서 자신을 내려놓는 영적 가난을 소유한 사람은 하나님의 말씀에 마음을 모으고 복종한다. 그리고 이러한 겸손을 통해 사람들에게 영향을 끼친다.

사무엘은 어려서부터 하나님의 말씀에 조용히 귀를 기울였다. 그는 엘리와 함께 한밤중에 조용히 누워 있을 때 하나님의 음성을 들었다. 그는 어려서부터 하나님 보시기에 올바른 행동만을 했다. 그리고 올바른 자세로 하나님의 말씀을 듣고자 했을 뿐만 아니라 그는 항상 하나님 가까이 있으려고 노력했다. 성경은 사무엘이 "하나님의 궤 있는 여호와의 전 안에"(사무엘상 3:3) 있을 때 하나님의 음성을 처음 들었다고 말한다.

사무엘은 이스라엘 역사에서 가장 독특한 위치에 있었던 리더였다. 그는 제사장, 선지자, 그리고 왕의 역할까지 감당했던 인물이었다. 성경은 그가 "사는 날까지 이스라엘을 다스렸다"고 기록하고 있다(사무엘상 7:15). 사무엘의 리더십의 영향력은 그가 누렸던 지위들로부터 나왔을까? 그래서 이스라엘 백성은 사무엘의 말에 순종하고 그를 따랐을까? 그의 리더십의 영향력은 그의 지위로부터 나오지 않았다. 그의 영향력은 하나님께 순종하는 영적 가난의 마음으로부터 비롯되었다.

사무엘은 영적 가난의 마음을 지닌 리더로서 소명의식이 분명했다. 그는 훗날 사울을 왕으로 세웠지만(사무엘상 9:15-10:27) 자신의 가치나 소명의식을 잊은 적이 없었으며, 사울이 왕이 되었어도 제사장으로서 자신의 역할을 다했다. 또한 사무엘은 권한을 위임할 줄 알았다. 그는 하나님 앞에서 영적으로 가난한 심령을 소유한 사람이었기에 자신의 권력을 휘두르는 사람이 아니었다. 사울을 왕으로 세우고 그에게 행정권과 군사권을 모두 위임했고 심지어 사람들을 초대해서 사울을 높여 세웠다(사무엘상 9:22-24).

뿐만 아니라 사무엘은 사울의 잠재력을 실현시켜 그를 영적 리더로 키우고자 했으며(사무엘상 10:6-7), 그는 언제나 하나님과 그의 백성을 사랑했다. 사무엘은 모든 백성이 잘되길 진심으로 소망했고 그들을 하나님의 축복의 길로 인도하기 위해 노력했다. 그가 회개를 촉구할 때 모든 백성은 하나님 앞에 나와 무릎을 꿇고 통곡하며 기도했고(사무엘상 7:3-6), 블레셋의 침공을 완벽하게 격퇴시켜 사무엘이 살아 있는 동안 블레셋은 이스라엘을 공격하지 못함으로 이스라엘은 평화의 시대를 보낼 수 있었다(사무엘상 7:10-14). 사무엘이 세상을 떠났을 때 이스라엘의 모든 백성들은 통곡했다(사무엘상 25:1, 28:3). 사무엘의 가난한 심령은 모든 백성들에게 엄청난 영향력을 행사하는 힘이었다.

다윗 다윗은 이스라엘의 진정한 왕은 여호와 하나님이라고 생각하고 하나님의 궤를 예루살렘으로 옮기기로 결정했다(사무엘하 6:1-19). 다윗은 하나님의 궤를 옮기는 행사를 모든 백성들이 볼 수 있도록 했다. 그런데 다윗의 아내 미갈은 모습을 나타내지 않았다. 그녀는 창 밖으로 그 행렬을 보고 여호와 앞에서 춤을 추는 다윗을 마음속으로 업신여겼다.

다윗이 집으로 돌아오자 미갈은 "이스라엘 왕이 오늘 어떻게 영화로우신지 방탕한 자가 염치 없이 자기의 몸을 드러내는 것처럼 오늘 그의 신복의 계집종의 눈앞에서 몸을 드러내셨도다"(사무엘하 6:20)라고 말하면서 빈정댔다.

그러자 다윗은 하나님께서 자신을 "여호와의 백성 이스라엘의 주권자 왕으로"(사무엘하 6:21) 택하셨으니 여호와 앞에서 뛰노는 것은 너무나 당연하다고 하면서, "내가 이보다 더 낮아져서 스스로 천하게 보일지라도 네가 말한 바 계집종에게는 내가 높임을 받으리라"(사무엘하 6:22)고 미갈을 책망했다.

다윗은 자신이 어떤 위치, 어떤 환경에 처해 있더라도 여호와 하나님 앞에서 스스로 낮은 자가 되겠다고 결심하며 자신의 겸손을 보였다. 다윗은 미갈과 결혼하기 전에, 사울이 두 번이나 사위로 삼고자 했으나 자신의 조건은 왕의 사위가 될 만하지 못하다고 하면서 거절하는 겸손을 보이기도 했다(사무엘상 18장).

다윗은 겸손한 리더였다. 그는 명예를 훼손하지 않고 자신의 연약함을 자유롭게 고백했으며, 자신이 성취한 것에 대해 하나님께 영광을 올려드렸다. 성경은 자신을 낮추고 하나님을 높이며 하나님의 뜻에 굴복하고, 나아가 하나님의 말씀에 순종하는 것을 겸손으로 설명한다(cf 시편 10편). 다윗의 겸손은 그가 위대한 리더로 평가받는 중요한 요소가 되었다.

세례 요한 세례 요한이 이스라엘 사람들에게 회개를 촉구하고 죄를 용서하는 세례를 베풀며 수많은 사람들이 그에게 모이자, 이스라엘 종교지도자들은 세례 요한이 하나님이 약속하신 메시아가 아닌가 하는 의구심을 갖고 그를 바라보았다. 세례 요한에게는 많은 제자들이 따랐다(마태복음 9:14; 누가복음 7:18-20; 요한복음 1:35). 그는 이스라엘의 선지자 전통에 서 있는 리더였다. 그는 대중적 인기를 토대로 새로운 권력 지형을 만들 수 있는 능력을 충분하게 소유한 지도자였다.

그러나 세례 요한은 자신의 인기를 바탕으로 어떠한 권력 지형도 만들지 않았다. 그를 따르는 많은 제자들이 있었지만, 예수님이 공생애를 시작하시자 그는 자신의 마음을 더 내려놓았다. 그는 많은 사람들에게, "나보다 능력이 많으신 이가 오시나니 나는 그의 신발 끈을 풀기도 감당하지 못하겠노라"(누가복음 3:16)고 예수님을 소개하면서 영적 가난의 마음을 소유한 리더로서 자신을 낮추는 겸손을 보여 주었다.

기도하는 세리 예수님은 성전에 기도하러 간 바리새인과 세리의 비유를 통해 가난한 마음을 소유한 사람이 누구인지 가르쳐주셨다(누가복음 18:9-14). 바리새인과 세리 두 사람이 성전에 기도하러 갔다. 바리새인은 하나님 앞에서 자신의 의로움을 자랑했다. 그러나 세리는 감히 하늘을 쳐다보지도 못하고 멀리서 자신의 가슴을 치며 하나님께 자신은 죄인이니 불쌍히 여겨달라고 기도했다(누가복음 18:13). 예수님은 하나님 앞에서 자신의 모습을 한 없이 낮춘 세리를 의롭다 하시고 "자기를 낮추는 자는 높아지리라"(누가복음 18:14)고 말씀하셨다. 자신을 낮춘 세리의 영적 가난의 마음은 겸손이다.

교회 안에서 혹은 작은 골방 안에서 자신의 몸을 웅크리고 흐느끼며 하나님의 자비를 간구하는 영적 마음이 심령이 가난한 마음이며, 이런 마음의 소유자들이 하나님 앞에 서 있는 영적 파산자들이다. 예수님은 바로 이들이 복 있는 사람들이라고 말씀하셨다. 하나님의 주권적 은총만을 의지하며 그 분을 절대적으로 신뢰하는 가운데 자신을 낮추고 하나님을 높이는 세리와 같은 영적 가난이 겸손이며 행복이다. 야고보는 "주 안에서 낮추라 그리하면 주께서 너희를 높이시리라"(야고보서 4:10)고 강조했다. 이것은 하나님 안에서 그분만을 의지하는 심령의 가난이 무엇인지 우리에게 가르쳐 준다.

교만은 겸손의 적이다

심령의 가난, 영적 가난의 마음을 유지하기 위해서는 교만을 경계해야 한다. 교만은 영적 가난의 가장 무서운 적이다. 교만은 리더에게 가장 무서운 적이다. 수많은 사람이 교만으로 몰락했다. 교만은 리더를 단번에 파멸로 몰고 갈 수 있다. 교만은 리더가 성공하는 데 최악의 장애물이다.

겸손한 리더는 지나친 자기 과신이 아니라 다른 사람으로부터 배움으로써 교만의 위험을 넘어선다. 잠언 기자는 다음과 같이 권고한다:

"너는 마음을 다하여 여호와를 신뢰하고 네 명철을 의지하지 말라 너는 범사에 그를 인정하라 그리하면 네 길을 지도하시리라"(잠언 3:5-6).

삼손 삼손은 모든 면에서 탁월한 능력을 소유한 리더였다. 그는 천사의 예언으로 태어나 하나님의 보호하심 가운데 큰 뜻을 펼쳐갈 특별한 아이였다. 그래서 삼손은 태어나면서부터 나실인이 되었고, 이스라엘을 블레셋으로부터 구원하는(사사기 13:5), 축복과 성령의 감동을 받은(사사기 13:24-25) 사람이었다. 그는 성장하면서 이스라엘 역사에서 인간으로서 만들기 어려운 전설을 만들었을 뿐만 아니라 무려 20년간이나 이스라엘을 다스렸다(사사기 16:31).

그러나 삼손은 화려한 출발 못지않게 최악의 결말을 맞이했다. 그가 비참한 종말을 맞이한 이유는 무엇일까? 그것은 자신의 능력을 과시하고 하나님 앞에서 영적 가난함을 잊고 살았기 때문이다. 그는 무엇보다도 자신의 능력을 믿고 하나님을 멀리했다. 사실 삼손이 지닌 능력은 하나님이 주신 것이었다. 그러나 그는 그것을 당연하게 여겼고, 심지어 자신의 능력을 하나님의 백성을 위해서가 아니라 개인적인 복수를 위해 사용했다(사사기 15:1-5).

삼손은 하나님이 원하시는 방향과는 다른 길을 걸어갔다. 뿐만 아니라 부모님과 주변 사람들의 조언조차도 무시했다(사사기 14장). 삼손은 모든 사람들로부터 신뢰를 상실하고 말았다. 그는 자기중심적이고 거만한 지도자의 원형이었으며, 그런 지도자의 종말이 어떤 것인지 가장 실감나게 보여 주었다.

사울 사울은 이스라엘 역사에서 최초로 하나님으로부터 위임을 받아 백성을 통치하는 '왕'으로 세움을 받았다(사무엘상 10:17-27). 처음에 그는 모든 전쟁에서 승리를 하면서 백성들의 지지를 받고 이스라엘의 영웅으로 칭송을 받았다. 그러나 사울은 제사장의 직분까지 자신이 담당하고자 하는 무리한 욕심을 부리면서(사무엘상 13:13-23) 하나님의 위임으로부터 멀어졌고, 다윗이 등장한 이후 시기와 질투로 자신의 권력을 마구 휘두르는 사람이 되었다(사무엘상 18:1-30).

사울의 끝없는 권력에 대한 의지와 욕망, 그리고 권력의 남용은 사울이 얼마나 하나님을 의지하지 않는 교만한 사람인가를 확연하게 보여 주는 것이었다. 결국 그는 측근들과 백성들로부터 신뢰를 상실하고 비참한 종말을 맞이했다.

다윗 다윗은 한순간의 교만한 마음으로 뼈아픈 실책을 범했던 리더였다. 그가 이기심으로 자신의 권력을 사용했던 때는 그가 동굴에서 하나님의 보호 가운데 살았던 시절이 아니라 이스라엘의 왕이 되어 궁전 옥상에 서 있을 때였다(사무엘하 11:1-13). 다윗은 고난을 당하던 시절에는 하나님을 의지했어도 그가 궁전 옥상에 있었던 순간에는 자신의 권력에 의지하여 자신의 충동적인 이기적 욕구를 위해 권력을 사용했다.

다윗은 궁전 옥상에서 우리아의 아내 밧세바를 훔쳐보았다. 순간 밧세바를 소유하고자 하는 충동적 이기심이 발동했다. 그는 자신의 이기심을 채우기 위해 우리아를 전쟁터로 보내 죽음을 맞이하게 했고, 그의 의도대로 밧세바를 차지할 수 있었다. 그리고 1년 동안 이 사실을 감추고 지냈다.

그러나 잠시 하나님을 의지하지 않고 자신의 지위와 권력을 의지했던 다윗은 이 일로 엄청난 대가를 치러야만 했다. 그는 밧세바로부터 얻은 첫 번째 아들의 생명을 잃어버려야만 했다(사무엘하 12:10-20). 그는 왕위 승계와 관련하여 훗날 그의 아들 압살롬으로부터 궁전에서 쫓겨나는 수모를 겪었고(사무엘하 15:1-23), 다윗은 피를 부르는 참혹한 사태를 겪어야만 했다(사무엘하 18장).

이세벨 이세벨은 아합 왕의 부인이었다. 열왕기상 21장에 그녀의 교만과 이기심이 기록되어 있다. 그녀는 자신의 욕구 충족을 위해 권력을 자의적으로 휘두르는 여인이었다. 어느 날 욕심이 많은 아합 왕의 눈에 궁전 근처에 있는 포도원이 들어왔다. 포도원의 주인은 나봇이었다.

아합은 포도원을 소유하기 위해 나봇에게 포도원을 매각하라고 요청했지만 나봇은 조상의 유업이기에 팔 수 없다고 거절했다. 나봇의 거절로 아합은 근심으로 가득 찬 채 식사도 거르고 침상에 누워 있었다. 남편의 모습을 본 이세벨은 그의 근심을 알고 해결사로 나섰다. 이세벨은 온갖 계략을 꾸며 나봇을 돌로 쳐 죽게 하고 결국 포도원을 차지했다. 그녀의 교만과 이기심에 의한 권력의 남용이 불러온 최악의 사례이다.

하나님은 이 사태에 대해 엘리야를 보내 나봇을 죽이고 포도원을 강탈한 죄의 대가를 반드시 치르게 될 것이라고 경고하고, 무소불위의 권력을 행사한 아합 왕에게도 책임을 물었다. 아합 왕은 엘리야를 자신의 적이라고 부르고, 이세벨은 바알 신을 데리고 들어와 엘리야와 영적 전쟁을 치르며 그를 죽이려고 했다. 교만과 이기심으로 권력을 휘둘렀던 아합과 이세벨의 최후는 비참한 종말이었다.

아합 아합 왕은 능력 있는 행정가이자 군사 전략가였다. 리더로서 탁월함을 지닌 사람이었다. 그러나 그는 남의 조언을 듣지 않는 교만한 심성을 소유한 사람이었다. 그가 여호사밧과 연합하여 아람을 공격하자고 제안했을 때 여호사밧은 하나님의 선지자의 조언을 듣자고 말했다. 아합은 자신의 전략적 사고와 전쟁 경험만으로도 충분하다고 생각했지만, 형식적으로 여호사

밧의 제안을 받아들여 선지자 시드기야의 의견을 들었다.

여호사밧은 다시 아합에게 선지자 미가야의 예언을 듣자고 제안했지만 아합은 자존심이 상했던지 선지자 미가야가 항상 나쁜 일만 예언하기 때문에 그를 미워한다(역대하 18:7)고 말하면서 자신의 불편한 심기를 드러냈다. 그럼에도 불구하고 아합은 미가야의 예언을 듣는데, 선지자 미가야는 아합이 자신의 계획을 밀고 가면 죽을 수 있다고 심각하게 경고했다. 그러나 아합은 미가야를 옥에 가두고, 그의 예언을 무시하고 자신의 전략대로 전쟁에 나갔다가 비참한 죽음을 당했다. 아합의 교만은 하나님의 말씀을 멀리하게 만들었고, 아합은 죽음으로 교만의 대가를 치렀다(열왕기상 22:1-40).

겸손은 리더의 최고의 덕목이다

마음이 가난하지 않은 리더는 다른 사람들에 대한 존경심을 보여 주지 못한다. 그는 자신만을 드러내길 좋아하는 거만한 마음과 자부심으로 가득 찬 교만을 드러낸다. 잠언 기자는 "교만은 패망의 선봉이요 거만한 마음은 넘어짐의 앞잡이니라"(잠언 16:18)고 말했다. 교만한 리더는 자부심과 자기중심적 행동으로 추종자들과의 협력 관계를 발전시키는 데 어려움을 겪는다.

과도한 자부심을 지닌 리더는 추종자의 자발적 복종이나 협력이 아니라 강요된 복종과 협력을 끌어내기 때문에 조직의 갈등을 유발시키고 때론 과도한 자부심으로 성급한 의사결정을 내림으로써 조직의 위기를 불러오기도 한다.

겸손과 타인을 수용하는 가난한 마음은 좋은 리더의 가장 중요한 덕목이며 추종자들을 높여 주고 세워 줌으로써 추종자의 자존감과 동기부여에 긍정적 영향을 끼친다. 크리스천 리더는 자신이 박수를 받고 영광을 받는 사람이 되어서는 안 된다. 하나님 앞에서 자신의 존재의 미약함과 부족함을 깨닫고 철저한 자기부정과 내려놓음으로 추종자들의 자존감을 세워 주고 하나님께 영광을 올려야 한다.

좋은 리더는 크고 작은 일이든 조직이 감당해야 할 모든 일들에 대해 책임감을 느끼고 구성원을 독려하여 용기를 불어넣는다. 그러나 리더가 다른 사람의 성공을 가로채거나 칭찬에 인색하거나 다른 사람의 집중을 받기 위해 실적을 부풀리고 마치 자신이 모든 수고를 감당한 것처럼 자랑하면 리더는 구성원의 신뢰를 잃고 만다. 리더는 자신이 입으로 자기를 칭찬하지 말고 다른 사람의 입으로 자신을 칭찬하게 해야 한다(잠언 27:2).

마음이 가난한 자는 다른 사람을 존경하는 리더이다. 이러한 존경은 자아성찰의 결과이다. 상대방을 존경하는 리더는 다른 사람들의 존재와 그들이 할 수 있는 일들을 존중함으로써 그들이 말하고자 하는 것에 경청하며, 리더의 가르침에 기여하도록 이끌 수 있다. 위대한 사람들은 내적 성찰과 자기회의로 여러 시간 고통을 겪는다. 그래서 그들은 훌륭하다. 이런 이유로 우리는 위대한 리더들의 성품인 겸손을 발견하게 된다.

가난한 마음은 그리스도인이 가장 우선적으로 닮아야 할 예수님의 성품이다. 그리스도인이 선한 영향력을 끼치며 이웃과 함께 살아가는 데 있어서 가난한 마음은 절대적으로 필요한 성품이다. 리더가 가난한 마음을 지니면 추종자들은 리더를 존경하고 따른다. 리더가 가난한 마음으로 자신을 비우고 타인을 상대하고 조직을 이끌면 리더십의 신뢰는 무한하게 커진다. 그러나 리더에게 가난한 마음이 없으면 신뢰는 사라지고 그의 리더십의 기반은 모래성처럼 너무나 쉽게 무너진다.

크리스천 리더는 교만이 아니라 겸손함으로 마음이 가난한 성품의 소유자로 오직 하나님을 의지하여 사랑의 정신으로 다른 사람들을 인도할 때 그들이 성공적인 삶을 살도록 도울 수 있으며 좋은 영적 리더로 세움 받을 수 있을 것이다.

겸손, 리더십의 신뢰를 구축하는 힘

심령이 가난한 자는 자신의 마음이 가난하다는 것을 아는 사람임을 암시한다. 마음이 가난하다는 것은 위대한 리더들에게 나타나는 열정과 행동에서 보여 준 그들의 삶의 자세에서 드러나는 겸손과 가르침의 의미를 함축한다. 개인적인 겸손은 자기부정에서 비롯되기 때문에 마음이 가난한 사람은 스스로 낮아지고 교만으로부터 멀어진다. 그리고 그것을 통한 가르침은 가난한 마음을 지닌 리더십의 위대함을 깨닫게 한다.

가난한 마음이란 자신의 권위와 지위 그리고 권력을 내려놓는 '마음의 비움'을 의미한다. 리더가 되고자 하는 사람은 항상 권력의 유혹을 느낀다. 조직 내에서 자신에게 주어진 지위나 위상에서 부여되는 힘 혹은 영향력을 마음껏 행사하고 싶은 유혹, 그리고 그것으로부터 기대되는 직무수행 과정에서 지시와 명령을 마음껏 내리고 싶어 하는 것은 대부분의 사람들에게 공통적이다. 그런데 지위에서 부여된 권한이나 힘을 과도하게 사용하는, 즉 권력의 남용으로 수많은 사람들과 조직이 피해를 입고 본인 또한 그로 인해 좋지 않은 결과를 맞이하는 사례들을 우리는 종종 발견한다.

'권력을 휘두르는 사람들'power-wielders은 가난한 마음을 지닌 리더가 아니다. '권력을 휘두르는 사람들'은 자신에게 주어진 힘을 구성원들로 하여금 하나의 목표를 위해 규합하는 데 필요한 선한 영향력으로 사용하기보다는 자신의 목적을 실현하기 위한 수단으로 권력을 사용한다. 그들에게는 조직이나 추종자들의 선한 동기부여와 가치 공유는 중요하지 않다. 오히려 자신의 욕구 충족을 위한 강요와 무조건적 복종의 강제수단으로 권력이 이용될 뿐이다.

하나님은 에스겔을 통해 양들을 돌보지 않고 자신의 배만 채우는 리더들(목자들)을 책망하셨다(에스겔 34:1-10). 그들은 "살진 양을 잡아 그 기름을 먹으며 그 털을 입되 양 떼는 먹이지"(에스겔 34:3) 않았다. 또한 그들은 "연약한 자를 강하게 아니하며 병든 자를 고치지 아니하며 상한 자를 싸매 주지 아니하며 쫓기는 자를 돌아오게 하지 아니하며 잃어버린 자를 찾지 아니하고 다만 포악으로 그것들을 다스렸도다"(에스겔 34:4)라고 하나님은 책망하셨다.

리더십은 하나님이 주신 특권이며 권능이다. 하나님이 주신 리더십은 소명이다. 하나님으로부터 리더로 부름 받은 자는 그들을 따르는 사람들이 풍요로운 삶을 살고, 그들에게 다양한 기회를 제공하여 성공의 열매를 맺도록 돕고, 용기와 열정을 불어넣을 뿐만 아니라 그들의 직위에서 선한 영향력을 행사하도록 이끌고, 그들을 향해 항상 가난한 마음을 품어야 한다.

따라서 자신의 지위나 권한에서 부여되는 힘이나 영향력 행사를 자제하면서 공동선의 가치를 추구하고 갈등을 넘어 통합의 열매를 맺거나 아랫사람들에게 권한을 위임하여 조직의 자율성을 확대하면서 공동의 목표를 이루도록 조직을 이끄는 사람들이 '가난한 마음'의 성품을 지닌 좋은 리더라 할 수 있다.

리더십의 기초는 신뢰다. 리더의 가난한 마음은 리더십의 신뢰를 구축하는 힘이다. 리더의 가난한 마음은 하나님 앞에서 자신의 무가치함을 인정한다. 리더의 가난한 마음은 하나님 앞에서 자신의 도덕적 연약함을 인정한다. 리더의 가난한 마음은 하나님 앞에서 영적 무력함을 인정한다. 우리에게 예수님의 가난한 마음이 필요하다. 세상에 선한 영향력을 끼치는 크리스천 리더가 겸손의 리더십을 소유해야 하는 이유를 헨리 나우웬은 다음과 같이 설명한다.[2]

> 여기에서 우리는 미래의 크리스천 리더십의 가장 중요한 특성을 접하게 됩니다. 그것은 힘과 지배력의 리더십이 아니라 무력powerlessness과 겸손의 리더십이라는 것입니다. 그 속에서 고통받는 하나님의 종 예수 그리스도께서 나타나십니다. 분명히 말하지만, 내가 말하는 리더십은 단지 자

신의 환경의 수동적인 희생물이 되는, 그런 심리적으로 유약한 리더십이 아닙니다. 사랑 때문에 오직 사랑 때문에 계속해서 힘의 사용을 포기하는 그런 리더십을 말하는 것입니다. 그것이 바로 진정한 크리스천 리더십입니다.

리더가 보여 주는 겸손은 추종자들에게 리더의 성품을 닮게 한다. 리더의 좋은 성품은 공동체의 동기부여와 공동의 목표를 위해 서로 다른 생각을 품은 사람들의 마음을 규합하는 힘이다.

겸손의 본을 보여 준 위대한 크리스천 리더들

에이브러햄 링컨Abraham Lincoln(1809–1865)

링컨은 자신의 감정을 조절하는 능력으로 비범한 수준의 겸손을 보여 준 대표적인 지도자다. 사실 어느 나라의 대통령이든 높은 수준의 겸손을 보여 주기란 쉽지 않다. 그러나 미국의 제16대 대통령은 달랐다.

1860년 링컨이 미국 대통령 공화당 후보 지명전에 뛰어들 때 그의 의회정치나 정부행정 경험은 매우 일천했다. 특히 행정 경험은 전무했다. 당시 그가 지닌 경력이란 1년 임기의 단 한 번의 하원의원, 그것도 12년 전에 끝난 것과 두 번의 상원의원 선거 패배였다. 게다가 링컨은 공식적인 학교 교육이라곤 1년밖에 받지 않았다. 당시 언론은 이런 링컨에 대해 그가 유명 변호사가 아닌 점을 들어 3류 변호사로, 초라한 학력에 대해 4학년 강사라고 폄하했다.

당시 대통령 후보 지명전에서 링컨의 경쟁자들은 뉴욕 상원의원 윌리엄 스워드William H. Seward, 오하이오 주지사 살몬 체이스Salmon P. Chase, 그리고 미주리 주의 유명한 노정객 에드워드 베이츠Edward Bates였다. 링컨을 비롯해 공화당 그리고 대부분의 언론은 링컨이 공화당 후보로 지명되리라고는 아무도 믿지 않았다.

링컨은 그들이 자신보다 훨씬 뛰어난 능력을 소유한 사람들이라고 생각했기에 후보지명전의 승리를 기대하진 않았다. 워낙 실패를 많이 경험했던 링컨이었기에 당연한 생각일 수 있었다. 그러나 모두의 예상을 뒤엎고 링컨이 공화당 대통령 후보로 지명되었다. 경선 결과에 대해 언론과 그의 경쟁자들은 잘못된 사람이 선택되었다고 믿었다. 링컨은 견디기 어려울 정도로 혹평을 받아야만 했다. 그러나 링컨은 좋지 않은 평가들에 대해 반론을 제기하거나 비판을 하지 않고 겸손하게 수용했다.

링컨이 미국의 제16대 대통령으로 당선되어 첫 내각을 구성했을 때 놀라운 일이 일어났다. 링컨은 어느 누구도 예상치 못했던 결정을 했다. 그것은 자신의 유명한 정치적 경쟁자들을 그의 내각에 불러들임으로써 그들을 자신의 정치적 동반자요 가족으로 만들었던 것이다.

스워드는 국무장관이 되었고, 체이스는 재무장관, 그리고 베이츠는 법무장관이 되었다. 그뿐만 아니라, 링컨은 남아 있던 내각의 또 다른 자리에 세명의 민주당 정치인들을 임명했다. 훗날 링컨의 "해왕성"이라고 불렸던, 기드온 웰스Gideon Wells는 해군장관으로, 몽고메리 블레어Montgomery Blair는 우정장관으로, 그리고 링컨의 "화성"인 에드윈 스탠톤Edwin Stanton은 전쟁장관(오늘날 국방장관에 해당. 필자)으로 임명했다.[3]

링컨의 초대 행정부를 구성했던 인물들은 모두가 링컨보다 더 잘 알려져 있고, 더 나은 교육을 받았고, 공적 생활에서 더 많은 경험을 쌓았던 당대 최고의 인물들이었다. 링컨은 공화당 안에서 최고의 인적 자원들을 활용했고, 부족한 것은 경쟁관계에 있는 야당 출신들을 기용했다. 링컨은 정치적 라이벌들이 국가를 위해 봉사할 수 있는 권리를 박탈할 권리가 자신에게는 없다고 생각했다. 링컨은 하나가 되는 길이 무엇인지 알았다. 링컨이 초대 내각을 자신의 경쟁자들과 반대당의 리더들로 구성하여 갈등을 넘어 공동의 가치를 위해 흩어진 힘을 하나로 규합할 수 있었던 것은 자신보다 남을 낮게 여기는 링컨의 겸손 때문이었다.

링컨은 스스로 "나는 자신이 대통령직에 적합하다고 생각하지 않는다"라고 말할 정도로 겸손한 리더였다. 링컨의 겸손은 그가 내각을 대하는 태도에도 잘 나타나 있다. 스탠톤이 국방장관에 임명된 후, 링컨은 한 하원의원이 제안한 안건을 국방부가 승인하도록 요청했다. 그러나 스탠톤은 그것을 거부하면서, 링컨이 그 안건을 요청한 것은 바보 같은 짓이었다고 말했다. 그 말을 전해 들은 링컨은 "스탠톤이 내가 바보라고 말했단 말이죠?" 하고 하원의원에게 다시 묻자, 그는 "네, 각하! 그것도 두 번씩이나 반복했습니다"라고 말했다. 그러자 링컨은 "스탠톤이 나를 바보라고 말하면, 나는 바보임에 틀림없습니다. 왜냐하면 그는 항상 옳기 때문입니다"라고 말했다. 대통령을 바보라고 말하는 장관의 말이 틀린 것이 아니라고 말하는 링컨의 자세는 어떤 상황에서도 자신의 감정을 조절하는 능력으로 비범한 수준의 겸손을 보여 주는 것이었다.

링컨은 신앙적으로도 매우 겸손한 신앙인이었다. 그는 자신을 하나님의 손에 잡혀 있는 미천한 존재로 여겼고, 남북전쟁의 승리 여부도 오직 하나님의 뜻에 순종하는 겸손한 마음을 소유한 리더였다. 대통령으로서 링컨은 스스로를 '전능자의 손에, 그분의 선택된 백성들의 손에 맡겨진 미천한 도구'로 생각했다. 링컨은 하나님께서 그가 무엇인가 하길 원하실 때는 "그분은 나로 하여금 깨닫게 할 방법을 찾으신다"라고 말하기도 했다. 그는 1864년 고통스런 여름 어느 날에 자신이 쓴 노트에서 고백했다.[4]

> 하나님의 뜻대로 되겠지만 나는 남북전쟁을 향한 그분의 태도를 이해하려고 애쓴다. 전능자는 남북전쟁 없이도 연방을 구할 수 있고 파괴할 수도 있다. 그리고 이왕 시작하셨으니 최후의 승리를 언제든지 어느 쪽이든 안겨 주실 것이다. 아직은 싸움이 계속되고 있다. 하나님의 뜻은 북부나 남부의 생각과는 얼마든지 다를 수 있다.

정치적 경쟁자들을 포용하여 내각을 구성해서 국민적 통합을 이루고자 했던 링컨의 정치적 구상은 무엇보다도 그의 겸손 때문에 실천이 가능했으며, 그 후 링컨은 노예해방 선언을 결단하고 남북전쟁을 승리로 이끌면서 미국의 새로운 탄생을 이룰 수 있었다. 링컨은 자신의 확신을 믿었다. 어두웠고 불안했던 시대의 극복은 오직 연합과 단결밖에 없었다는 것을. 이러한 자신의 확신을 현실적으로 가능하게 만들었던 것은 링컨이 보여 준 겸손의 리더십이었다.

리더의 겸손은 자신의 신념과 가치가 확고할수록 더 커지고, 서로의 차이를 넘어 소통의 공간을 더욱 넓혀 줌으로써 경쟁자들에 대한 관용을 허락하고, 추종자들의 신뢰를 더욱 강하게 만든다. 리더의 겸손은 갈등과 차별의 벽을 허물어 연합과 화해를 이루게 하는 위대한 힘이다.

존 D. 록펠러 John D. Rockefeller(1839-1937)

존 D. 록펠러는 세계 역사상 가장 성공적인 사업가 중 한 명이었으며 위대한 크리스천 리더였다. 록펠러는 인생 최고의 우선순위를 유지하면서 모든 분야에서 가장 성공적인 비즈니스 리더가 되었다. 록펠러는 하나님을 먼저, 가족을 두 번째로, 그리고 직업을 세 번째로 두었다.

록펠러는 성경을 읽고 일상생활에서 그 가르침을 실천하려고 했다. 그는 십일조를 하고 주일을 지키며, 가족에게 귀중한 시간을 할애했다. 록펠러의 이러한 생활을 그의 파트너들은 이해하지 못했다. 그러나 하나님을 가장 우선순위로 하는 록펠러의 훌륭한 영적 삶은 그의 훌륭한 사업 생활에 필수적인 것이었다.

유가가 폭락했던 어느 날 파트너들은 공황상태에 빠졌다. 그러나 록펠러는 하나님의 계명을 잘 지키면 하나님께서 그를 구원하실 것이라고 믿었다. 그는 자신의 어려운 문제를 하나님께 맡기고 걱정을 하지 않으려고 노력했다. 그는 파트너들에게 늘 이렇게 말했다: "나는 일하고 놀기를 배웠다. 나는 인생에서 걱정을 포기했다. 하나님은 매일 나에게 좋았다."[5]

록펠러는 항상 자신의 인생에서 가장 잘한 일은 그가 예수 그리스도를 그의 구세주로 믿었던 것과 로라 스펠먼Laura Spelman을 아내로 맞이한 것이라고 말했다. 그는 매일 아침 기도를 하고 일주일에 두 번 이상 가족과 기도 모임을 가졌다. 그는 자신이 섬겼던 에리 스트리트 침례교회Erie Street Baptist Church에서 가정에 필요한 영적 양식을 정기적으로 공급받았으며 그의 아내와 함께 성경공부반을 가르쳤고, 정기적으로 목사들과 복음전도자들을 집으로 초대해서 은혜로운 시간을 갖기도 했다.

록펠러는 자신의 사업의 효율성을 높이는 데 있어서 영적 삶이 매우 중요하다는 것을 깨달았다. 그는 자신의 첫 봉급을 교회와 해외 선교사, 그리고 가난한 자들에게 헌금했다. 그리고 자신의 회사 직원들과 사업 파트너도 그리스도인들을 선호했다.

록펠러는 하나님을 섬기는 마음으로 가난한 사람들을 섬겼다. 그것은 록펠러가 자신의 사업을 정직하게 운영하고자 노력했음을 암시한다. 1885년 어느 날 록펠러는 그의 파트너 중 한 사람에게 "좋은 일을 계속합시다. 우리는 가난한 사람을 위해 기름을 정련하고 있다는 것을 기억해야 합니다. 가격이 저렴하고 좋은 기름을 생산해야만 합니다"라는 편지를 썼다. 그리고 또 다른 파트너에게는 "우리는 최저 가격으로 세계에서 최고의 조명기를 계속 사용할 수 있다는 희망을 가져야 합니다"라고 말을 했다. 록펠러의 목표는 가난한 사람들이 가장 저렴한 가격으로 빛의 삶을 편안하게 즐기게 하는 것이었다.

록펠러의 인생관에 익숙하지 않은 사람들은 그가 탐욕스럽고, 일에 집착하고, 재산을 키우는 데 집착했다고 추측할 수 있다. 그러나 록펠러는 자신의 사업을 이웃과 공동체에 헌신하는 삶을 사는 수단으로 여겼다. 그는 자신이 섬기는 교회와 다른 교회들, 그리고 교육기관 및 생물의학 연구를 지원한 박애주의자였다.

그는 고등교육에 수천만 달러를 기부했다. 시카고 대학에만 35,000,000 달러 이상을 기부했고, 흑인 여성 지도자를 양성하기 위해 조지아 주 애틀란타에 자신의 부인의 이름으로 세워진 스펠먼 컬리지Spelman College, 그리고 바이오메디칼 인재를 양성하기 위해 뉴욕 맨해튼에 세운 록펠러 대학Rockefeller University 등에 수천만 달러를 기부했다. 뿐만 아니라 그는 록펠러 재단Rockefeller Foundation을 설립하여 존스 홉킨스 보건대학교Johns Hopkins School of Hygiene and Public Health에 기부금을 내고 국제 십이지장 기생충 퇴치 캠페인에 자금을 지원했다.

록펠러의 이러한 지원은 근본적으로 성경적 원리, "누구든지 일하기 싫어하거든 먹지도 말게 하라"(데살로니가후서 3:10)는 바울의 권면을 역으로 활용한 것으로서 생산이나 개선을 염려하지 않는 학교, 도시 또는 과학자들은 록펠러의 돈을 받지 못했다. 그러나 좋은 결과를 보인 사람들은 더 많은 자금을 지원받았다. 성경의 달란트 비유와 같이 책임과 신뢰를 지니고 있는 자에

게는 록펠러 재단에 의해 더 많은 것이 주어진다.[6]

제2차 세계대전 후, 록펠러는 세계 평화에 부응하고자 오늘날 뉴욕 유엔 본부의 16에이커에 해당하는 땅을 1946년에 8백만 불에 매입해서 유엔에 기증했다. 1958년에는 뉴욕 링컨 센터Lincoln Center for the Performing Arts 건립을 위해 5백만 달러를 기증했고, 뉴욕 빈민가 지역에 저가 렌트 주택을 지어 기증하기도 했다. 오늘날 뉴욕의 리버사이드 교회Riverside Church와 현대예술박물관Museum of Modern Art을 록펠러가 헌납했다는 사실은 잘 알려져 있다.

록펠러는 사업 초기에 정식적으로 40,000달러의 자본을 가진 회사의 파트너로서 자부심이 부풀어 올랐을 때 겸손을 기도했다. 겸손하지 않으면 자신의 머리를 잃을 것이라고 했다.[7] 그는 자신의 부를 매우 겸손하게 다루었다. 그의 겸손은 이웃과 공동체를 위한 박애주의로 나타났으며, 그는 단지 관대한 자선활동가로 남아 있는 것이 아니라 우리에게 공동체와 국가 문제에도 적극적으로 참여하는 영감을 불어넣었다. 록펠러는 크리스천 리더십에 있어서 겸손의 모델이었다.

록펠러가 세계에서 성공한 위대한 크리스천 기업가로 빛을 발할 수 있었던 근본적인 것은 그가 자신의 인생에서 하나님께 초점을 맞추는 것을 가장 우선순위에 두었다는 사실에 있다. 하나님 중심의 마음은 곧 겸손이다. 록펠러는 리더십의 겸손에서 중요한 인내하는 성품을 지닌 사람이었으며, 타인에 대한 자비의 마음, 정직, 그리고 교회의 삶을 중심으로 한 영적 양식의 공급을 중요하게 여겼던 위대한 크리스천 리더였다.

샘 월튼 Sam Walton(1918-1992)

미국의 세계적인 소매업 매장인 월 마트Wal-Mart는 세계 기업들의 역사 이래 가장 빠르게 그리고 글로벌하게 성장한 대표적인 회사다. 월 마트는 2017년 현재 미국의 월 마트, 슈퍼센터즈Supercenters, 네이버후드 마켓Neighhood Markets, 그리고 샘스클럽Sam's Club을 포함해서 해외에 진출한 회사 등 모두 6,363개의 스토어를 소유한 글로벌 회사가 되었다.

월 마트의 창업주 샘 월튼은 근본주의 신앙을 가진 그리스도인이었다. 그는 예수 그리스도께서 종의 역할을 하셨다는 서번트 리더십Servant Leadership의 개념을 회사의 조직구조에 적용하여 섬김의 개념의 중요성을 강조하고 나아가 다른 사람들에게 봉사하는 기독교 전통에서 회사의 비전을 발견했다. 그는 하나님을 위해 봉사하고 고객을 섬기는 일념으로 월 마트를 세계 최대의 기업으로 성장시켰다.[8] 샘 월튼의 이런 놀라운 성공의 바탕은 그가 평생 일관되게 실천했던 겸손이었다.

샘 월튼은 미국 전역의 작은 마을에서 큰 소매 체인점이 간과하고 있는 사람들의 삶을 축복할 기회를 찾았다. 그는 작은 마을에 사는 사람들이 일상적인 생활 가운데서도 더 나은 쇼핑을 경험하도록 쾌적한 쇼핑 환경을 제공하고 그곳에서 저렴한 가격에 양질의 제품을 제공함으로써 사람들의 삶의 질을 향상하고자 하는 사명으로 월 마트를 이끌었다.

샘 월튼은 매우 겸손하고 소박한 사람이었다. 그는 억만장자임에도 불구하고 사람들이 길거리에서 그를 만나면 억만장자인 줄 모를 정도로 평범한 삶을 살았다. 그는 낡은 픽업트럭을 직접 운전했고 부자라고는 믿기지 않을 정도의 평범한 집에서 살았다. 그는 서민 고객들과 똑같이 월 마트에서 옷을 구입해서 입었다. 그는 억만장자임에도 불구하고 회사에서 다른 직원들과 같은 화장실을 사용하고 있을 정도로 검소하고 겸손한 사람이었다.

홈 디폿Home Depot의 공동 창업자이자 회장인 버나드 마르쿠스Bernard Marcus가 샘 월튼을 만났던 일화를 소개했다. 그는 벤톤빌Bentonville에서 회의를 마치고 샘 월튼과 점심을 먹으러 떠났다. 그런데 놀랍게도 샘 월튼은 화려한 승용차가 아닌 빨간 픽업트럭에 올라탔다. 에어컨도 없고 좌석은 커피로 얼룩졌다. 그리고 레스토랑에 도착할 무렵 그의 옷은 땀으로 흠뻑 젖었다고 말했다. 샘 월튼은 그런 사람이었다. 의도적으로 다른 사람에게 어떤 인상을 심어주려고 하는 것도 아니었다. 샘 월튼에게서는 자신을 과시하고자 하는 어떤 오만함도 찾아볼 수 없었다.

월마트 이사회의 수석 부회장이었던 돈 소더퀴스트Don Soderquist는 한 그랜드 오픈 행사장에 샘 월튼과 함께 일했던 경험을 들려주었다. "그랜드 오프닝과 마찬가지로 대규모 군중이 예상되지만, 일시에 몰려드는 고객들로 인한 혼잡은 피할 수 없었다. 그때 샘 월튼은 직접 행사장에 뛰어들어가 물건을 포장하기 시작했다. 그는 길게 늘어선 줄로 지쳐 있는 아이들에게 사탕을 나누어 주었고, 고객들이 지루함을 느끼지 않도록 도울 수 있는 모든 일을 하려고 노력했다. 샘은 매우 겸손한 사람이었다. 회사 간부들 가운데 누구도 그런 일을 좋아하지 않았다. 그러나 이사회 의장인 샘은 막대 사탕과 가방

제품을 나눠주는 하찮은 일도 마다하지 않고 낮은 자세로 감당했다. 샘은 우리가 아무리 큰 자리에 있다 해도 우리가 항상 다른 어느 것보다 나을 게 없다는 사실을 생각하게 했다."[9]

샘 월튼은 기독교 신앙을 소유한 직원을 채용하는 데 깊은 관심을 가졌다. 그는 월 마트가 성장하는 과정에서 아칸소 주, 오클라호마 주, 그리고 미주리 주에 있는 기독교 대학교들, 존 브라운 대학교John Brown University, 오클라호마 크리스천 대학교Oklahoma Christian University, 그리고 다른 작은 규모의 학교를 찾아서 그곳에서 비즈니스 프로그램의 커리큘럼을 개발해서 기업과 경영의 인재들을 고용했다. 이 학교를 졸업한 학생들은 월 마트에 자연스럽게 취업할 수 있었으며, 그들은 기독교적 전통에서 가족의 소중한 가치를 중시하면서 회사의 경영 방침을 존중하고 월 마트에 취업하는 것에 매우 큰 자부심을 지녔다.

월 마트가 서번트 리더십의 개념을 조직에 적용하고 고객들을 상대하도록 경영이념과 철학을 확고하게 세울 수 있었던 것은 창업주인 샘 월튼의 겸손한 마음과 태도가 크게 작용했다. 샘 월튼은 매우 겸손한 사람이었다. 그는 서번트 리더로서 다른 사람들을 돕는 데 경영의 초점을 맞추고 깨끗하고 소박하게 살았다.[10]

기독교 학교 졸업생들은 겸손을 바탕으로 한 월 마트의 서번트 리더십 모델에도 잘 적응하였다. 그들은 기독교적 가치로 교육을 받은 사람들이었기 때문에 월 마트의 경영이념과 철학을 가장 빨리 그리고 정확하게 이해하고 현장에서 실천할 수 있었다. 월 마트의 경영진은 겸손함으로 직원들을 상대하였고, 개인적 차원에서도 깊은 관심을 갖고 그들을 모범적으로 이끌었다. 또한 서번트 리더십에 훈련된 경영진들은 자신의 부하와 신뢰와 책임감을 키울 수 있었다.

샘 월튼은 우선 회사 간부들에게 월 마트는 회사 간부들의 이익 증진을 위해 존재하는 것이 아니라 고객을 위해 존재한다는 사실을 명확하게 인지시키고 회사의 목적에 더욱 충실해야 한다고 강조했다. 그는 월 마트의 리더들은 종업원들에게 매우 엄격한 규칙을 훈련시키고 하나의 의제를 공유하도록 가르치는 대신에 자신은 더 높은 수준을 설정해서 행동해야 함을 가르쳤다.

뿐만 아니라 그는 경영진과 종업원들에게 회사의 동료는 파트너이며, 파트너에게 창조적인 동기부여를 제공하고, 소통에 노력하며, 파트너에게 항상 감사하고, 성공할 때는 축하해주고 실패하면 웃어주라고 가르쳤다. 샘 월튼은 항상 자신을 본보기로 경영진과 직원을 이끌었으며, 경영진은 직원들과 함께 일을 했고, 직원은 고객들을 위해, 그리고 전체 회사가 봉사하는 문화를 만들었다.

겸손은 샘 월튼의 성공의 근본이며 그의 능력을 성취하는 비결이었다. 샘 월튼은 리더가 지닌 겸손의 미덕이 서번트 리더십의 기초이자 근본임을 월 마트의 세계적 성공 과정에서 변함없이 보여주었다. 그의 겸손한 태도는 수백만 명의 매니저들과 종업원들이 월 마트를 세계 최대의 기업으로 성장하도록 지속적인 영향을 끼쳤다.

샘 월튼은 다른 사람들을 도와준다는 생각을 멈춘 적이 없었으며, 예수님께서 보여주신 겸손과 종의 모습을 월 마트의 경영진과 종업원 그리고 고객의 삼자 관계에서 실천하기 위해 노력한 크리스천 리더였다. 그는 엄청난 부를 이루었음에도 불구하고 여전히 픽업트럭을 몰고 사무실에서는 야구 모자를 쓰고 모든 작업에 있어서 먼저 실천을 하는 겸손한 청지기였다.

제1장 겸손의 법칙: 심령의 가난

함께 생각 나누기

1. 마태복음 5장 3절을 읽고 다음 질문에 대해 생각을 나누자.

    ① 예수님이 말씀하신 "심령의 가난"은 무슨 의미인가?

    ② 나의 삶 속에서 경험하는 "영적 가난"의 사례들은 무엇인가?

    ③ "영적 가난"과 "물질적 가난"의 차이는 무엇인가?

    ④ 예수님이 나에게 말씀하시고자 하는 의도는 무엇이라고 생각하는가?

    ⑤ 물질적 풍요가 나의 영적 건강에 어떻게 방해가 된다고 생각하는가?

    ⑥ 하나님과의 관계가 위험하지 않으려면 어떻게 영성을 개발해야 하는가?

2. 예수님이 보여 주신 겸손에 대해 설명해 보자.

3. 바울이 설명하는 예수님의 겸손은 어떤 모습인가?

4. 성경에는 하나님 중심의 마음으로 겸손한 삶을 살았던 인물들이 있다. 사무엘, 다윗, 그리고 세례 요한과 기도하는 세리의 겸손에 대해 설명하고 현재 나의 신앙생활의 모습에서 부족한 겸손의 모습은 무엇인지 말해 보자.

함께 생각 나누기

5. 겸손이 가장 경계해야 할 것은 교만이다. 삼손, 사울, 다윗, 이세벨 그리고 아합의 사례에서 볼 수 있는 교만은 무엇이며, 그들의 교만이 나에게 해당되는 것이 있다면 어떤 것인가?

6. 크리스천 리더가 신뢰를 얻기 위해 가장 관심을 가져야 하는 덕목은 겸손이다. 겸손이 크리스천 리더십에서 중요한 이유에 대해 생각해 보자.

7. 크리스천 리더의 가난한 마음은 무엇을 의미하며, 가난한 마음을 소유한 크리스천 리더가 되기 위해 어떤 노력을 해야 하는가?

8. 헨리 나우웬이 말한 "무력의 겸손"이란 무엇을 의미하며, 크리스천 리더십에서 무력의 겸손이 요구되는 이유는 무엇인가?

9. 에이브러햄 링컨, 존 록펠러, 그리고 샘 월튼이 보여 준 겸손의 모습에 대해 생각을 나누고, 그들을 리더십의 멘토로 삼아야 할 이유는 무엇인지 그리고 역사 속의 또 다른 크리스천 리더들의 겸손의 사례들에 대해 대화를 나누자.

10. 겸손의 법칙은 나에게 어떤 도전을 주는가?

2

이타심의 법칙: 애통

"애통하는 자는 복이 있나니"
―마태복음 5:4

영적 애통과 예수님의 애통
리더의 애통, 참회와 생명의 회복
이타심, 이웃과 공동체를 향한 애통
이타심, 사려 깊음과 사회적 책임
이타심의 본이 되는 위대한 크리스천 리더들

"모든 사람은 창조적인 이타주의의 길을 걸을 것인지, 파괴적인 이기주의의 길을 걸을 것인지 결정해야만 한다."

– 마틴 루터 킹

영적 애통과 예수님의 애통

애통하는 자가 복이 있다는 예수님의 말씀은 매우 충격적이다. 우리는 인생에서 슬퍼하는 것보다는 즐겁고 행복한 삶을 추구한다. 솔로몬은 세상에서 어느 누구보다도 가장 화려한 왕궁을 소유했고, 그에게는 보석이 돌멩이처럼 보일 정도로 흔했다. 그의 왕궁 안에는 가장 귀한 음식들로 넘쳐났다. 게다가 그는 당시 세상에서 가장 지혜로운 리더였다. 이 정도면 솔로몬의 삶은 우리가 희망하는 즐거움과 행복의 최고의 수준일 것이다. 세상의 눈으로 본다면 그는 가장 행복한 사람이었다. 그러나 솔로몬은 이 모든 것에 대해 "헛되고 헛되도다"(전도서 1:2)라고 말했다.

예수님은 세상의 좋은 것들이 행복을 준다고 말씀하지 않으셨다. 그와는 정반대로 애통하는 마음이 축복을 받는다고 말씀하셨다. 예수님의 눈에는 애통하는 사람이 축복 받은 사람이다. 사실 세상의 좋은 것들이 우리의 영적 공허함을 채워 주거나 영혼을 감동시키지 못한다. 우리는 고통 혹은 좌절을 피하기 위해 세상의 쾌락이나 물질을 추구하고 즐기는 삶을 선택한다. 그렇다고 해서 우리의 고통이 해결되고 영적 갈증이 해갈되는 것은 아니다. 어쩌면 역설적으로 다윗처럼 자신의 삶 한가운데서 겪는 슬픔 속에서 가슴 아파하며 절규하는 고통의 깊이에서 애통하는 자가 누릴 수 있는 영혼의 축복이 느껴질 것이다. 다윗은 깊은 고통에서 비롯되는 애통의 마음을 표현하고 있다.

"내 마음이 내 속에서 심히 아파하며 사망의 위험이 내게 이르렀도다 두려움과 떨림이 내게 이르고 공포가 나를 덮었도다 나는 말하기를 만일 내게 비둘기 같이 날개가 있다면 날아가서 편히 쉬리로다 내가 멀리 날아가서 광야에 머무르리로다 (셀라) 내가 나의 피난처로 속히 가서 폭풍과 광풍을 피하리라 하였도다"(시편 55:4-8).

'애통하는' 마음이란 어떤 것일까? 여기서 '애통하다'라는 말로 사용한 헬라어 '펜데오'pentheo는 죽은 자를 애도하는 것처럼 비통하게 슬퍼하고 오열하는 애통의 표현을 의미한다. 이 말은 가장 사랑하는 사람이 죽었을 때 사용되는 비통함의 극치를 나타낼 때 사용하는 말이기도 하다. 야곱이 아들 요셉이 악한 동물에 의해 죽임을 당했다는 소식을 듣고 요셉을 위해 애통할 때 이 단어가 사용되었다(창세기 37:34).

구약성경에서 애통은 위로를 동반한다. 고통받고 슬픔을 당한 하나님의 백성은 하나님의 위로와 회복의 대상이다. 이사야는 메시아가 애통하는 자를 위로하고 구원할 것이라고 말한다.

> "주 여호와의 영이 내게 내리셨으니 이는 여호와께서 내게 기름을 부으사 가난한 자에게 아름다운 소식을 전하게 하려 하심이라 나를 보내사 마음이 상한 자를 고치며 포로 된 자에게 자유를, 갇힌 자에게 놓임을 선포하며 여호와의 은혜의 해와 우리 하나님의 보복의 날을 선포하여 모든 슬픈 자를 위로하되 무릇 시온에서 슬퍼하는 자에게 화관을 주어 그 재를 대신하며 기쁨의 기름으로 그 슬픔을 대신하며 찬송의 옷으로 그 근심을 대신하시고 그들이 의의 나무 곧 여호와께서 심으신 그 영광을 나타낼 자라 일컬음을 받게 하려 하심이라"(이사야 61:1-3).

산상수훈의 문맥에서, 애통은 사랑하는 사람이 죽어서 슬퍼하는 것이 아니다. 예수님이 심령의 가난을 말씀하셨듯이 애통은 영적인 슬픔으로서 자신의 죄에 대해 가슴을 치며 애통하는 것이다. 인간은 죄의 무자비한 권세와 그것으로부터 벗어나고자 하는 자신의 무력감을 깨달을 때 고통 가운데서 끊임없이 하나님께 부르짖는다. 자신의 내면 가장 깊은 곳에서부터 죄를 고백하며 애통하는 것이다. 이것이 회개다. 하나님은 회개하는 자의 통회하는 마음을 경멸하지 않으신다(시편 51:17). 용서의 기쁨으로 향하는 길은 상한 마음의 절망적 슬픔을 통해서 나타난다.

또한 애통은 다른 사람들의 죄와 세상의 죄악 때문에 슬퍼하며 눈물을 흘리는 것을 의미한다. 예수님은 이스라엘을 향하여 애통하셨다. 공동체가 안고 있는 죄악의 실상들을 바라보며 회개하지 않는 교만과 죄에 대한 집단적 불감증을 애통하셨다. 예수님의 애통은 하나님의 의가 실현되지 못한 현실에 대한 애통이었다.

예수님은 무엇보다도 삶의 현장에서 가난하고 힘없는 소외된 자들이 겪는 고통 속에서 애통하는 마음을 품었다. 예수님은 사역을 하시면서 항상 힘없고 병든, 그리고 사회적으로 소외된 약한 자와 눌린 자에게 깊은 관심을 갖고 그들을 위로하고 그들의 삶의 고통을 함께 아파하며 그들에게 하나님 나라의 희망을 보여 주셨다. 예수님이 그들에게 보여 준 애통은 인간적인 비통함을 넘어서는 영적 애통이었다.

예수님의 애통하는 마음이 가장 잘 드러난 모습은 세상 죄를 짊어지고 애통하며, 눈물을 흘리는 예수님의 모습이다. 예수님은 십자가의 고난을 당하기 전에 예루살렘 성이 한눈에 내려다보이는 감람산 위에 앉아 한참 동안 성을 바라보며 눈물을 흘리셨다. 예루살렘 성을 보시고 흘리는 예수님의 눈물은 애통하는 마음의 가장 감동적인 모습이며 통한이 가득한 눈물이었다. 예수님은 장차 예루살렘 성이 당할 하나님의 심판을 미리 아셨고, 그 땅의 죄악을 보고 애통하셨다. 주후 70년에 예루살렘 성전은 불에 타고 돌 위에 돌 하나 남김없이 다 사라져 버렸다. 예수님은 애통하며 그날을 예언하셨다.

"가까이 오사 성을 보시고 우시며 이르시되 너도 오늘 평화에 관한 일을 알았더라면 좋을 뻔하였거니와 지금 네 눈에 숨겨졌도다 날이 이를지라

> 네 원수들이 토둔을 쌓고 너를 둘러 사면으로 가두고 또 너와 및 그 가운데 있는 네 자식들을 땅에 메어치며 돌 하나도 돌 위에 남기지 아니하리니 이는 네가 보살핌 받는 날을 알지 못함을 인함이라 하시니라"(누가복음 19:41-44).

예수님이 애통하시는 또 다른 장면은 사랑하는 나사로의 죽음 앞에서 눈물을 흘리신 모습이다(요한복음 11:35). 여기서 예수님이 흘리신 눈물은 나사로가 예수님을 사랑해서가 아니라 예수님이 나사로를 사랑하시기에 그의 죽음을 슬퍼하시고, 나사로의 죽음을 바라보며 깊은 절망과 슬픔에 잠겨 울고 있는 가족들의 고통을 함께 나누는 예수님의 내면 깊숙한 곳에서 느껴지는 영적 슬픔으로서의 애통이다.

예수님의 마지막 애통하시는 모습은 겟세마네 동산에서였다(마태복음 26:36-46; 마가복음 14:32-42; 누가복음 22:39-46). 복음서는 하나님의 계획에 순종하여 십자가를 짊어져야 하는 예수님이 기도하시는 모습을 "슬퍼하사"(마태복음 26:37), 이마에서 흐르는 땀이 "땅에 떨어지는 핏방울 같이 되었다"(누가복음 22:44)고 전한다. 히브리서 기자는 이 장면을 보다 구체적으로 "심한 통곡과 눈물로 간구와 소원을 올렸다"(히브리서 5:7)라고 표현했다. 십자가의 고난 앞에서 예수님이 드린 기도에는 인간으로서 감당할 수 없는 가장 극도의 통곡과 눈물이 담겨 있다.

십자가 앞에서 흘린 예수님의 애통은 죄로 인해 죽을 수밖에 없는 인류의 절망적 운명과 현실에 대한 깊은 영적 슬픔이며, 인간의 절망적인 현실과 슬픔을 기쁨과 찬송으로 바꾸고 죄인을 의롭게 하는 영적 위로로서 그것은 십자가의 복음을 전하는 구원의 감격과 감동, 그리고 사랑의 눈물이다. 그래서 예수님은 "지금 우는 자는 복이 있나니"(누가복음 6:21)라고 말씀하셨다.

리더의 애통, 참회와 생명의 회복

애통하는 마음은 리더의 회개를 촉구한다. 리더는 회개를 통해 애통하는 마음을 지녀야 한다. 리더에게 애통하는 마음이 없으면 리더는 자신의 이익만을 추구하며, 자신의 권력이나 지위를 사적으로 남용하는 유혹을 받는다. 그러면 공동체는 고통을 당한다. 이사야는 당시 종교지도자들의 도덕적 불감증에 대해 애통하는 심정으로 바라보며 경고했다.

"에브라임의 술취한 자들의 교만한 면류관은 화 있을진저 술에 빠진 자의 성 곧 영화로운 관 같이 기름진 골짜기 꼭대기에 세운 성이여 쇠잔해 가는 꽃 같으니 화 있을진저 보라 주께 있는 강하고 힘 있는 자가 쏟아지는 우박 같이, 파괴하는 광풍 같이, 큰 물이 넘침 같이 손으로 그 면류관을 땅에 던지리니 에브라임의 술취한 자들의 교만한 면류관이 발에 밟힐 것이라"(이사야 28:1-3).

예수님은 당시 종교권력의 중심에 있었던 서기관들과 바리새인들을 향해 지속적인 회개를 촉구하는 날카로운 비수의 말씀을 선포하셨다(마태복음 23:1-36). 그들은 과도한 율법 준수로 율법이 담고 있는 정신을 망각하고 형식적인 율법주의적 신앙 태도에만 집중했다. 예수님의 눈에 보이는 그들은 영적 안목이 부족하여 분별력이 떨어지는 외식하는 사람들이었다.

그들은 하나님이 가장 기뻐하시는 것이 개인과 사회의 부도덕성과 양심의 마비, 도덕적 해이와 부패, 특히 종교지도자들의 부패와 탐욕으로 인한 타락한 모습에 대해 통회하고 회개하는 애통하는 마음을 내면에 소유하는 것이라는 사실을 인식하지 못했다. 당시 종교지도자들의 형식주의와 분별력의 부재, 그리고 영적 눈물의 메마름은 극에 달했다. 예수님이 종교지도자들을 향해 경고하시는 말씀은 애통함으로 회개를 촉구하는 메시지이다.

> "화 있을진저 외식하는 서기관들과 바리새인들이여 너희가 박하와 회향과 근채의 십일조는 드리되 너희가 율법의 더 중한 바 정의와 긍휼과 믿음은 버렸도다"(마태복음 23:23).

> "화 있을진저 외식하는 서기관들과 바리새인들이여 잔과 대접의 겉은 깨끗이 하되 그 안에는 탐욕과 방탕으로 가득하게 하는도다"(마태복음 23:25).

> "화 있을진저 외식하는 서기관들과 바리새인들이여 회칠한 무덤 같으니 겉으로는 아름답게 보이나 그 안에는 죽은 사람의 뼈와 모든 더러운 것이 가득하도다"(마태복음 23:27).

리더에게 애통하는 마음이 없으면 리더가 도덕적 해이에 빠지는 것은 시간 문제다. 리더는 항상 자신의 죄성을 가슴 아파하며 회개의 눈물을 흘릴 수 있어야 한다. 그리고 그러한 영적 슬픔의 마음으로 공동체를 바라보며 공동체의 아픔을 가슴으로 품을 수 있어야 한다.

애통하는 마음은 자신의 죄성을 돌아보며 참회의 눈물을 흘릴 뿐만 아니라, 자신의 회개하는 마음으로 타인을 바라보는 마음이다. 애통하는 눈물은 영혼의 정화를 가져오며, 영적 치유를 통해 이웃의 고통을 향해 사랑의 행동을 하도록 이끈다. 애통은 우리의 영혼을 치유하는 하나님의 은총의 도구이다. 애통하는 마음은 영적 슬픔으로 눈물을 흘린다. 애통하는 자의 눈물은 하나님의 위로를 불러오며 하나님의 은총으로 회복하는 복을 누린다. 또한 참된 회개의 애통은 생명을 회복시키는 깊은 영성의 눈물이다.

다윗의 회개 다윗은 위대한 리더였다. 그러나 그는 하나님 앞에 섰을 때 철저하게 자신을 내려놓고 자기를 부정하는 위대한 신앙인이었다. 그는 자신의 권력을 남용하여 돌이킬 수 없는 실수를 범하고 1년 동안 은폐하며 불안한 마음으로 지냈다.

어느 날 이 사실을 알게 된 나단 선지자가 다윗을 찾아와 하나님의 말씀을 전했을 때 다윗은 자신의 잘못을 감추려고 했지만(사무엘하 12:1-14), 누구보다도 하나님의 큰 은혜를 입은 자이기에 그는 하루하루 괴로움에 시달릴 수밖에 없었다. 다윗은 가슴 깊숙한 곳에서 느껴지는 자신의 내면의 고통을 이렇게 고백한다.

"내 마음이 내 속에서 심히 아파하며 사망의 위험이 내게 이르렀도다 두려움과 떨림이 내게 이르고 공포가 나를 덮었도다 나는 말하기를 만일 내게 비둘기 같이 날개가 있다면 날아가서 편히 쉬리로다 내가 멀리 날아가서 광야에 머무르리로다 (셀라) 내가 나의 피난처로 속히 가서 폭풍과 광풍을 피하리라 하였도다"(시편 55:4-8).

다윗의 절규는 자신의 죄성으로 인해 고통받는 인간의 내면을 가장 잘 표현하고 있다. 이젠 더 이상 회개하지 않으면 구원을 받을 수 없는 죄인의 절박한 심정이 드러나 있다. 얼마나 고통스러웠으면, 자신에게 날개가 있다면 고난과 고통의 현실로부터 벗어나고 싶어 했을까. 다윗은 하나님 앞에서 죄를 고백하면서 자신의 심정을 다음과 같이 표현한다.

"내가 탄식함으로 피곤하여 밤마다 눈물로 내 침상을 띄우며 내 요를 적시나이다"(시편 6:6).

"내가 입을 열지 아니할 때에 종일 신음하므로 내 뼈가 쇠하였도다 주의 손이 주야로 나를 누르시오니 내 진액이 빠져서 여름 가뭄에 마름 같이 되었나이다"(시편 32:3-4).

그리고 다윗은 하나님께 "나의 죄악을 말갛게 씻으시며 나의 죄를 깨끗이 제하소서"(시편 51:2)라고 자신의 내면 깊숙한 곳으로부터 영적 슬픔과 눈물로 애통하는 위대한 신앙인의 면모를 보여 준다.

예수님은 다윗처럼 자신이 죄인임을 돌아보고 회개하며 슬퍼하는 사람들,

그리고 죄에 대해 연약함을 고백하는 사람들을 하나님의 사랑으로 위로하신다. 메시아인 예수님은 죄인의 무거운 짐을 대신 짊어지고 우리를 쉬게 하시는 위로를 베푸시며(마태복음 11:28), 슬퍼하며 눈물 흘리는 자에게 꽃으로 만든 관을 씌워 주시는 아름다움을 선물하시며 슬픔을 기쁨의 기름으로 대신하고, 찬송의 옷으로 근심을 대신한다(이사야 61:3). 궁극적으로 그분은 애통하는 자를 의롭게 사용하시기 위해 의의 나무로 심어 영광을 얻게 하신다(이사야 61:3).

히스기야의 회개 히스기야는 개혁적인 정치 지도자였다. 그는 다윗과 같이 하나님 보시기에 정직한 왕이었다(열왕기하 18:3). 그는 아버지 아하스 왕의 뒤를 이어 왕위에 오르자 과감하게 아버지가 저질렀던 우상숭배 정책을 폐기하고 모든 산당을 철폐하는 과감한 종교개혁을 단행했던 과단성 있는 지도자였다.

히스기야가 죽을병에 걸려 사망 선고를 받았다(열왕기하 20:1-21). 그가 하나님의 선지자 이사야를 통해 사망 선고를 받은 이유는 그의 교만 때문이었다(이사야 39:1-8). 앗수르 왕 산헤립으로부터 예루살렘이 피해를 입지 않자 주변국에서 히스기야는 하나님이 함께 하시는 지도자라는 생각을 갖게 되었고 그들은 귀한 보물을 히스기야에게 바쳤다. 나라가 평안해지고 전쟁의 위험이 사라지자 히스기야는 교만해졌던 것이다(역대하 32:24-26).

히스기야는 즉시 하나님을 향해 눈물로 애통하며 회개했다. 그때 하나님은 히스기야에게 "내가 네 기도를 들었고 네 눈물을 보았노라"(이사야 38:5)고 말씀하셨다. 히스기야는 죽음을 선고받은 후 깊은 슬픔에 잠겨 눈물을 흘리며 이렇게 회개 기도했다.

> "나는 제비 같이, 학 같이 지저귀며 비둘기 같이 슬피 울며 나의 눈이 쇠하도록 앙망하나이다 여호와여 내가 압제를 받사오니 나의 중보가 되옵소서 주께서 내게 말씀하시고 또 친히 이루셨사오니 내가 무슨 말씀을 하오리이까 내 영혼의 고통으로 말미암아 내가 종신토록 방황하리이다 주여 사람이 사는 것이 이에 있고 내 심령의 생명도 온전히 거기 있사오니 원하건대 나를 치료하시며 나를 살려주옵소서"(이사야 38:14-16).

영적 눈물의 애통은 하나님의 위로를 받는다. 히스기야는 비둘기같이 슬피 울며 기도했다. 그는 다윗처럼 매일 밤 울었다. 히스기야는 자신의 눈이 쇠할 정도로 하나님의 용서와 자비를 간구했다. 자신의 생명을 치료하고 살려달라는 히스기야의 절규는 자신의 죄에 대한 깊은 내면의 참회이자 영적 슬픔이며 눈물이다.

하나님은 히스기야의 생명을 15년 더 연장해 주셨다. 애통하는 자의 회개는 생명을 살린다. 그러나 히스기야는 15년 생명 연장을 받았으나 집권 초기와 같은 리더십을 발휘하지 못했다. 그는 아들에게 올바른 신앙교육을 전수하지 못했고 예루살렘의 멸망의 그림자는 더욱 깊게 드리워졌다. 그의 뒤를 이어 므낫세가 왕이 되었다.

느헤미야의 애통 느헤미야는 바벨론 포로기에 태어난 이민 2세 혹은 3

세 정도에 해당되는 인물이다. 그는 아닥사스다 왕의 술을 다루는 최측근으로서 정계에서 상당한 수준의 권력을 소유한 성공한 이민세대였다.

느헤미야는 자신의 조상들이 살았던 예루살렘과는 사실 직접적 연관이 없었다. 그러나 그는 예루살렘에서 온 친척으로부터 예루살렘 사람들이 큰 환난을 당하고 능욕을 받으며 예루살렘 성이 훼파되었다는(느헤미야 1:3) 소식을 듣고 그는 수일 동안 슬퍼하며 하나님 앞에서 금식하고 회개하며 애통의 눈물로 기도했다(느헤미야 1:5-11). 느헤미야는 4개월 동안 기도했다. 그는 자신의 죄가 아님에도 불구하고 선조들의 죄를 자신과 동일시하며 애통하는 마음으로 눈물의 기도를 하나님께 드렸다.

느헤미야는 4개월의 기도 가운데서 하나님께서 자신에게 주신 사명과 비전을 발견했다. 그것은 예루살렘으로 돌아가 무너진 성벽을 재건하여 예루살렘을 하나님의 도성으로 회복하고 그곳에서 무너진 이스라엘을 다시 세우는 것이었다. 하나님은 느헤미야의 눈물의 기도를 들으시고 그에게 예루살렘 성벽 재건의 사명과 비전을 허락하시고 그로 하여금 치밀한 계획을 세워 성벽 재건이 성공하도록 지혜와 리더십을 주시고 그와 함께하셨다. 여기서 우리는 공동체의 현실을 자신과 동일시하고 그 현실을 애통하며 새로운 가치와 비전으로 현실을 변혁하는 리더십의 모델을 발견한다.

이타심, 이웃과 공동체를 향한 애통

크리스천 리더는 영적 리더다. 영적 리더는 자신이 아닌 타인과 공동체를 위해 영적 슬픔을 느끼며 눈물을 흘려야 한다. 리더가 속한 공동체의 부패와 도덕적 불감증, 공동체의 통합을 깨뜨리는 말과 행동에 대한 아픔, 불의와 부조리, 모순과 타락, 나아가 인류공동체가 안고 있는 빈곤과 질병의 문제, 인권탄압의 사각지대와 전쟁의 공포 등 인간사회가 안고 있는 고통에 대해 애통하는 마음으로서 이타심을 가져야 한다. 그것은 창조세계 안의 모든 피조물은 하나님의 사랑의 대상이기 때문이다. 그들은 서로 분리되어 있지 않고 하나님의 창조질서 안에서 하나로 연결되어 있는 공동운명체이다.

예수님은 모든 것이 하나님의 창조질서 안에서 하나로 연결되어 있음에도 불구하고 그것들이 서로 분리되어 갈등하고 상처 받는 현실의 고통에 대해 애통하는 마음을 지니셨다. 공동체 안의 모든 구성원들은 그들의 지위나 계급, 혹은 지역과 피부색의 차이에도 불구하고 부패하고 타락한, 그래서 분열과 갈등이 첨예한 죄의 현실에 대해 애통하는 마음으로 회개를 촉구하셨다. 예루살렘 성을 바라보며 눈물을 흘리신 예수님의 모습(누가복음 19:41)은 이것을 가장 함축적으로 보여 준다. 예수님은 타인과 공동체를 향한 애통하는 마음으로 고통받는 현실을 가슴에 품고 십자가의 길을 걸어가셨다.

미국 대공황 시대에 도로시 데이는 '가톨릭 노동자 운동'Catholic Worker Movement을 설립하여 헌신했던 여성 지도자이다. 그녀는 젊은 시절에 유명 극작가인 유진 오닐과 교류를 하고 뉴욕에서 진보적 언론인으로서 레온 트로츠

키를 포함하여 대중적 지지를 받던 자유주의 사상가들과 무정부주의자들을 인터뷰하면서 이름을 알리기도 했다.

1932년에 도로시 데이는 워싱턴 D.C.에서 펼쳐진 기아행진을 취재했다. 기아행진은 당시 실업에 대한 사회적 입법, 연금보장, 그리고 어머니들과 아이들의 구제와 보호에 대한 입법을 촉구하는 것이 목표였다. 그녀는 기아행진을 취재하는 동안 자신이 그들과 하나가 되지 못하고 있는 현실을 바라보면서 애통하며 갈등을 느꼈고, 사회정의를 외치고 질서를 변화시켜야 할 교회 지도자들이 현장에서 단 한 명도 보이지 않는 것에 대해 분노의 마음을 멈출 수 없었다.

취재를 마친 후 도로시 데이는 워싱턴 D.C.의 한 성당에 들어가 사제에게 특별 기도를 요청했다. 훗날 그녀는 그곳에서의 기도는 눈물과 분노의 기도였으며, 이 기도를 통해 가난한 자들에 대해 그녀가 소유한 은사들을 사용하도록 자신의 마음을 열었다고 고백했다. 이 사건은 도로시 데이의 인생을 바꾸는 전환점이 되었다. 뉴욕으로 돌아온 후 그녀는 기자직을 내려놓고 가톨릭 노동자들의 권익증진을 위한 신문 발행과 그들의 쉼터 Catholic Wokers House를 만드는 운동을 전국적으로 펼쳤다.

애통하는 마음은 자신의 죄성을 돌아보며 회개하는 마음으로 타인을 바라보는 마음이다. 애통하는 눈물은 영혼의 정화를 가져오며, 영적 치유로써 이웃의 고통을 향해 사랑의 행동을 하도록 이끈다. 이것이 이타심이고 깊은 영성의 눈물이며, 이웃의 고통을 향한 내면의 깊은 영적 슬픔이자 애통함이다. 도로시 데이의 애통하는 눈물의 기도는 공동체의 고통을 자신의 가슴에 품는 영적 슬픔이었으며, 그것은 궁극적으로 그녀를 이타적 사랑의 행동으로 인도했다.

이타심, 사려 깊음과 사회적 책임

리더가 자신의 부족함을 돌아보거나 공동체를 돌보는 마음, 즉 이타심이 부족하면 도덕적이며 윤리적인 의식이 부족해진다. 리더에게 이런 마음의 자세가 결여되어 있으면 리더는 도덕적 해이에 쉽게 빠지고, 책임 부재 의식으로 비난의 대상이 되어 자신의 몰락은 물론이거니와 조직도 쉽게 혼란에 빠지게 한다.

리더는 사려 깊게 조직 구성원들의 애로사항에 관심을 기울이며 소통을 통해 그들에 대한 애통의 마음으로 이타적 행위를 표현할 수 있어야 한다. 리더가 구성원의 필요에 주의를 기울이지 않으면 그들은 리더에게서 멀어지며, 결국 조직 내부의 관계는 무너진다. 따라서 리더는 구성원의 필요를 애통하는 마음으로 돌보고 관계 중심의 행동을 통해 공개적으로 소통하는 노력을 기울여야 한다.

예를 들어, 교회의 담임목사가 성도들의 삶의 애환과 영적 니즈에 대해 애통하는 마음으로 돌보지 않고 자신의 대외적 활동과 이름을 알리는 일에 교회의 재정과 인적 자원을 남용한다면 담임목사와 성도들 사이에 보이지 않는 벽이 생기고, 소통의 부재가 심화되면 성도들의 마음은 담임목사로부터 떠나 관계는 멀어지며 교회공동체는 서서히 활력을 상실한다.

리더가 이타적 마음으로 구성원과 소통하는 것은 공동운명체로서의 공감을 끌어내는 매우 중요한 역할을 한다. 리더의 이타적 마음은 구성원의 마음에 감동을 주며, 구성원 스스로 리더로부터 자신이 보호받고 있다는 애정을 느끼게 만들기 때문에 구성원은 더욱 리더와 조직을 위해 희생적인 자세를 보여줄 수 있다. 그리고 구성원의 이런 감정은 리더에 대한 존경심으로 표현되고, 리더 역시 구성원의 희생적 모습에서 구성원을 단순한 부하가 아닌 공동체의 목적과 비전을 공유한 존재로 존경하게 된다.

이웃과 공동체의 어려운 현실에 대해 애통하는 사람은 이타심의 발로로 개인적인 동시에 공동체적 책임감을 갖는다. 부자가 재산을 사회에 환원하고 기업이 사회적 책임Corporate Social Responsibility, CSR을 위해 기업의 이익을 사회에 환원하여 공동체의 성장을 돕는 것 등은 '애통하는 마음'으로서 이타적 행위를 드러내는 대표적인 사례라 할 수 있다. 사회적 책임을 갖는 기업가들은 정부가 접촉하지 못하는 사회적 필요를 충족시키기 위해 노력한다. 다른 사람들과 사회적 공동체에 대한 기업가의 관심은 이미 기업이라는 조직의 경계를 넘어서는 것으로서 그것은 단순한 미덕의 차원이 아니라 공동체에 대한 이타적이며 도덕적 책임을 보여 주는 것이다.

캐롤[11]은 기업의 사회적 책임을 충족시키는 네 가지 측면에 대해서 강조했는데, 첫째는 경제적인 측면에서 이윤을 남기는 것이다. 둘째는 법률적인 측면에서 기업의 준법 행위이다. 셋째는 기업의 윤리적 책임으로서 올바르고 정당한 그리고 공정한 윤리적 행위에 참여한다. 넷째는 사회공동체의 삶의 질을 향상시키기 위해 선한 기업시민의 활동을 펼치는 것으로서 사회공동체에 이익을 환원하는 것이다. 이처럼 기업은 사회공동체 구성원으로서 법을 준수하고, 윤리적이며 도덕적 행위를 실천하고, 사회의 공동선을 추구하는 활동을 펼침으로써 기업 행위의 정당성을 인정받고, 기업시민으로서 기업의 사회적 책임을 다하는 것이다.

오래전에 빌 게이츠와 워렌 버핏은 미국의 억만장자들에게 재산의 절반을 기부하는 캠페인을 시작하면서 본인들이 먼저 기부하여 재단을 설립했고, 이 운동을 〈포브스〉Forbes지가 선정한 미국 400대 기업을 대상으로 펼쳤다. 스타벅스의 하워드 슐츠와 GEGeneral Electric를 비롯해 많은 미국 기업들이 기업의 사회적 책임에 막대한 재정을 투입하고 있는 것은 잘 알려진 사실이다. 물론 우리나라에서도 삼성, LG, SK 등을 비롯한 재벌기업들과 유한양행, 오뚜기 식품 등 여러 중견기업들이 공동체에 대한 관심을 갖고 기업의 사회적 책임에 많은 예산과 인력을 투입하여 다양한 활동을 펼치고 있다. 이들 기업은 대체로 사회경제적 소외계층 돌봄, 청소년 인재 육성, 친환경 기업활동과 분배, 나눔, 그리고 지속 가능한 삶의 가치구현 등을 위해 지속적인 관심을 갖고 기업의 사회적 책임에 많은 노력을 기울이고 있다.

특히 유한양행은 우리나라 기업 가운데 가장 먼저 기업의 사회적 책임을 실천한 기업이다. 고 유일한 창업자의 기업 설립 목적은 기업이 이윤을 창출하는 동시에 기업 활동 과정에서 많은 이들에게 교육의 기회와 일자리를 제공하고 나아가 그 이윤으로 민족의 장래를 결정할 교육에 투자하는 것이었다.

그는 기업을 개인의 소유가 아니라 사회의 소유로 생각했으며, 기업은 사회의 이익증진을 위하여 존재하는 기구임을 강조했다. 고 유일한 박사가 자신의 신념을 행동으로 옮기기 위해 모든 소유 주식을 사회공익법인인 '한국사회 및 교육원조 신탁기금(현 유한재단)'에 기증한 것은 이미 '전 재산의 사회환원' 신화로 잘 알려진 사실이다.

리더의 이타심은 가난하고 소외된 그리고 고통받는 이웃에 대한 애통하는 마음이다. 이 마음은 먼저 자신의 부족함과 연약함에 대한 슬픈 마음이며 다음으로 타자와 공동체에 대한 이타적 마음이다. 리더의 이타심은 리더의 존재 이유와 윤리적 책임을 보여 주는 매우 중요한 성품이다. 자신이 이끄는 조직의 구성원이 겪는 어려움과 소외감, 그리고 조직이 직면한 위기나 어려움에 대한 리더의 애통하는 마음은 추종자들에게 감동을 주고 일체감을 조성한다. 그리고 추종자들은 리더의 애통하는 마음으로서 이타심에 감동을 받는다. 공동체 구성원들의 마음을 움직이는 힘은 리더로부터 느끼는 감동이다.

이타심의 본이 되는 위대한 크리스천 리더들

린든 존슨 Lyndon Johnson(1908-1973)

린든 존슨은 대통령 임기 초기에 대통령의 권한을 최대한 활용하여 의욕적인 개혁정치를 펼침으로써 빈곤에 대한 전쟁, 그리고 미국 역사상 기념비적인 민권법과 투표권법의 제정을 통해 인종차별의 장벽을 무너뜨리고 자유와 평등의 '위대한 사회'Great Society로서 아메리칸 드림을 이루기 위해 헌신적인 노력을 기울였던 지도자이다.[12]

존슨은 1964년 1월 연두교서에서 '빈곤에 대한 전쟁'War on Property을 선포했다. 그는 여기서 "궁극적으로 많은 미국인들은 희망의 외곽지대에 살고 있다. 일부는 그들의 빈곤 때문에, 그리고 다른 일부는 그들의 피부색 때문에, 그리고 너무 많은 사람들은 두 가지 모두 때문에…"라고 말하면서, 다음과 같이 강력한 메시지를 선포하면서 자신의 확고한 의지를 피력했다.

> 오늘 지금 이곳에서 미국 정부는 미국에서의 빈곤에 대한 무조건적 전쟁을 선언한다. 나는 이 의회와 모든 미국인들에게 이러한 노력을 위하여 나와 함께하길 촉구한다. 그것은 간단하면서도 쉬운 투쟁이 아닐 것이며, 어떤 무기나 전략도 충분하지 않을 것이다. 그러나 우리는 이 전쟁이 승리할 때까지 쉬지 않을 것이다.

그리고 4개월 후 70,000명의 군중이 모였던 미시간 대학교 졸업식 연설에서, 그는 "다음 반세기의 도전은 미국 시민들이 풍요로운 부를 누리며 국민의 삶의 질과 문화의 질을 높일 수 있는가에 있다"라고 말하고 "우리는 부유한 사회와 힘이 넘치는 사회를 지향할 뿐만 아니라 위대한 사회로 상승하는 기회를 반드시 가져야 한다"라고 강조하면서, 미국을 위한 공동선의 비전으로서 '빈곤에 대한 전쟁'을 보다 더 확대하는 '위대한 사회'를 선포했다.

존슨은 '위대한 사회' 아젠다를 야심차게 발표했다. 이것은 존슨이 대통령이 되면서 가장 강력하게 추진했던 개혁정치의 모든 것이었다. 그것은 궁극적으로 노인들의 헬스 케어를 중심으로 한 건강보험개혁, 교육에 대한 연방정부의 지원, 빈곤층 유아지원을 위한 헤드 스타트Head Start, 식료품 할인구매, 주요 지형 환경입법, 직업교육을 제공하는 잡 콥스Job Corps, 도심재개발 프로그램, 예술과 인문학에 대한 국가적 지원, 민권법 제정, 이중언어 교육지원 등과 같은 정책들을 포함했다. 특히 교육 불평등 구조를 해결하기 위해, 막대한 자금을 대학에 쏟아 부었고, 초등학교와 중고등학교에, 특히 빈곤 지역의 학교들에 대한 연방정부의 지원을 확대했다.

점증하는 도심 지역 문제를 다루기 위해, 존슨은 주택과 도시개발부를 신설하여 최초로 내각에 흑인인 로버트 위버Robert Weaver를 장관으로 임명했다. 도시개발부는 방대한 슬럼가를 정리하고, 그곳에 공공주택을 신설하고, 도심지 내부의 경제적 재개발을 추진했다. 또한 메디칼 프로그램은 위대한 사회 복지 프로그램의 상징이었다. 존슨의 개혁적 아젠다는 지난 50년간 미국인들의 삶의 거의 모든 측면을 파고들었다. 존슨의 대통령 재임 시기는 루스벨트의 뉴딜 이래 정부의 역할이 최대로 확장되었고, 심지어 대공황 시대의 프로그램의 반경을 넘어서는 것이기도 했다.

존슨은 남부 출신임에도 불구하고 흑인들에 대한 민권 보호에 대해 조금씩 노력하기 시작했다. 존슨은 대통령직을 수행하게 되자, 케네디 행정부에서 이미 계획한 공공시설물들에서의 인종 분리를 종식시키는 민권 정책에 대한 안을 그대로 계승하여 1964년에 민권법을 통과시켰다. 이 법안에 대해 인종차별주의자들의 저항과 의회 내 일부 반대세력의 저항에도 불구하고 의회에 대해 개인적인 리더십의 발휘와 일부 상원 의원들에 대한 로비를 통해 민권법을 통과시켰다.

이때 존슨은 북부와 남부 경계 지역의 민주당 의원들과 자신의 빈곤에 대한 전쟁을 지지하는 온건한 공화당 의원들의 연합을 성공적으로 추진하여 법안을 통과시켰다. 이 법안으로 공공시설에서의 인종 분리는 비합법적임을 천명했고 이 법안은 모든 지방의 시설물들에 대해서도 효력을 발휘했다.

민권법 제정으로 흑인의 인권은 상당한 수준으로 향상되었지만 중요한 이슈는 투표권 문제였다. 1890년 이래 흑인들과 가난한 사람들은 특히 남부 지역에서 수십 년에 걸쳐 투표를 원천적으로 봉쇄당했다. 존슨은 이런 현실을 타개하는 정치적 목적을 가졌다. 그는 이것이 위대한 사회의 복지를 증진시키는 길이라고 믿었다.

1965년 마틴 루터 킹은 투표권을 위해 앨라배마 주 셀마에서 몽고메리까지 행진을 전개했다. 마틴 루터 킹의 행진은 흑인들에게 투표권을 부여해야 한다는 여론을 불러 일으켰다. 존슨은 이 순간을 기다렸다는 듯이 1965년 투표권법을 제안할 기회를 포착했다. 그는 유권자 등록 시 문자 테스트를 면제하고, 흑인들도 연방정부의 유권자 등록을 할 수 있는 법안을 준비했다. 8월에 법안은 의회에서 통과되었다. 이것은 역사적으로 매우 중요한 의미를 지닌다.

1964년 민권법 제정과 1965년 투표권법 제정으로 미국 사회의 인종차별의 장벽들은 과감하게 무너졌다. 자유와 평등의 민주사회가 눈앞에 펼쳐졌다. 당시 미국에서 300명 내외의 흑인들이 선출직 공직에 있었지만, Joint Center for Political and Economic Studies에 의하면, 2011년 10,500명 이상의 흑인들이 선출직에서 활동하고 있다. 존슨은 인종차별 철폐의 상징적 의미로 주요 직책에 흑인을 기용했다. 그는 1964년에 도심지 재개발을 위해 신설한 주택과 도시개발부의 장관으로 로버트 위버를, 그리고 1967년에 흑인 민권변호사이자 흑인 노예의 위대한 후손인 더굿 마샬Thurgood Marshall을 대법원 판사로 임명했다.

위대한 사회, 빈곤에 대한 전쟁, 그리고 민권법 모두는 가난한 자와 소수인종들에게 놀랄 만한 혜택을 제공하는 것이었을 뿐만 아니라, 진정으로 미국에서 자유와 평등의 민주주의가 화려하게 꽃을 피우게 하는 개혁정치였다. 존슨의 개혁으로 미국의 민주주의는 자유와 평등이라는 미국 독립선언문의 도덕적 가치를 보다 더 높은 수준에서 구현할 수 있었다.

존슨은 대통령의 힘과 대통령의 자리를 통해 가난과 차별을 없애고 부와 평등이 구현되는 위대한 사회로서의 공동선을 추구했다. 그는 이 목적을 위해 대통령과 정부의 모든 힘을 공적으로 사용했다. 그는 자신이 왜 권력을 필요로 하는지 그리고 그 권력을 어떻게 사용해야 하는가를 매우 잘 아는 리더였다. 존슨에게 있어서 권력이란 고통받는 이웃과 가난한 공동체 그리고 차별적인 인종정책의 현실을 애통하는 마음으로 바라보면서 그것을 개선하기 위해 합법적으로 사용할 수 있는 수단이었다. 그는 자신의 이익을 위해 권력을 휘두르는 리더가 아니었다.

존슨의 '위대한 사회'는 보다 나은 공동체를 만들고자 하는 정부의 공동선에 대한 도덕적 책임과 비전이 리더십에게 얼마나 중요한 것인가를 깨닫게 해준다. 리더의 애통하는 마음은 국민에게 감동을 준다. 정치란 자기 자신을 도울 수 없는 사람들을 돕는 것이다. 대통령과 정부의 역할이 여기에 있다. 공동체를 향한 리더십의 애통은 희망이 춤추는 사회를 꿈꾸게 한다.

빌리 그레이엄 Billy Grahmam(1918-2018)

20세기 복음주의를 말할 때 우리는 빌리 그레이엄을 빼놓을 수 없다. 그는 20세기 복음주의에서 가장 위대한 인물이다. 20세기 복음주의를 이끌었던 빌리 그레이엄을 필립 얀시(필자 주: 미국의 복음주의 크리스천 작가)는 "복음주의자들의 영웅"[13]으로, 그리고 J.I. 패커(필자 주: 칼빈주의 전통에 서 있는 캐나다 기독교 신학자)는 "순수복음의 글로벌 챔피언"[14]이라고 불렀다. 또한 미국의 언론은 빌리 그레이엄을 "미국의 목사" 혹은 "개신교의 교황"Protestant Pope이라고 부르는 것을 주저하지 않았다.[15] 역사학자 그랜트 바커(필자 주: 듀크대 교수, 복음주의 역사 연구)는 빌리 그레이엄의 전기 《America's pastor》[16]를 출판하기도 했다.

빌리 그레이엄은 약 2억 명의 사람들에게 그리스도의 복음을 전파했으며, 3백만 명에 이르는 사람들이 그의 설교를 듣고 예수 그리스도를 영접했다. 그는 TV와 라디오, 영화를 통해서 복음을 전했으며, 이념과 체제, 국가의 경계를 넘어 심지어 종교의 자유를 위해서는 어디든 방문하여 열정적으로 복음을 전했다. 미국 PBS방송에서 빌리 그레이엄 다큐멘터리[17]를 제작했던 역사학자 랜들 발머(필자 주: 다트머스 대학 교수)는 빌리 그레이엄은 "교황과 대통령과 여왕과 독재자들이 신임하는 친구"가 되었다고 말했다.

빌리 그레이엄이 그리스도의 복음으로 미국 사회의 변화를 주도하기 전인 20세기 초반은 다윈주의와 1925년 스콥스 재판[18] Scopes trial의 견제로 미국의 복음주의는 대중의 의식으로부터 멀리 떨어져 있었다. 빌리 그레이엄은 제2차 세계대전 종전 후 1940년대 후반과 1950년대 초반에 미국 내 복음주의자들이 처한 상황이 매우 심각한 수준임을 깨달았다. 복음주의는 미국교회 역사상 가장 큰 기회와 책임을 마주한 채 다들 혼란에 빠져 당황하며 사분오열로 분열되어 있었다. 미국 복음주의에는 리더가 없었다.

리더십 부재로 혼란을 거듭하고 있는 복음주의의 현실을 바라보며 빌리 그레이엄은 애통하지 않을 수 없었다. 그는 전국에 걸쳐 수많은 목사들을 만나기 시작했고 그들 대부분에게 진정한 부활에 대한 갈망과 굶주림이 있음을 확인했다. 복음주의가 매우 약화되었던 시대적 환경이 지속되었던 1940년대 말부터 빌리 그레이엄은 그리스도의 복음을 자신의 거듭남을 중심으로 미국사회에 전파했고, 1950년대 초에 빌리 그레이엄은 복음으로 사회를 변화시키는 비전을 품고 사회에 참여하기 시작했다.

1940년대 텐트 부흥운동[19] Tent Revival을 시작으로 빌리 그레이엄은 자신의 거듭난 신학 Born-again Theology을 평범한 미국인들이 지니고 있는 두려움과 열망을 포착하는 도덕적 어휘로 변형시켜 광범한 부흥운동을 펼쳤다. 1949년 빌리 그레이엄의 새로운 세대를 위한 복음주의 기독교 대중화 운동은 기독실업인회Christian Business Men's Committee(CBMC, 기독실업인들로 구성된 글로벌 복음주의 선교단체로서 1930년 시카고에서 처음 시작되었다. 필자 주)가 후원하는 로스앤젤레스 십자군 운동Los Angeles crusade 때 현장에서 폭발적으로 전개되었다. 약 1억 8천만 명의 사람들이 거의 400회에 걸쳐 십자군 운동을 했으며, 수백만 명 이상이 텔레비전을 시청했다.[20]

대학 부흥운동College Revivals은 1946년에 시작되었지만, 이 운동은 기도에 기반을 둔 1950년 휫튼 칼리지 리바이벌Wheaton College Revivals of 1950이 전국적인 홍보 지원을 받으면서 미국 전역에 걸쳐 다른 대학들의 부흥운동에 불을 붙였다. 뿐만 아니라 빌리 그레이엄은 복음주의를 대변하는 언론의 필요성을 절감했다. 그는 교파를 초월해서 목사와 평신도 리더들에게 복음주의 관점의 진리로 다가갈 수 있는 잡지가 필요함을 절감했다. 당시 미국 내 자유주의 신학의 목소리를 대변했던 〈크리스천 센츄리〉Christian Century는 미국 개신교 내 그 어떤 요인보다 종교적 사고에 큰 영향을 미쳤다. 빌리 그레이엄은 이런 역할을 감당하는 복음주의 언론이 필요했다. 오늘날 교파를 초월하여 복음주의 노선에 있는 수많은 목사와 평신도 리더들에게 선한 영향력을 끼치는 〈크리스천 투데이〉Christian Today는 이런 배경에서 창간되었다.

빌리 그레이엄은 자신의 시대에서 리더십 부재로 복음주의가 분열을 거듭하는 심각한 상황을 바라보면서 애통의 눈물을 흘렸다. 그는 길 잃은 자에 대한 눈물이 없는 기독교의 현실 앞에서 그들에 대한 애절한 연민으로 복음의 불씨를 지폈다. 그는 오늘날에도 자신이 애통했던 시대와 같은 현상들이 나타나는 것을 걱정했다.

빌리 그레이엄은 오늘날 교회가 길 잃은 자에 대한 열정을 상실한 원인을 여섯 가지로 제시했다.[21] 첫째, 하나님의 통치권에 대한 감각의 상실이다. 둘째, 하나님의 존재에 대한 감각의 상실이다. 셋째, 개인윤리에 대한 감각의 상실이다. 넷째, 다른 사람을 사랑하는 단순성의 상실이다. 다섯째, 교회의 포용성 상실이다. 여섯째, 세속과의 분리 상실이다. 그는 오늘날 교회와 그리스도인들이 이러한 상실로부터 회복되기 위해서는 예수 그리스도에 대한 헌신과 "네 마음을 다하며 목숨을 다하며 힘을 다하며 뜻을 다하여 주 너의 하나님을 사랑하고 또한 네 이웃을 네 자신 같이 사랑하라"(누가복음 10:27)는 예수님의 말씀에 귀를 기울여야 한다고 강조했다.

빌리 그레이엄은 도덕의 표상이다. 그는 복음전도자로 활동하던 60년 동안 도덕적으로 몰락하지 않은 복음주의 리더였다. 그와 함께 일했던 여러 전도자들과 목사들은 스캔들로 무너졌지만 그는 자신의 도덕적 열정과 헌신을 마지막까지 지켰다. 빌리 그레이엄은 자신의 시대에 복음주의의 분열과 갈등에 애통해 했으며, 복음주의의 부흥을 위해 스스로 전쟁터에 뛰어들어 치열한 영적 전쟁을 치르며 승리했던 리더다. 영적 리더십의 부재로 복음주의가 분열되던 때에 그는 길 잃은 한 사람을 위한 눈물의 애통과 헌신으로 교파를 초월하여 수백만 명의 영적 삶의 중심에 리더십을 굳건하게 세웠다.

빌리 그레이엄은 복음주의 부흥에만 머물렀던 리더가 아니었다. 그는 글로벌 차원에서 공산주의와 핵 위협으로부터 빈곤과 민권civil rights에 이르기까지 자신의 시대에 가장 중요한 이슈들과도 담대하게 싸우며 사회를 변화시킨 위대한 크리스천 리더였다.

유일한(1895-1971)

유일한은 국내 기업가 중 최초로 기업의 사회적 책임CSR을 도입한 인물이다. 그는 미국에서 독립운동을 한 민족기업인으로서 유학을 마친 후 귀국해 유한양행을 세워 기업을 성공적으로 키우고, 세상을 떠난 후에는 재산 전액을 사회복지재단 유한재단과 유한대학, 유한공고에 기부해 공익사업과 후진 양성에 큰 뜻을 남기고 선한 영향력을 행사한 크리스천 리더다.

유일한은 1895년 평양에서 태어났으며, 그의 아버지 유기연은 재봉틀 장사로 성공한 인물로 독실한 크리스천이었다. 유기연은 1904년 당시 아홉 살 어린 소년이었던 아들 유일한을 미국으로 유학 보낼 정도로 서구문물과 신학문에 대한 이해가 높았다. 유일한은 미국에서 미시건 대학교 장학생으로 입학했으며, 대학 졸업반이었던 1919년 3·1운동이 일어나자 필라델피아에서 열린 한인자유대회에 대의원으로 이승만, 서재필 등 민족지도자들과 함께 참석하여 결의문 기초위원으로 선출되었다. 그는 이 대회에서 전 세계에 조국의 자주 독립을 호소하는 결의문을 짓고 이를 낭독했다.[22]

1926년 유일한은 귀국하여 일제 식민지하에서 유한양행을 창립했다. 그가 미국에서 사업을 접고 조국으로 돌아와 기업을 세운 것은 기업은 나라와 민족의 것이고 국민소유라는 확고한 신념 때문이었다. 그는 일제 식민지로부

터 벗어나는 민족의 독립을 기업경영의 목표로 삼았다.[23]

유한양행의 제약 사업은 한국전쟁 이후 안정적으로 성장하기 시작했다. 기업이 성장기에 접어들자 유일한은 1958년 '유한정신과 신조'를 제정 발표했다.[24] 이것은 가장 좋은 약품을 만들어 국가와 동포에게 도움을 주고 각 개인의 자발적인 노력과 성실을 강조하면서 조국과 사회, 그리고 인재양성의 중요성을 강조한 내용이었다. 이런 정신은 훗날 그가 사회적 이타심을 갖고 기업의 사회적 책임을 실천하는 중요한 토대가 되었다.

유일한은 "어제는 하나의 꿈에 지나지 않으며, 내일은 하나의 환상일 뿐이다. 그러나 최선을 다한 오늘은 어제를 행복의 꿈으로 만들며, 모든 내일을 희망의 비전으로 바꾸어 놓는다"는 신조로 평생을 살았다. 이것은 그에게 신앙과도 같은 일종의 생활윤리 실천계명이었다. 그는 근면하지 않으면 경쟁사회에서 살아갈 수 없고, 성실하지 않으면 일을 성취할 수 없으며 정직하지 않으면 남이 믿어 주지 않는다고 확신했다.

다른 한편으로 그의 삶의 신조는 '나라 사랑'이었다. 유일한에게 있어서 모든 기업 활동은 나라 사랑의 일환이었으며 그는 나라를 위해 개인적인 독립운동과 기업적으로는 성실한 기업 활동, 정직한 세금, 이윤으로 사회를 위해 환원하였다.

유일한은 기업은 사회적인 공기로 사회 전체의 발전을 위해 기업을 건강하게 지키는 것이 기업인의 임무이며 책임이라고 생각했다. 이를 위해 그는 제약업계 최초로 주식상장을 통해 기업을 공개했으며 종업원 지주제를 실시하여 기업의 사회적 책임 실천에 앞장섰다. 유일한의 기업 활동은 그 자체가 교육사업이며 국가와 사회를 위한 공익사업이었다. 그는 이미 1952년 고려공과기술학교를 설립하고 1960년에는 유한중학교와 유한공업고등학교를 설립 운영했으며 1970년에는 유한양행 주식과 개인 재산을 출연하여 '한국사회 및 교육원조 신탁기금'을 발족시켰다. 이 기금이 오늘의 유한재단 및 유한학원의 모태이며 유언장을 통해 전 재산마저 이 기금에 기증했다.

유일한의 성실과 근면, 그리고 기업의 공익적 책임은 그가 미국에서 배운 청교도적 윤리관과 신앙이 바탕을 형성하고 있으며, 평생 독실한 크리스천으로 살았던 그는 받은 것은 모두 사회에 환원해야 한다고 믿었다. 이것은 유일한의 다음과 같은 말에도 잘 반영되어 있다.

"정직, 이것이 유한의 전통이 되어야 한다. 기업의 소유주는 사회이다. 단지 그 관리를 개인이 할 뿐. 나라 사랑을 위해서는 목숨을 바칠 것을 서약하여야 한다. 사람은 죽으면서 돈을 남기기도 하고 또한 명성을 남기기도 한다. 그러나 가장 값진 것은 사회를 위해서 남기는 그 무엇이다."[25]

생전에 소유주식을 여러 공익법인 및 교육기관에 희사했던 유일한은 1971년 영면하여 재산의 전부를 공익법인인 한국사회 및 교육원조 신탁기금에 환원하였다. 자신의 모든 소유를 가족이 아닌 사회에 고스란히 환원한 유일한의 결단과 정신은 노블리스 오블리제 noblesse oblige의 전형으로 평가받고 있으며 전 재산 사회 환원이라는 신화는 많은 기업인과 일반인들에게 신선한 충격과 선한 영향력을 행사하여 현재까지도 우리 사회의 건강한 자양분으로 귀감이 되고 있다. 유일한은 세상을 떠났지만 '기업으로 획득한 이윤을 세상에 나누자'는 정신은 사회복지재단 유한재단과 유한대학, 유한공고에 남아 사회에 기여하고 있다.

유일한은 항상 청지기의 자세로 일관성 있는 삶을 살았다. 주인의 권위가 아닌 맡은 자로서의 겸손함은 그의 경영 방침에서 드러난다. 그는 언제든지 자신보다 더 나은 인재가 나타나면 자신의 자리를 내주었고 자신의 유익보다 기업의 유익을 위해 힘썼다. 실제로 기업을 자신의 아들에게 세습하지 않고 재능 있는 전문 경영인에게 기업을 물려주라는 그의 유언장은 유일한의 청지기적 자세를 반영한다.

첫째, 유일선의 딸, 손녀 유일림에게는 대학 졸업 시까지 학자금으로 1만 불을 준다. 둘째, 딸 유재라에게는 유한공고 안에 있는 땅 5천 평을 물려준다. 그 땅을 유한동산으로 꾸미되 주되 유한동산에는 결코 울타리를 치지 말고 유한 중·고등학교 학생들이 마음대로 드나들게 하여 그 어린 학생들의 티없이 맑은 정신에 깃든 젊은 의지를 지하에서나마 더불어 느끼게 해 달라. 셋째, 소유주식 14만 941주는 전부 '한국사회 및 교육원조 신탁기금'에 기증한다. 넷째, 아내 호미리는 재라가 그 노후를 잘 돌봐 주기를 바란다. 다섯째, 아들 유일선은 대학까지 졸업시켰으니 앞으로 자립해서 살아가거라.

유일한에게는 평생 외우고 다녔던 기도문이 있다.[26] 우리는 그가 어떤 삶을 지향하고자 했는지 이 기도문에서 발견할 수 있다.

지금까지 베풀어 주신 은혜와 이날까지도 새 소망을 허락하심을 겸손한 마음으로 감사하옵니다. 저희들이 이 땅에서 살아가는 동안 과거의 잘못을 통하여 더욱 성장할 수 있게 도우시고, 슬픔과 후회를 저희들 마음속에서 떠나게 하시고, 대신 어제의 편견이나 내일의 두려움 없이 정해진 삶의 길을 걸어갈 수 있도록 용기와 의지를 저희들 마음속에 심어 주시옵소서.

저희에게 유혹을 이겨내고 탐욕과 시기와 부러워함을 정복하게 하시고 낙심과 증오와 고통을 극복할 수 있는 힘을 허락하시옵소서. 분노와 절망과 역경의 깊은 골짜기에서 저희를 건지시고, 패배와 실패와 허무감에 빠지지 않게 도와주시옵소서.

내 뜻과 의사를 표현할 때 자제할 수 있게 하시고 타인의 의견을 이해와 동정심을 가지고 경청하게 하시며 그들의 허물을 비판하는 것보다 그들이 미덕을 칭찬하고 인정할 줄 아는 지혜를 허락하시옵소서. 삶에 있어서 무엇이 더 중요한 것인가를 인식할 수 있고, 오늘날 저희들에게 주어진 좋은 것들을 충분히 즐기며, 명랑하고 참을성 있고, 친절하고 우애할 수 있는 능력을 허락하여 주옵소서.

무엇보다도 온 인류가 참된 목적을 위하여 일하고, 평화로운 마음으로 이 세상을 살아갈 수 있도록 저희들의 마음을 겸손함과 이웃을 아끼고 사랑하는 마음으로 가득 채워 주시옵소서. 아멘!

유일한의 정신은 이웃과 공동체에 대한 관심과 사회적 책임감이 결여된 우리의 삶의 현실에서, 그리고 분배와 나눔의 가치가 여전히 힘을 발하지 못하는 정치사회적 현실에서 우리 그리스도인에게 선한 영향을 끼친다. 그리고 기업의 사회적 책임은 기업인의 리더십에 달려 있다. 크리스천 기업인들의 정신과 리더십의 변화가 중요하다.

함께 생각 나누기

1. 마태복음 5장 4절을 읽고 다음 질문에 대해 생각을 나누자.

    ① 예수님이 말씀하신 "애통한다"는 말은 무슨 의미인가?

    ② 영적 애통이란 무엇인가?

    ③ 나의 영적 애통의 경험은 무엇인가?

2. 예수님은 무엇 때문에 애통하셨는가? 구체적인 사례를 들어 보자.

3. 리더의 애통은 어떤 결과를 가져오는가? 다윗, 히스기야, 그리고 느헤미야의 애통을 중심으로 생각해 보자.

4. 리더가 타인과 사회공동체를 위해 애통한다는 것은 무슨 의미인가?

5. 크리스천 리더가 이타심을 가져야 하는 이유는 무엇이며, 나는 이타심을 지닌 리더인가? 그리고 내가 이타심이 풍부한 리더가 되고자 한다면 어떤 노력을 기울여야 하는가? 또한 이타심의 법칙은 나의 리더십에 어떤 도전을 주는가?

제2장 이타심의 법칙: 애통

함께 생각 나누기

6. 린든 존슨, 빌리 그레이엄, 그리고 유일한의 애통하는 마음은 무엇이며, 그들이 보여 준 이타적 삶은 우리에게 어떤 교훈을 주는가? 그들이 우리의 리더십의 멘토가 되는 이유는 무엇이며, 또 다른 크리스천 리더들의 이타심의 사례를 들어 보라.

7. 오늘 정치, 경제, 사회 그리고 교회와 문화적 영역 안에서 우리가 애통하는 현실의 문제는 무엇인지 구체적으로 설명하고, 그러한 문제들에 대해 크리스천 리더들은 어떻게 역할을 감당해야 하는가?

8. 유일한의 기도문을 크게 소리 내어 읽고 그가 소망하는 삶의 모습에서 나에게 부족한 것은 어떤 것인지, 그리고 나는 그런 모습을 갖기 위해 어떻게 노력할 것인지 대화를 나누어 보자. 그리고 직접 기도문을 작성해 보자.

3

자기희생의 법칙: 온유

"온유한 자는 복이 있나니"
—마태복음 5:5

온유한 사람
온유함, 예수 그리스도의 마음
온유함, 희생과 자제력
온유함, 고난을 이기는 내적 힘
자기희생의 본이 되는 위대한 크리스천 리더들

> "그리스도 안에서, 우리는 자기희생과 용서 가운데서 꽃이 피는 사랑의 성숙함을 보았다. 봉사의 이상에서 결코 벗어나지 않는 권능의 성숙, 모든 유혹을 이기는 선함의 성숙함, 그리고 물론 죽음 자체에 대한 삶의 궁극적인 승리를 본다."
>
> – 빈센트 니콜라스

온유한 사람

"온유한 자가 복이 있다"는 말은 매우 역설적이다. 이것은 앞의 두 개의 복보다 더 어렵다. 이것이 다른 사람과의 관계와 자기통제와 관련되어 있기 때문이다. 사실 치열한 경쟁사회에서 양보하고 마음을 비우며 때론 희생까지 하면서 산다는 게 결코 쉬운 일은 아니다.

더욱이 예수님이 제자들과 청중들을 향해 이 말씀을 하셨던 이스라엘의 역사적 상황은 로마 식민지 시대가 아니었던가? 땅이 정복당하고 주권마저 상실된, 그리고 피땀 흘려 번 돈의 상당 부분을 로마에 세금으로 바치면서 굴욕의 삶을 사는 유대인들에게 온유한 마음으로 사는 사람이 축복을 받는다고 한 것이다. 그러니 현장에서 그 말씀을 듣던 이스라엘의 종교지도자들과 나라를 회복시킬 메시아를 대망하던 여러 정치세력의 리더들과 억압받는 많은 군중들은 충격을 받았을 것이다. 그들이 기다리는 메시아는 기적의 능력으로 억압의 현실을 혁명적으로 바꾸실 분이었기 때문이다.

이 점에 있어서 예수님의 제자들도 예외는 아니었을 것이다. 그들도 예수님을 통해 나라가 회복될 때를 기다렸다. 특히 베드로와 야고보, 요한은 예수님이 권력을 장악하면 정치권력의 중심에서 자신들의 역할을 기대하지 않았던가.

'온유한 자'는 헬라어 '프라우스'praus라는 단어로서 낮아지고, 경건하며, 겸손한 마음을 소유한 사람을 의미한다. 온유함은 교만, 복수심, 폭력, 완고함과는 반대되는 말이며, 또한 하나님을 향한 자기 의지와 사람들을 향한 그릇된 의지와는 반대되는 말이다. 온유함에는 친절함, 공손함, 배려심, 나아가 유순함, 온순함, 부드러움 등과 같은 의미가 내포되어 있다. 따라서 온유한 사람은 온화하고, 유순하고, 다정하며, 다른 사람에 대해 존경하는 마음을 갖고 친절과 배려를 보여 준다.

그리고 온유한 사람은 다른 사람에게 상처를 받아도 하나님께서 회복시켜 주실 것이라는 믿음을 갖고 인내한다. 온유한 마음을 소유한 사람은 모욕을 당해도 인내심을 보여 주는 순종적인 성품의 사람이라고 말할 수 있다. 그렇다고 해서 온유한 자는 무기력하고 자신감도 없는 사람이 아니다. 마음을 다스리는 것이 온유함인데, 제어력을 상실하면 온유함이 결여된 것이다. 온유함은 제어된 분노로서 그것은 거룩한 분노다.[27] 성경에서 온유한 사람들은 온유와 자제력이 있는 사람들이다. 그들은 악의와 혼란에서 자유롭다.

온유한 사람은 자기 통제력을 지니고 있다. 그는 자신의 열정과 분노를 통제한다. 그는 자신의 권력을 이용하여 다른 사람들을 착취하고 억압하지 않는다. 온유한 사람은 폭력적이지 않으며 자신의 원한으로 복수를 하지 않을 뿐만 아니라 자신의 목적을 위하여 권력을 장악하려 하지 않는다. 잠언 16장 32절은 "노하기를 더디하는 자는 용사보다 낫고 자기의 마음을 다스리는 자는 성을 빼앗는 자보다 나으니라"고 말한다.

그리고 잠언 25장 28절은 "자기의 마음을 제어하지 아니하는 자는 성읍이 무너지고 성벽이 없는 것과 같으니라"고 말한다. 마음을 다스리는 것이 온유함이며, 무너진 성벽과도 같이 자신이 힘을 제어하는 능력이 부족하면 온유함을 상실한 것과 같다. 알렉산더 대제는 술에 취한 상태에서 자신의 기질을 다루지 못해 가장 친한 친구에게 창을 던져 죽였다.

어떤 사람도 자기 자신을 다스릴 때까지 다른 사람을 이끌 수 없으며, 어떤 사람도 자신을 스스로 지배하지 못하면 다른 사람을 위해 봉사할 수도 없다. 그리고 어떤 사람도 자신을 통제하는 것에 익숙해질 때까지 다른 사람을 통제할 수 없다. 그러나 하나님의 통제 아래 있는 사람은 온유함을 얻게 되어 땅을 유업으로 받을 수 있다.

온유는 하나님께 복종하는 것이지만 그것은 수동적이 아니라 능동적으로 어떠한 불평이나 반박 없이 하나님의 방법을 수용하는 태도이며, 또한 하나님의 주권을 인정하는 태도다. 그리스도인이 온유함을 지녀야 하는 것은 필수적인 교훈이다. 왜냐하면 그것은 우리 주 예수 그리스도의 성품이었기 때문이다. 그래서 예수님은 이 성품을 지닌 사람은 참으로 축복받은 사람이라고 선언하셨다.

바울은 그리스도인의 삶의 가장 중요한 요소로서 겸손과 온유와 인내를 강조한다. 그는 우리가 하나님의 부르심에 합당한 삶을 살기 위해서는 겸손과 온유와 오래 참음이 요구되며(에베소서 4:1-2), 하나님이 택하신 거룩하고 사랑받는 자의 삶을 사는 데 있어서도 겸손과 온유와 오래 참음의 옷을 입어야 한다고 권면한다(골로새서 3:12). 여기에 인용한 바울의 권면에서 공통적인 점은 겸손과 온유와 오래 참음(인내)이 함께 사용되고 있다는 사실이다. 특히 '온유'라는 단어 안에 겸손과 인내가 내포되어 있음을 감안할 때 바울은 온유는 크리스천 리더에게 있어서 어떤 다른 것보다도 중요함을 강조하는 것으로서, 그는 사람을 가르치고 징계하는 것도 온유함으로 해야 한다고 권면한다(디모데후서 2:24-25).

온유함, 예수 그리스도의 마음

예수님은 "나는 마음이 온유하고 겸손하니"(마태복음 11:29)라고 말씀하셨다. 예수님 스스로 자신의 마음이 곧 온유함이라고 지칭하셨다. 따라서 온유한 마음이란 예수 그리스도의 마음이며, 바울은 "너희 안에 이 마음을 품으라 곧 그리스도 예수의 마음이니"(빌립보서 2:5)라고 권면했다. 이것은 우리로 하여금 온유한 마음을 소유하는 것이 예수 그리스도의 마음을 품는 것임을 의미한다.

예수님이 보여 주신 온유함이란 무엇인가? 선지자 이사야는 고난 받는 종의 모습에서 온유함의 극치를 묘사한다.

"그가 곤욕을 당하여 괴로울 때에도 그의 입을 열지 아니하였음이여 마치 도수장으로 끌려 가는 어린 양과 털 깎는 자 앞에서 잠잠한 양 같이 그의 입을 열지 아니하였도다 그는 곤욕과 심문을 당하고 끌려 갔으나 그 세대 중에 누가 생각하기를 그가 살아 있는 자들의 땅에서 끊어짐은 마땅히 형벌 받을 내 백성의 허물 때문이라 하였으리요"(이사야 53:7-8).

예수님의 온유함이란 고난과 고통 가운데서도 자신의 억울함을 항변하지 않고 오히려 침묵함으로써 거룩한 분노를 보여 준다. 예수님은 아무 죄도 없는 순결한 양 같은 분이지만 모든 사람들의 죄를 대신하여 짊어지고 가는 온유하신 분이다. 세상 죄를 지고 가는 어린 양으로서 고난을 받는 종의 마음이 곧 온유함이다.

베드로전서 2장 21-23절은 "이를 위하여 너희가 부르심을 입었으니 그리스도도 너희를 위하여 고난을 받으사 너희에게 본을 끼쳐 그 자취를 따라오게 하려 하셨느니라 저는 죄를 범치 아니하시고 그 입에 궤사도 없으시며 욕을 받으시되 대신 욕하지 아니하시고 고난을 받으시되 위협하지 아니하시고"라고 말한다. 자신이 고난을 당하고 치욕을 겪어도 위협을 가하거나 분노하거나 항변하지 않고 오히려 그것을 감내하면서 모든 것을 참아내는 성품이 온유한 마음이다. 이것이 온유함의 참된 모습이다.

예수님의 온유함은 무겁고 힘든 멍에를 지고 살아가는 모든 사람들에게 쉼을 제공하고 본인이 스스로 그 멍에와 짐을 대신 져준다.

"수고하고 무거운 짐 진 자들아 다 내게로 오라 내가 너희를 쉬게 하리라 나는 마음이 온유하고 겸손하니 나의 멍에를 메고 내게 배우라 그리하면 너희 마음이 쉼을 얻으리니 이는 내 멍에는 쉽고 내 짐은 가벼움이라 하시니라"(마태복음 11:28-30).

예수님의 온유함은 양을 보호하는 목자의 마음과도 같다. 예수님은 "나는 양의 문이라"(요한복음 10:7)고 말씀하셨다. 도둑은 양의 생명을 절도하거나 죽이고 멸망시키지만, 예수님은 양의 생명을 구하고 더 풍성하게 하신다(요한복음 10:8-10).

악한 리더는 추종자들과 공동체의 이익보다 자신의 탐욕을 더 추구하고, 힘없고 연약한 사람들을 억압하고 착취한다. 악한 리더는 자신의 권력과 지위를 남용하여 다른 사람의 권익과 인권을 침해한다. 그리고 악한 리더는 분노를 다스리지 못하고 구성원들에게 이른바 갑질을 반복해서 저지른다. 그러나 선한 리더는 연약하고 힘없는 그리고 소외받는 구성원들을 자신의 품안에서 감싸고 보호한다.

선한 리더는 위험에 처한 구성원들의 어려움에 귀를 기울이고 그들을 돕기 위해 최선을 다한다. 선한 리더는 구성원들의 이익을 선취하거나 노동력을 착취하여 자신의 탐욕을 채우지 않는다. 선한 리더는 그들의 억울함을 풀어 주고 그들의 실수를 자신의 것으로 돌리며, 그들에게 더 나은 것으로 보상하며 유익함을 누리도록 배려한다.

마지막으로 예수님의 온유함은 양을 위해 목숨을 버리는 희생이다. 양의 문이요, 선한 목자이신 예수님은 양을 위하여 목숨까지 바친다. 이는 예수님이 보여 주신 온유함의 최고 절정이다. 그것은 완전한 희생이다.

> "나는 선한 목자라 선한 목자는 양들을 위하여 목숨을 버리거니와 삯꾼은 목자가 아니요 양도 제 양이 아니라 이리가 오는 것을 보면 양을 버리고 달아나나니 이리가 양을 물어 가고 또 헤치느니라 달아나는 것은 그가 삯꾼인 까닭에 양을 돌보지 아니함이나 나는 선한 목자라 나는 내 양을 알고 양도 나를 아는 것이 아버지께서 나를 아시고 내가 아버지를 아는 것 같으니 나는 양을 위하여 목숨을 버리노라"(요한복음 10:11-15).

온유함, 희생과 자제력

온유한 마음의 리더는 자신의 유익함을 포기할 수 있어야 한다. 하나님의 목적에 이끌리는 리더는 온유한 마음으로 자신을 포기하고 하나님의 뜻에 순종함으로 희생적인 삶을 살 수 있다.

<u>모세</u> 리더십은 희생과 분리될 수 없다. 성경 속의 많은 리더들은 희생을 통해 하나님의 마음에 합한 리더로 성장했다. 가장 대표적인 인물이 모세다. 모세는 희생의 대표적인 표본이다. 모세는 자기 백성을 돕기 위해 애굽 사람을 죽였고 그로 인해 미디안 광야에서 40년간 망명생활을 했다. 모세는 왕궁의 부귀영화에서 광야의 고난으로 자신의 삶을 선택했다.

모세는 광야에서 하나님의 부르심에 자신을 철저하게 내려놓았다(출애굽기 3-4장). 그가 하나님을 만났을 때 모세는 자신의 연약함을 분명하게 깨달았다. 그는 말에 능숙하지 못했고(출애굽기 4:10), 성질도 급했다(출애굽기 32:19; 민수기 20:9-13). 게다가 그는 살인자였다. 그러나 이스라엘 백성을 애굽에서 구하라는 하나님의 명령을 받았을 때 그는 애굽 사람을 죽였던 혈기왕성했던 모세가 아니었다. 그는 "내가 누구이기에 바로에게 가며 이스라엘 자손을 애굽에서 인도하여 내리이까"(출애굽기 3:11)라고 자신의 연약함을 하나님께 드러냈다.

강한 모세가 아니라 약한 모세가 되었을 때 하나님은 모세를 사용하셨다. 리더의 온유한 마음은 자신의 강함이 아닌 연약함을 깨닫고 하나님 앞에서 겸손하며 하나님을 의지하도록 이끈다. 모세는 자신의 완고함을 내려놓고 두려움을 물리치고 자신의 소명을 확인한 후에 자신을 온전하게 하나님께 맡겼다. 그는 하나님의 부르심 앞에서 미디안 광야 40년은 자신을 리더로 훈련시키고자 한 하나님의 뜻이었음을 깨달았다. 그리고 자기 혼자 백성을 구하고자 했던 교만한 마음에서 하나님의 뜻에 순종하는 겸손한 사람으로 변했다.

모세는 자신이 하나님과 대면하고 친밀하게 지내면서도 교만하지 않았다. 또한 아론과 미리암이 비판해도 모세는 조용히 침묵했다. 오히려 하나님이 "모세는 하나님과 대면한 자로서 하나님의 집에 충성된 사람"이라고 변호하시면서 두 사람의 잘못된 행동을 꾸짖으셨다(민수기 12:6-8). 모세의 온유함이 돋보이는 장면이다. 그의 리더십의 심장에 온유함이 깊게 자리했던 것이다.

"이 사람 모세는 온유함이 지면의 모든 사람보다 더하더라"(민수기 12:3).

요셉 요셉은 그의 형제들에 의해 땅굴 속으로 던져져 그 안에서 죽음과도 같은 공포를 느끼다가 애굽에 노예로 팔려갔다(창세기 37:23-36). 요셉은 그곳에서 롤러코스터와 같은 삶을 살았지만 자신의 삶 가운데서 일어나는 모든 일들에 대해 하나님의 주권이란 관점에서 바라보았다. 그는 언제나 하나님과 함께하는 믿음으로 살았다.

요셉은 보디발의 집에서 노예로 살아야만 했고, 보디발의 아내 때문에 억울하게 감옥에 갇히는 신세가 되었다. 요셉은 형들의 살인적 행위에서부터 노예의 삶, 그리고 감옥에까지 갇혀 사는, 자신의 고난과 억울한 상황에 대해 그 이유를 전혀 알 수 없었지만, 그는 어떤 원망도 불평도 하지 않았다. 오히려 하나님은 요셉의 고난 가운데 함께하시며 그를 형통케 하셨다(창세기 39:1-23).

요셉이 형들을 만났을 때 그는 형들에게 자신의 고난을 야기했던 행위들에 대해 전혀 불평도 원망도 하지 않았다. 오히려 요셉은 형들의 근심과 한탄을 위로하고 하나님께서 생명을 구원하시려고 자신을 이곳에 먼저 보내셨다고 말했다(창세기 45:5). 요셉은 두려워하는 형들에게 하나님의 통제 하에 있는 자신의 모습을 통해 하나님의 주권에 복종하고 그것을 수용하는 태도로서 온유함을 보여 주었다. 요셉은 권력을 소유한 자가 보여 주는 온유함의 완벽한 모델이다.

> "요셉이 그들에게 이르되 두려워하지 마소서 내가 하나님을 대신하리이까 당신들은 나를 해하려 하였으나 하나님은 그것을 선으로 바꾸사 오늘과 같이 많은 백성의 생명을 구원하게 하시려 하셨나니"(창세기 50:19-20).

다윗 사울이 다윗을 잡으러 십 광야로 가서 그곳에 진을 쳤다. 그 소식을 듣고 다윗이 밤을 틈타 사울이 진 친 곳으로 잠입했다. 사울이 잠들어 있었으므로 쥐도 새도 모르게 사울의 목숨을 한 칼로 벨 수 있는 상황이었다. 이때 아비새가 다윗에게 두 번이 아니라 한 번에 창을 꽂아 사울을 죽일 테니 자신에게 맡겨달라고 요청했다. 다윗의 명령이면 사울은 그날 밤 다시는 돌아오지 못할 길로 보내질 수 있었다.

그러나 다윗은 아비새에게 하나님의 기름 부음을 받은 자를 치는 것도 죄라고 하면서 하나님께서 그를 치실 것이라고 말한다. 자신을 죽이기 위해 군사력을 동원하고 위협을 가했던 사울이 무방비 상태로 잠을 자고 있었음에도 불구하고 다윗은 사울의 목숨을 하나님께 맡겼다(사무엘상 26:1-10). 하나님께서 자신을 지켜주시고 자신을 위해 대신 싸우신다는 다윗의 믿음에서 비롯된 온유함이 놀랍다. 온유한 마음은 하나님의 주권을 인정하는 거룩한 경건함이다.

압살롬이 궁정 쿠데타를 일으켰다. 왕실에서 잠을 자던 다윗은 가족들과 함께 친위대의 엄호를 받고 예루살렘 밖으로 도망쳤다. 다윗의 초라한 행렬은 많은 사람들의 웃음거리가 되었다. 그때 사울의 심복이었던 시므이가 다윗을 쫓아와 저주하였다.

> "피를 흘린 자여 사악한 자여 가거라 가거라 사울의 족속의 모든 피를 여호와께서 네게로 돌리셨도다 그를 이어서 네가 왕이 되었으나 여호와께서 나라를 네 아들 압살롬의 손에 넘기셨도다 보라 너는 피를 흘린 자이므로 화를 자초하였느니라"(사무엘하 16:7-8).

아비새가 분노하여 다윗에게 시므이의 머리를 베게 해달라고 요청했다. 그러나 다윗은 아비새에게 너와 상관없는 일이라며 제지한다. 그리고 아비새에게 시므이가 자신을 저주하는 것은 하나님께서 하시는 것이라고 말하면서 하나님께서 자신의 원통함을 감찰하시고 대신 선으로 갚아 주실 것이라고 말한다(사무엘하 16:9-12). 하나님의 언약의 삶을 인정하고 믿음으로 순종하는 다윗의 온유함은 분노를 다스리는 높은 자제력을 보여 준다.

하나님의 부르심에 헌신하는 소명의 삶은 희생이 필요하다. 희생은 크리스천 리더십의 심장이다. 리더의 희생은 공동체 구성원들로 하여금 공동체에 대한 리더의 소명을 깨닫게 하며, 동시에 구성원 스스로 목적의식을 분명하게 갖게 만든다. 그리고 목적에 초점을 맞추어 흩어진 의견들을 하나로 결집시켜 공동체의 일체감을 조성하게 한다.

뛰어난 리더십은 리더의 온유함으로 소명에 헌신하는 삶을 살도록 이끈다. 온유한 마음은 하나님의 부르심에 대한 거룩한 경건이다. 온유한 마음을 품은 리더는 어떤 삶을 살아야 하는지 바울은 다음과 같이 설명한다.

"형제들아 나는 아직 내가 잡은 줄로 여기지 아니하고 오직 한 일 즉 뒤에 있는 것은 잊어버리고 앞에 있는 것을 잡으려고 푯대를 향하여 그리스도 예수 안에서 하나님이 위에서 부르신 부름의 상을 위하여 달려가노라"(빌립보서 3:13-14).

온유함, 고난을 이기는 내적 힘

예수님이 고난을 인내하시며 하나님의 뜻에 순종하여 구속의 위대한 사역을 감당할 수 있었던 가장 강력한 힘은 그분의 온유함이었다. 온유한 사람은 어떤 고난과 역경 가운데서도 인내하며 그 상황을 극복하여 성공한다. 온유함은 고난을 이기는 내적 원동력이다.

크리스천 리더가 복음의 사명을 감당하거나 크고 작은 조직이나 공동체를 관리하거나 이끄는 과정에서 예기치 않은 다양한 유형의 어려움 혹은 역경이나 고난의 상황에 직면할 수 있다. 온유한 마음을 품은 사람은 자신이 직면한 고난을 하나님과의 관계에서 이해하고 하나님의 뜻을 알기 위해 오래 참으면서 순종한다. 우리는 욥에게서 이것을 발견한다. 욥은 온유한 성품을 지닌 사람이었다. 그는 예기치 않았던 자신의 고난을 통해 하나님과의 관계에서 그분의 뜻이 무엇인지 알기 위해 인내하며 순종했다. 그러나 온유하지 못한 사람은 자신의 고난을 남의 탓으로 돌리고 불평하며 원망한다.

바울은 겸손과 온유 그리고 오래 참음으로 모든 일을 감당했던 사람이다. 그는 복음으로 인한 모든 고난을 온유함으로 극복했다. 바울은 고린도후서 11장 23-27절에서 그리스도의 복음을 전하는 과정에서 자신이 겪었던 말할 수 없는 고난의 이야기를 전한다. 그는 수없이 많은 매를 맞았고 죽음의 고비도 여러 차례 넘겼다. "유대인들에게 사십에서 하나 감한 매를 다섯 번" 맞고, 태장으로 세 번 맞고, 돌로 맞기도 했다. 그리고 배가 세 번 파선해서 깊은 바다에서 일 주야를 보내기도 했고, 강과 바다, 광야의 위험을 비롯해 동족이나 이방인으로부터 위협을 당하고, 여러 번 굶고 춥고 헐벗고 잠을 자지도 못하는 등 온갖 고생과 수고를 다하였다.

그런데 바울이 인간으로서 견디기 힘든 이런 온갖 고난과 역경 가운데서도 극복할 수 있었던 힘은 무엇이었을까? 바울의 고백이다.

"그러므로 내가 그리스도를 위하여 약한 것들과 능욕과 궁핍과 박해와 곤고를 기뻐하노니 이는 내가 약한 그때에 강함이라"(고린도후서 12:10).

바울은 자신이 약한 존재이기 때문에 고난을 이길 수 있었다고 말한다. 그가 자신의 약함을 인정하는 겸손의 바탕이 온유함이다. 바울은 온유한 성품을 지닌 사람이었기 때문에 그리스도의 복음을 위한 어떤 고난과 역경도 능히 감당해낼 수 있었다. 그에게서 온유함이란 고난을 극복하는 내적 원동력이었다.

우리는 자신의 연약함을 인정할 때 비로소 하나님을 의지할 수 있고 그분이 주시는 능력으로 강해질 수 있다. 자아가 강하면 하나님의 능력을 받아들일 공간이 없다. 온유한 사람은 자신의 연약함을 통해 하나님을 의지하고 그분의 능력으로 살아간다. 바울은 이 진리를 예수님의 고난에서 발견한다.

> "그리스도께서 약하심으로 십자가에 못 박히셨으나 하나님의 능력으로 살아 계시니 우리도 그 안에서 약하나 너희에게 대하여 하나님의 능력으로 그와 함께 살리라"(고린도후서 13:4).

예수님은 자신의 고난 앞에서 어린 양처럼 순종하며 어떤 변명이나 저항도 하지 않았다. 그분은 오직 하나님만 의지하며 하나님의 뜻에 순종했다. 예수님은 자신의 연약함으로 십자가의 죽음을 당하셨지만 지금 그분은 하나님의 능력으로 살아 계신다. 온유함은 고난을 이기는 내적 힘이다.

자기희생의 본이 되는 위대한 크리스천 리더들

마하트마 간디Mahatma Gandhi(1869-1948)[28]

간디는 그리스도인은 아니지만 예수님의 산상수훈에 깊은 감명을 받고 영국과 남아프리카 공화국에서 기독교인과 함께 생활하면서 무조건적인 사랑, 용서, 희생과 온순함 등의 자질을 경험하였다. 간디는 예수님의 산상수훈을 접했을 때 그것은 자신에게 깊은 감명을 주고, 자신을 완전히 사로잡은 설교였다고 고백한 적이 있다. 간디가 예수님의 생애에서 가장 큰 감명을 받은 것은 예수님의 고난이었으며, 그는 예수님의 고난의 모범은 비폭력에 관한 자신의 영원한 신념을 구성하는 원리[29]라고 말했다.

1914년 간디는 남아프리카 공화국에서 인도로 돌아온 후 비폭력 무저항주의를 실천하기 위해 노력했다. 그는 영국의 식민지하에서 인도가 처해 있는 부당하고 억압적인 현실들을 개선하기 위해 비폭력 원리를 실천한 투쟁을 전개했고, 이 과정에서 여러 차례 투옥되기도 했다.

1918년 간디는 인도 중서부 도시인 아흐메다바드Ahmedabad에서 공장 근로자들과 공장 소유주들 간의 분쟁이 일어났을 때 그들의 평화로운 타협을 유도하기 위해 단식투쟁을 결행했고, 다양한 투쟁 방법을 고안해 실천하여 양측이 모두 공정한 해결책에 도달하도록 노력했다. 그는 이 사건을 해결하는 과정에서 자신의 강한 신념을 위해 자기의 존재, 자기의 생명을 걸었다. 결국, 아흐메다바드 사태는 평화적으로 해결될 수 있었다. 간디는 이를 통해 그가 인도에서 펼칠 비폭력 저항인 사티아그라하Satyagraha 운동이 생명력 있는 운동임을 확인했을 뿐만 아니라 이 운동의 도덕적 권위를 확보할 수 있었다고 확신했다.

1930년 3월 12일 간디는 유명한 '소금행진'Salt March을 주도했다. 그는 추종자들과 함께 아흐메다바드를 출발해서 잘라푸르 근처의 해안 지방인 단디Dandi 바닷가로 24일에 걸쳐 241마일을 행진했다. 소금행진은 영국이 소금에 부과한 세금에 항의하는 것으로서 간디와 시위대는 모래를 한 움큼씩 움켜쥐고 바닷가에 섰다. 이 시위로 인해 수많은 사람들이 무장경찰에 의해 폭행을 당했고 그들은 손에 움켜쥔 모래를 풀며 그대로 바닷가에 쓰러졌다. 폭력이 난무하고 유혈사태가 눈앞에서 펼쳐지는 비참한 광경을 보면서도 소금행진 시위대는 비폭력적으로 대응했다. 결국 소금행진의 유혈사태는 세계 여론의 비난을 받았고, 영국은 인도에 대한 도덕적 지배권을 영원히 상실하게 되었다.

소금행진은 간디가 남아프리카 공화국에서 시작했던 비폭력 운동의 원리인 사티아그라하 정신을 전 세계에 보여 주었다. 이로 인해 간디는 도덕적으로 세계적인 지도자로 부각되었고, 훗날 간디의 명예와 도덕성은 인도의 독립에 커다란 영향을 끼쳤다.

고통을 인내하고 온유한 마음을 소유한 희생적 리더는 언제나 높은 이상과 도덕적 가치를 추구한다. 또한 온유한 리더는 추종자들에게 높은 수준의 것들을 요구할 때, 자신이 추구하는 목적과 사용하는 수단이 도덕적으로 합당하고 정당해야 하며, 그것에 대한 깊은 사유를 통해 확신을 갖는다.

간디가 영국과 투쟁할 때 확신했던 정신은 사티아그라하였는데, 이것은 문자 그대로, 진리에 대한 확고한 주장을 의미한다. 간디는 영국의 부당한 행위에 대하여 사랑, 비폭력, 용서, 그리고 평화로운 시민 불복종으로 대응했고, 인도인을 성공적으로 무혈혁명으로 이끌었으며, 마침내 독립을 쟁취했다.

마르고 볼품없는 외모, 탁월하지 않은 연설 실력, 그리고 부족한 카리스마를 지녔던 간디는 어떻게 인종차별주의와 싸우고, 분열된 민족을 하나로 묶어 인도의 독립을 쟁취하고, 힌두교와 무슬림의 연합과 일치를 위하여 헌신적인 삶을 살면서 인도의 민족 지도자로, 그리고 세계의 위대한 지도자로 우뚝 설 수 있었을까.

그는 인도의 명문가 출신도 아니었고, 막대한 부를 소유한 기업가도 아니었고, 정치사회적으로 권력을 행사할 수 있는 높은 지위에 있었던 것도 아니었다. 그는 연약한 인간에 불과했다. 그는 자신의 이기심을 내려놓은 온유한 성품의 사람이었다.

서번트 리더로서 간디는 겸손과 온전함을 잘 보여 준 사람이었다. 간디는 겸손한 지도자였다. 겸손은 한 인간의 자아를 가장 올바르게 평가할 수 있는 능력이다. 간디는 영향력을 행사하는 위치를 바라지 않았다. 그가 인도국민회의Indian National Congress 지도자였지만, 네루Jawaharlal Nehru와 같은 젊은 지도자들이 나타났을 때, 간디는 그들에게 국민회의 지도자들이 되도록 길을 내주었다. 인도 독립 후, 간디는 정부 내 어떤 자리에도 오르지 않았지만, 인도가 안고 있는 문제들을 해결하기 위하여 자신의 삶을 희생했던 겸손한 종으로 남아 있다.

간디는 인간에게 가해지는 고통을 인내하며 자신의 신념과 철학을 실천하며 살았던 온유한 사람이었다. 간디는 예수 그리스도의 사랑의 윤리와 그분의 고난과 십자가 사건을 통해 인간의 사랑의 실천은 어떠한 폭력에 대해서도 저항을 하지 않는 자기희생과 고난이라는 확고한 신념으로 비폭력 무저항주의를 실천했다. 그는 자기이익과 물질적 성공을 초월하게 하는 가치들을 더욱 증진시키는 전인적이며 통합적인 삶을 살기 위해 노력했다. 그의 재산과 개인적인 소유물들, 자신의 경력을 포기하고 남아프리카에서 인종편견과 차별을 위한 비폭력 시민운동을 전개했다.

간디의 비폭력 운동은 폭력을 거부하는 행위의 차원을 넘어 적극적인 사랑의 실천이자 힘이었다. 간디에게 있어서 비폭력은 인간이 행위로 나타낼 수 있는 가장 최선의 사랑이었다. 간디의 소명과 목표, 그리고 가치에 대한 열정과 헌신은 인도의 독립을 위한 비폭력 저항주의로 나타났고, 인도 독립 후 힌두교와 무슬림의 연합을 위한 섬김의 삶을 살아가도록 이끌었다.

간디는 전인적인 통합된 삶을 실천적으로 보여 준 자기희생적인 온유한 리더였다. 그는 비폭력과 사심 없는 의도, 그리고 원칙적인 신념은 마틴 루터 킹과 넬슨 만델라 등에게 지대한 영향을 끼쳤다. 간디에 대해, 마틴 루터 킹은 "자유를 위해 투쟁하는 억압받는 사람들에게 도덕적으로나 실천적으로 바람직한 방법을 제공했다"라고 말했다.

알버트 아인슈타인은 "간디는 통상적인 정치적 술수와 책략의 교활한 게임이 아니라 도덕적으로 뛰어난 실천으로도 엄청난 군중을 모을 수 있다는 사실을 보여 주었다. 극심한 도덕적 부패가 만연한 이 시대에 차원 높은 인간관계를 위해 앞장섰던 진실한 정치가였다. … 후세대는 그런 인간이 실제로 땅 위를 활보한 적이 있었다는 사실을 믿지 못할 것이다"[30]라고 말하면서 인류사회를 위한 간디의 위대한 공헌의 의미를 강조했다.

간디는 마키아벨리와 같은 책략이나 권모술수가 아닌 한 인간의 내면의 진정성과 온전함, 그리고 자발적 복종과 자기 절제에 근거한 높은 수준의 도덕적 우월함이 돋보이는 삶의 실천을 통해 더 높은 수준의 인간관계를 만들기 위해 자기희생의 삶을 살았던 최고의 서번트 리더였다.

간디는 서번트 리더의 의미를 우리의 삶 속으로 가져오면서 평범한 대중들에게 그들 자신의 선한 사회에 대한 위대한 꿈을 심어 주었고, 그들의 자발적 복종을 통해 섬기며 스스로 돕도록 권한을 부여해 주었다. 인류의 역사에서 간디와 같은 서번트 리더가 존재했다는 사실은 여전히 차별과 억압, 그리고 불평등 구조가 해소되지 않은 이 시대를 살아가는 우리에게 희망이 아닐 수 없다. 간디가 우리의 서번트 리더십의 멘토로서 교훈적일 수밖에 없는 이유가 여기에 있다.

넬슨 만델라Nelson Mandela(1918-2013)[31]

1962년 만델라는 리보니아 법정Rivonia Trial에서 종신형을 선고받았다. 그는 로벤 아일랜드 형무소Robben Island Prison로 이송되었다. 어느 누구도 만델라가 옥중생활을 하게 될 것이라고는 예상하지 못했다. 옥중생활 초기에 만델라는 매우 성급하게 그리고 쉽게 분노를 토했다. 그의 삶은 속이 뒤틀릴 정도로 많은 분노의 순간들을 겪어야만 했다. 그러나 그는 오랜 옥중생활에서 스토아주의에 심취하여 자신의 분노의 감정을 다스리기 시작했다.

27년간 로벤 아일랜드 형무소의 햇살 아래에서 산책한 후에 만델라는 매우 조용하고 온유한 사람이 되었다. 오랜 시간에 걸쳐 그가 그렇게 변화되는 것은 힘든 일이었다. 그는 언젠가는 남아프리카 공화국의 흑인해방은 반드시 이루어질 것이라는 신념이 있었기 때문에 옥중에서의 오랜 시간 동안 자아성찰을 통해 자신을 억압했던 사람들을 용서할 수 있었다.

1985년 2월 11일 남아프리카 공화국 소베토Soweto 시의 축구경기장에서 한 소녀가 자신의 아버지가 감옥에서 보낸 편지를 확고하면서도 분명한 어조로 낭독했다.

"나는 나 자신의 자유를 매우 소중하게 여긴다. 그러나 내가 더 소중하게 여기는 것은 여러분의 자유, 우리 민족의 자유다. … 여러분의 자유와 나의 자유는 서로 분리될 수 없다."

소녀의 아버지는 넬슨 만델라였고, 그녀의 이름은 진지Zindzi였다. 소녀의 신념에 찬 외침은 전 세계로 퍼져나갔다. 미국을 비롯한 서방세계의 많은 나라들, 그리고 독일과 유럽의 국가들은 남아프리카 공화국에 대한 경제제재 조치를 취했고, 투자기업들은 본국으로 철수하기 시작했다. 시간이 흐르면서 남아프리카 공화국의 경제위기가 가속화되기 시작했다.

남아프리카 공화국 정부는 만델라와 협상을 시작했고, 1990년 2월 11일 만델라는 악명 높은 로벤 아일랜드 형무소에 수감된 지 27년 만에 자유의 몸이 되어 사랑하는 가족과 동료들, 그리고 국민들의 품속으로 돌아왔다. 그리고 그가 평생을 투쟁하며 헌신했던 자유와 평등의 이상이 현실 속에서 구체적으로 실현되기 시작했다. 다음 해 만델라는 ANC[32]African National Congress 의장으로 취임했으며, 1993년에 노벨평화상을 수상했다. 1994년 남아프리카 공화국의 클레르크 대통령은 아파르트헤이드[33]Apartheid 통치를 포기했다. 그리고 만델라는 과거의 상처를 다 잊고, 자유와 평등의 밝은 미래를 내다보기 위해 다수의 지배로 민주적으로 나라를 이끄는 권력체제를 구상했다.

만델라는 인종차별정책으로 흑인들이 교육, 보건, 그리고 여러 다양한 기회의 측면에서 차별적이며 열악한 조건 하에서 살았다 할지라도, 그리고 백인들은 그들이 할 수 있는 한 세계에서 가장 최선의 조건을 누리며 살았던 것과는 달리, 평등이 지배하고, 사회의 모든 분야에서 특권이 없는 나라를 세우고자 했다. 만델라는 남아프리카 공화국 역사에서 최초로 공정하고 투명한 선거를 준비하면서, 지난날 상처가 되었던 과거는 잊어버리고 모든 사람들의 보다 나은 미래를 세우는 일에 하나가 되길 원했다.

1994년 4월 27일 민주적인 총선이 치러졌다. 만델라는 새로운 남아프리카 공화국을 성취한 후에, 이 나라의 역사에서 최초의 민주적 선거에서 승리하고 지난날의 잘못된 일들을 반복하지 않기를 약속했다. 만델라는 최초로 민주적인 대통령으로 선출되었고 남아프리카 공화국 최초의 흑인 대통령이 되었다.

만델라는 역사적인 대통령 취임연설을 통해 "우리의 가장 깊은 두려움은 무능함이 아니다. 우리의 가장 깊은 두려움은 우리가 소유한 측정할 수 없는 강한 힘이다. 이것은 빛이다. 우리를 위협하는 어둠이 아니다. … 우리 스스로 빛을 발하는 일은 우리도 모르는 사이에 다른 일들로 하여금 빛을 발하도록 도와주는 일이다. 우리가 스스로 두려움에서 벗어남으로써 우리의 존재는 다른 사람들을 자유롭게 할 것이다"라고 말했다.

만델라의 가장 위대한 성취는 분명 민주적이고 인종차별이 없는 남아프리카 공화국의 창조이며 오랫동안 지속되었던 끔찍한 유혈내전으로부터 아름다운 나라를 보호하는 것이었다. 만델라는 유혈내전을 방지하기 위해 자신의 모든 생각과 마음속에 있는 방법들을 사용해야만 했다. 그는 자신이 협상하는 아프리카 지도자들에게 바위와 같은 강한 정신력과 힘을, 그리고 보복하지 않을 것이라는 확신을 보여 주어야만 했다. 그리고 그를 따르는 사람들에게 적과 타협하는 것이 아니라는 것을 보여 주어야만 했다. 이것은 믿기 어려울 정도로 섬세한 여정이었으며, 그것은 오랜 시간 자아성찰을 통해 얻은 그의 조용하고 온유한 마음을 기반으로 한 리더십으로만 가능했다. 만델라는 그것을 하나님의 은총으로 여겼다.

1999년 만델라는 정계 은퇴와 함께 대통령직에서 물러났다. 그는 아프리카 역사에 거의 전례가 없이 단 한 번 임기의 대통령직을 수행했다. 미국의 건국의 아버지 조지 워싱턴처럼 그는 자신이 만든 모든 단계가 다른 사람들이 따라오는 본보기가 될 것이라고 이해했다. 만델라의 유산은 그가 인간의 자유를 확대했다는 것이다. 그는 모든 일에 관대했다. 그는 평화를 갈망했다.

그리고 2013년 12월 5일 만델라는 길고 긴 용서와 화해의 여정을 마치고 세상을 떠났다. 2013년 12월 12일 만델라의 장례식에서 세계가 지켜보는 가운데 오바마 미국 대통령은 만델라를 기념하는 연설을 통해 만델라를 마하트마 간디와 마틴 루터 킹 2세와 비교하면서, 만델라는 "정의를 향하여 한 국가를 움직이며 그 과정에서 세계 수억의 사람들을 감동시킨 역사의 거인"이었다고 높이 추켜세웠다.

만델라의 삶은 온유한 성품의 변혁적 리더가 도덕적 가치와 높은 이상을 추구하고 비전을 함께 나누며 자신의 희생을 통해 어떻게 새로운 공동체를 세울 수 있는가를 보여준 드라마였다. 그는 모든 인종이 평등한 자유와 민주주의를 위한 자신의 위대한 선택, 즉 남아프리카 공화국을 새롭게 세우기 위해서는 자신과 흑인들이 경험했던 압제와 폭압의 상황을 용서하고 수용해야 하는 정신을 실천적으로 보여 주었다.

만델라의 위대한 용서와 화해의 정신은 350년간 지속되어 왔던 인종차별 정책을 폐지하고 자유와 민주주의가 살아 숨쉬는 남아프리카 공화국의 생성과 그 과정에 필연적일 수밖에 없었던 처절한 유혈내전을 막음으로써 아름다운 나라를 탄생시키는 근원적 힘이 되었다.

사람들 사이를 가로막았던 장벽들이 무너지고 그 틈 사이로 사람들이 한 걸음 더 가까이 다가오면서 피부색의 차이를 넘어 서로가 조화를 이루는 자유와 평화, 그리고 민주주의의 이상을 실현한 영웅들의 삶은 우리에게 큰 감동을 안겨 준다. 넬슨 만델라는 오랜 세월 인종차별의 장벽으로 억압과 고통을 받았던 자신의 조국 남아프리카 공화국에 용서와 화해의 정신으로 자유와 민주주의의 꿈을 회복시킨 영웅이었다.

그는 자신의 자서전 제목처럼 '자유를 향한 긴 여정'Long Walk to Freedom을 쉼 없이 걸어갔던 위대한 지도자이다. 그는 모든 인간은 평등하고 자유하다는 생각으로 차별과 억압이 없는 자유의 공동체를 꿈꿨고, 그 꿈을 이루기 위해 자신의 삶을 아낌없이 희생했다. 그는 인종을 위해서가 아니라 모든 남아프리카 공화국 국민들의 자유를 위하여, 그리고 이 자유를 가로막는 부정의로 인한 희생자가 더 이상 존재하지 않는 참된 자유를 위하여 길고도 긴 여정을 걸었다.

변혁적 리더 넬슨 만델라, 그는 자기희생의 뜨거운 심장을 지닌 지도자였다. 우리의 시대가 그를 소유했었다는 것은 자랑이며, 미래의 세대에게 그는 본받고 따라야 할 위대한 스승이다. 만델라는 오늘날 차별의 장벽이 여전히 남아 있고 자유가 억압된 사회에서 우리가 자유를 향하여 걷는 긴 여정의 끝에 도달할 때까지 모든 사람들의 마음속에 살아 있을 것이다.

한경직(1902-2000)

한경직 목사(이하 한경직으로 통일)는 20세기가 낳은 한국의 가장 뛰어난 목사다. 그는 한국교회를 대표하는 상징적 인물이다. 그는 한국교회를 향해 에큐메니칼 정신에 따라 진보와 보수를 아우르고 세계교회와의 유대를 강화하는 데 공헌하였다. 그는 교회와 사회, 민족과 국가를 위해 경천애인 정신을 실천하여 교인들의 본이 되었을 뿐만 아니라, 신앙의 영웅이자 선한 목자로서 한국 사회에 윤리적인 모범이 되었다. 또한 그는 한국을 넘어 세계의 성자로 추앙받는 인물이다. 그는 종교계의 노벨상과도 같은 템플턴상[34]Templeton Prize을 1992년 아시아인으로는 최초로 수상했다.

한경직에 대하여, 김수환 추기경은 "사랑과 용서의 사도, 한민족의 정신적 지주"라고 했으며, 송월주 전 조계종 총무원장은 "이 나라 민중을 사랑과 자비의 정신으로 돌보신 목자"로 기억된다고 말했고, 김용기 가나안 농군학교 설립자는 "영락교회만의 목사님이 아니라 한국교회의 목자상이요, 아시아의 목자상, 세계의 목자상"이라고 평했다. 빌리 그레이엄은 "세계의 가장 위대한 크리스천 지도자 가운데 한 사람"이라고 했으며, 이안 토렌스 프린스턴신학대학원 총장은 "현대의 성자이며, 우리 모두의 본보기"라고 했다.[35]

종교계의 노벨상인 템플턴상 위원회는 1992년 한경직에게 이 상을 수여하는 배경을 다음과 같이 밝혔다.[36]

한경직 목사는 서울에서 가장 큰 장로교회인 영락교회를 세웠으며, 피난민과 가난한 사람을 위해 봉사하며 한국 기독교의 눈부신 성장을 이끌었다. 한 목사는 20세기가 낳은 한국의 가장 뛰어난 목사이다. 그는 한국에 많은 교회가 서도록 했을 뿐 아니라 아시아, 아프리카, 유럽 그리고 미주 지역에 해외 선교사를 파견하는 등 선교의 상징적 인물이 되었다. 여러 교육기관과 사회봉사 기관을 설립하여 교육자로서 또 사회 봉사자로서 사회 복지에 기여하였으며 나라가 위험할 때는 적극적으로 뛰어들어 사회의 갈 길을 제시하였다.

한경직은 1903년 1월 평남 평원군에서 가난한 농부의 아들로 태어났다. 그의 아버지는 그에게 기독교 정신과 민족정신을 심어 주기 위해 미션 스쿨인 진광소학교에 보냈다. 한경직은 소학교 졸업 후 오산중학교에 입학하여 남강 이승훈과 고당 조만식을 스승으로 만나 그들에게서 민족정신과 나라사랑의 마음을 배웠다. 이후 한경직은 평양 숭실대학에 입학하여 1924년 대학 3학년 여름에 복음을 위해 살라는 하나님의 부르심을 받는다.

한경직은 신학을 공부하기 위해 방위량 선교사의 도움으로 미국 캔사스주 엠포리아 대학Emporia State University으로 유학을 떠나 졸업 후 프린스턴 신학대학원을 마치고 1932년 귀국하여 숭실대학에서 잠시 가르치다가 신의주 제2교회에 부임하여 본격적으로 목회를 시작한다.

한경직은 미국 유학 시절 미국인의 삶 속에 청교도 정신이 복음을 통해 구현되었음을 깨닫고 자신의 목회 방향도 경건한 청교도적 생활을 통해 온전히 거듭난 삶을 사는 생활훈련과 개인윤리의 구체적 사안을 제시하는 데 초점을 맞추었다. 그가 교회에 제시한 검소, 근면, 정직, 성실, 절제와 같은 청교도적 생활태도는 단지 개인의 경건생활을 위한 것이 아니라 사회와 국가의 근대화 과정에서 나타나는 병폐와 구습의 타파를 가져오는 사회 질서 갱신 운동과도 같은 역할을 했다.

한경직은 사회 봉사를 복음전도와 더불어 교회의 사회적 책임을 기능하는 중요한 수단으로 여겼다. 그리고 교회의 사회적 책임은 그가 사회공동체의 낮은 곳으로 내려가는 통로였다. 이런 배경에서 한경직은 자신의 목회 사역 초기부터 사회 복지 사역에 관여했으며, 한국교회가 이 사업에 함께 동참하여 펼쳐갈 것을 촉구하기도 했다.

한경직은 1930년대 신의주에서 목회를 시작할 때부터 보린원을 세워 고아들과 무의탁 노인들을 돌보기 시작했으며, 부족한 고아원 운영비 조달을 위해 상해까지 다녀오는 수고를 마다하지 않았다. 한경직의 교회의 사회적 책임은 한국전쟁을 계기로 빛을 발했다. 그는 미국 선교사 겸 종군기자인 밥 피어스Bob Pierce와 함께 전쟁으로 고통받는 어린 전쟁고아들과 미망인들을 돕기 위해 1950년에 다비다모자원을 설립했는데 이것은 훗날 선명회를 거쳐 오늘날 월드비전World Vision International이란 이름으로 현재 전 세계 100여 개의 회원국으로 구성되어 활동하고 있는 세계에서 가장 큰 국제봉사기구가 되었다.

한경직은 매우 겸손하고 온유한 그리고 청빈한 목자였다. 그는 대형교회 영락교회를 일으키고 국내외에 영락교회를 확장 개척하고 세계 여러 기독교 교단과 단체를 돌며 세계적 설교가로 활동했지만, 입던 옷까지 노숙자에게 벗어 주며 평생 가난한 목자의 삶을 실천했다. 그는 모든 것을 다 가지고도 없는 가난한 목자, 아무것도 없으면서도 모든 것을 다 가진 사랑의 목자로 살았다. 그는 은퇴 후 남한산성의 작은 집, 그것도 교회 소유인 집에서 생활하면서 평생 자신의 이름으로 된 집이나 예금통장 하나 갖지 않았던 청빈의 삶을 산 예수 그리스도의 위대한 제자였다.

한경직은 선구자적 사명으로 교육활동에 헌신했다. 해방 후 한국 사회는 치열한 이념 갈등으로 불안한 정치상황을 연출했고, 한국전쟁은 지금까지 회복하지 못한 분단의 현실을 배태했다. 이런 어려운 현실 속에서 한경직은 영락교회를 설립한 이후 대한민국의 미래를 위해 교육선교 차원에서 교육기관 설립과 인재양성에 많은 노력을 기울였다. 그는 대광중고등학교, 성경구락부, 영락중고등학교, 영락상업고등학교, 영락유치원, 영락성서학원, 영락여자신학교를 설립했다. 그리고 한경직은 숭실대학교, 숭의여자고등학교, 그리고 보성여자중고등학교와 오산중고등학교를 재건했다. 나아가 그는 장로회신학대학교, 서울여자대학교, 아세아연합신학대학교에서 이사장으로 봉직했다. 한경직은 한국 사회와 교회의 미래를 이끌 리더 양성에 대해 안목이 깊고 넓은 교육자였다.

한경직의 국제 활동도 활발했다. 그는 6·25 전쟁 중에 정부 파견 유엔사절로 미국으로 건너가서 설교와 전도 집회를 통해 국제적 명성을 얻기 시작했고, 1966년 독일 베를린에서 열린 세계전도대회에서는 세계적 설교가로 부상했다. 그의 국제 활동은 영락교회 당회장에서 은퇴한 1973년부터 더욱 활발해졌다. 그해 1월 영락교회 원로목사로 추대된 후, 2월에는 1개월간 싱가포르와 태국에서 열린 국제선교협의회를 주재했다. 이어 6월에는 일본 오사카와 도쿄에서 연합전도대회를 이끌었다. 1974년 1년간은 '엑스플로74' 행사를 주도했고, 이듬해 10월에는 빌리 그레이엄과 함께 대만과 홍콩에서 전도대회를 개최하면서 국제선교 활동에 적극 참여했다.

한경직은 참회와 회개로 그의 윤리적 리더십을 더욱 높였다. 송월주 전 조계종 총무원장은 "목회자 한경직, 참회와 기도의 지도자"를 제목으로 한 발표에서 "한경직 목사가 우리 시대의 진정한 목회자이자 설교자가 될 수 있었던 이유는 비단 그분의 재능이 뛰어나거나 학식이 높아서만은 아니다"라며 "무엇보다 치열한 자기부정과 희생의 과정 속에서 그리스도의 종이자 백성의 종이 됨으로써 참다운 인간의 경지에 올랐기 때문"이라고 말했다.

송월주는 특히 "인간 한경직의 진면목은 참회와 회개, 기도와 눈물에서 드러난다"면서 "평생토록 죄를 고백하고 뉘우치며, 자신의 죄뿐만 아니라 다른 사람의 죄까지도 자신이 짊어지는 길을 걸었다. 사람들이 자기를 높일 때마다 자기는 부족한 죄인이라며 거듭해서 자신을 낮췄다. 그의 고백은 형식적인 고백이 아니라 영혼에서 우러나온 진솔한 고백이었다. 참회와 회개를 통해 한경직 목사님은 죄인에서 진정한 의인으로 거듭날 수 있는 계기를 스스로 만든 셈"이라고 역설했다.[37]

한경직의 삶의 자세는 산상수훈을 실천하는 목자의 삶과 같았다. 그는 예수님같이 언제나 가난하고 소외된 자, 병든 자 그리고 외로운 자의 벗이 되었고, 눌린 자의 편에 서서 그들의 삶에 기쁨을 주고 용기를 불어넣었다. 그는 목자로서 언제나 사람들을 섬기는 일에 최선을 다했다. 그의 청교도적이며 윤리적인 신앙생활의 모범은 한국교회의 큰 자원이 되었다.

한경직의 삶과 신앙은 온유와 겸손, 사랑과 섬김으로 압축된다. 그는 평생 하나님 앞에서 약하고 겸손했다. 또한 온유한 마음으로 병들고 소외된 많은 사람들을 섬겼다. 자선기관들을 세워 가난하고 지친 이들을 품었고 다양한 교육기관을 설립하여 인재양성에 지대한 공헌을 했다. 나아가 그는 단지 한 민족과 나라에 머물지 않고 전 세계와 인류를 향한 사랑을 드러내고자 했다. 오늘날 한국교회가 그의 삶과 영성을 그리워하는 것은 너무나 당연하다. 이것이 한경직의 온유함과 겸손에서 비롯되는 리더십의 힘이다.

함께 생각 나누기

1. 마태복음 5장 5절을 읽고 다음 질문에 대해 생각을 나누자.

    ① 예수님이 말씀하신 "온유"는 무엇인가? 그것과 유사한 마음은 무엇인가?

    ② 온유한 사람의 특징은 무엇인가?

    ③ 에베소서 4장 1-2절과 골로새서 3장 12절에서 바울이 공통적으로 지적하고 있는 그리스도인의 삶의 중요한 성품은 무엇인가?

2. 예수님은 마음이 온유하고 겸손하신 분(마태복음 11:29)이며, 바울은 우리가 예수의 마음을 품어야 한다고 권면했다(빌립보서 2:5). 예수님의 온유함에 대해 이사야(이사야 53:7-8)와 베드로(베드로전서 2:21-23)는 어떻게 설명하고 있는가? 고난을 참아내는 온유함이란 무슨 의미이며, 나는 고난을 인내하는 온유한 성품을 소유한 사람인가?

3. 예수님의 온유함을 구체적으로 설명해 보자.

4. 모세, 요셉, 다윗의 온유한 마음에 대해 생각을 나누자.

제3장 자기희생의 법칙: 온유

함께 생각 나누기

5. 크리스천 리더의 온유함과 사명의 관계를 바울을 중심으로 생각을 나누어 보자. 그리고 바울이 고난을 극복하는 내적 원동력은 무엇인가? 하나님께서 나에게 부여하신 사명이 있다면 그것에 헌신하기 위하여 지금 나에게 가장 중요한 성품이 무엇인지 바울의 사례를 바탕으로 생각해 보자.

6. 간디, 만델라, 그리고 한경직의 삶을 서로 나누면서 온유의 성품이 크리스천 리더에게 얼마나 중요한 것인가에 대해 생각을 나누고, 또 다른 크리스천 리더들의 온유함에 대한 사례들을 소개해 보라.

7. 자기희생의 법칙은 나에게 어떤 도전을 주는지 구체적으로 생각을 나누자.

4

사명의 법칙: 의에 주리고 목마름

"의에 주리고 목마른 자는 복이 있나니"
—마태복음 5:6

하나님의 의
자기 의, 자기중심적 세계관
주리고 목마른 마음
사명, 헌신과 비전
사명의 본이 되는 위대한 크리스천 리더들

"리더십은 비전을 현실로 바꾸는 능력이다."

– 워렌 베니스

"비전을 실현하는 위대한 리더의 용기는 열정에서 비롯된 것이지 지위에서 비롯된 것이 아니다."

– 존 맥스웰

하나님의 의

시편 기자는 하나님에 대한 다양한 정의를 내리는데 그 가운데 자주 언급되는 표현은 "하나님은 의로우시다"는 것이다. 몇 개의 구절을 살펴보자.

"의로우신 하나님이 사람의 마음과 양심을 감찰하시나이다"(시편 7:9).

"여호와는 의로우사 의로운 일을 좋아하시나니 정직한 자는 그의 얼굴을 뵈오리로다"(시편 11:7).

"하늘이 그의 의를 선포하니 모든 백성이 그의 영광을 보았도다"(시편 97:6).

"여호와는 은혜로우시며 의로우시며 우리 하나님은 긍휼이 많으시도다"(시편 116:5).

"여호와여 주는 의로우시고 주의 판단은 옳으니이다"(시편 119:137).

예레미야도 하나님의 의로우심을 선포한다.

"그의 날에 유다는 구원을 받겠고 이스라엘은 평안히 살 것이며 그의 이름은 여호와 우리의 공의라 일컬음을 받으리라"(예레미야 23:6).

"그날에 유다가 구원을 받겠고 예루살렘이 안전히 살 것이며 이 성은 여호와는 우리의 의라는 이름을 얻으리라"(예레미야 33:16).

예수님께서도 "너희는 먼저 그의 나라와 그의 의를 구하라"(마태복음 6:33)고 하시면서 하나님과 '의'를 연계하여 말씀하셨다.

성경은 '의'를 하나님의 성품을 드러내는 용어로 사용한다. 이것은 헬라어로 '디카이오쉬네'dikaiosunne라고 부른다. 디카이오쉬네는 하나님이 요구하시는 대로 정당화된 의미에서의 올바르고 완전한 것으로서 올곧음을 말한다. 이런 의미에서, 디카이오쉬네는 하나님 앞에서의 인격적인 정당성과 인간 앞에서의 행동의 올바름이다.

일반적으로 성경에서는 '의'를 세 가지 측면에서 이해한다.[38] 먼저 법적인 측면에서 '의'는 칭의로서 하나님과의 의로운 관계를 말한다. 예수님이 "의에 주리고 목마른 자"를 말씀하시는 것은 이미 하나님을 믿고 그분에게 속한 사람들을 향해 하시는 것이다. 우리가 '의'를 말할 때 하나님과의 관계가 어떻게 설정되어 있는가를 중요하게 판단해야 한다. 우리는 오직 예수님만 믿음으로써 하나님과의 올바른 관계에 들어가는 것이다.

다음으로 도덕적 측면에서 '의'는 올바른 삶이다. 하나님을 기쁘시게 하는 성품과 행동의 의를 말한다. 그리스도인은 도덕적이며 윤리적 삶의 실천을 통해 하나님의 의를 따른다. 비도덕적이며 비윤리적 삶의 자세는 하나님을 기쁘게 하지 못하는 행위이다. 그것은 하나님의 의로부터 멀어진 삶이다. 따라서 그리스도인은 자신의 내면에서부터 의에 주리고 목말라야 한다.

마지막으로 사회적인 측면에서 '의'는 공의, 억압으로부터의 자유, 올바른 사회문화공동체 형성 등을 추구하는 것이다. 그리스도인은 개인의 영적 삶을 사회적 관계 속에서 함께 형성해야 한다. 하나님과의 의로운 관계에 들어섰다면 자신이 관계하는 공동체 전체에서 하나님의 의가 이루어지도록 노력해야 한다. 이런 과정에서 그리스도인은 신실하심, 거룩하심, 그리고 공의라는 하나님의 성품을 사모하는 마음, 즉 "의에 주리고 목마른" 마음을 갈망한다.

하나님의 의는 예수 그리스도와의 올바른 관계에서 형성되는 하나님과의 의로운 관계로서 이것은 우리의 도덕적이고 윤리적인 삶의 실천을 통해 실현되며 사회공동체적 관계에서 공의를 추구한다.

자기 의, 자기중심적 세계관

하나님의 의를 가로막는 가장 큰 내적 장애물은 당연 자기 의이다. 이것은 하나님의 의와는 대척점에 있는 것으로서, 성경적인 측면에서는 물론 율법을 지켜 스스로 구원하고자 하는 행위를 일컫는 개념이다. 이것의 가장 대표적인 사례가 예수님이 소개한 성전에서 기도하는 바리새인의 이야기이다 (누가복음 18:10-14). 다른 한편, 심리학적으로 자기중심적 혹은 자아도취적인 성향이 강한 측면을 드러내는 사람들에게서 자주 나타나는 속성이 바로 자기 의이다.

자기중심적 세계관을 갖고 있는 사람은 모든 사물과 현상을 자기를 중심으로 바라보고 이해하며 해석한다. 자기중심적 세계관이나 사고를 하는 리더는 세계는 자기를 중심으로 돈다고 믿기 때문에 그들은 권력에 대한 과도한 집착을 드러내고, 또한 자신의 임기 중에 과도한 성과를 올리는 데 집중할 뿐만 아니라 어떤 성취를 이루게 되면 그것을 대내외적으로 크게 선전함과 동시에 과도한 자기도취 혹은 자기만족에 쉽게 빠진다.

세상의 리더들뿐만 아니라 크리스천 리더들도 자기 의의 유혹에 쉽게 빠진다. 하나님의 영광을 위하여 펼치는 사역이 자신의 업적을 과시하는 일로 둔갑하고, 하나님의 나라를 확장하는 사역에 막대한 재정을 투입하고, 교회와 성도들에게 거룩한 사명이란 명목으로 과도하게 헌금을 강요함으로써 결국 자기 의의 희생제물이 된 교회 지도자들은 교회의 역사를 통해 수없이 반복적으로 드러나고 있음을 우리는 잘 알고 있다. 성경에 나타난 대표적인 사례로 솔로몬의 이야기를 살펴보자.

솔로몬은 압살롬의 왕정반란 이후 다윗의 뒤를 이어 왕위에 올랐지만, 그는 언제나 위대한 왕인 아버지 다윗의 업적을 능가하는 일을 함으로써 자신을 더욱 위대하게 드러내고자 하는 유혹에 시달렸다. 그는 약관의 나이에 왕좌에 올랐을 뿐만 아니라, 정치적인 경험조차도 매우 미천했다(역대상 29:1 참조). 이런 솔로몬이 압살롬의 쿠데타 이후 어머니 밧세바와 나단 선지자의 도움으로 왕위에 올랐을 때 아버지 다윗 왕의 업적에 대한 심리적 열등감은 매우 컸을 것이다. 솔로몬이 자신의 노력을 통해 명성을 얻고자 하는 강력한 동기를 내적으로 갖게 된 것은 당연한 것일 수도 있다.

아버지보다 더 높은 업적을 성취하여 사람들의 관심과 이목을 집중시키고 그 업적을 통해 자아 성취감을 느끼고자 했던 욕망의 추구는 솔로몬에게 있어서 이스라엘 역사상 전례 없는 왕국을 건설하는 일이었다.

> "나의 사업을 크게 하였노라 내가 나를 위하여 집들을 짓고 포도원을 일구며 여러 동산과 과원을 만들고 그 가운데에 각종 과목을 심었으며 나를 위하여 수목을 기르는 삼림에 물을 주기 위하여 못들을 팠으며 남녀 노비들을 사기도 하였고 나를 위하여 집에서 종들을 낳기도 하였으며 나보다 먼

저 예루살렘에 있던 모든 자들보다도 내가 소와 양 떼의 소유를 더 많이 가졌으며 은 금과 왕들이 소유한 보배와 여러 지방의 보배를 나를 위하여 쌓고 또 노래하는 남녀들과 인생들이 기뻐하는 처첩들을 많이 두었노라 내가 이같이 창성하여 나보다 먼저 예루살렘에 있던 모든 자들보다 더 창성하니 내 지혜도 내게 여전하도다 무엇이든지 내 눈이 원하는 것을 내가 금하지 아니하며 무엇이든지 내 마음이 즐거워하는 것을 내가 막지 아니하였으니 이는 나의 모든 수고를 내 마음이 기뻐하였음이라 이것이 나의 모든 수고로 말미암아 얻은 몫이로다"(전도서 2:4-10).

여기서 솔로몬은 스스로 자신의 사업을 크게 했다고 자랑한다. 그것은 "나를 위하여" 펼친 사역이었다. 그는 왕국을 건설하고자 하는 사역의 동기와 궁극적 목적이 하나님의 영광과 의를 드러내는 것이 아니라 자신의 성공과 성취감의 만족에 있었음을 알 수 있다. 그러나 훗날 그는 이 모든 것이 헛된 것임을 고백하며 '창조자를 기억하라'고 권면한다(전도서 12장).

오늘날 수많은 교회의 리더들이 자기중심적 세계관의 유혹 가운데서 자기 의를 드러내는 경우가 많다. 많은 설교들이 설교자의 인기나 존경을 위해 악용되기도 하고, 수많은 교회의 리더들이 펼치는 사역들이 지나치게 소모적인 경우가 허다하다. 그들은 자신이 아니면 이러한 사역들을 펼칠 수 없고, 자신이 아니면 이 교회를 성장시킬 수 없다고 말한다. 자신을 드러내기 위해 다른 사람들을 폄하하기도 한다. 교회 리더들의 자기 의는 이런 형태로 나타난다. 크리스천 리더는 하나님의 영광을 가리거나 하나님의 의가 숨겨지는 일들이 내 안에서 자기 의와 나의 만족을 위해 비롯되고 있는 것은 아닌지

진지하게 자신을 돌아봐야 할 것이다.

주리고 목마른 마음

"주리고 목마른" 마음이란 갈급한 심령으로 하나님을 사모하는 마음이다. 다윗은 하나님을 갈급한 마음으로 찾았다. 그는 하나님을 사모하는 자신의 마음을 "목마른 사슴이 시냇물을 찾는 것"(시편 42:1) 같다고 고백했다. 또한 그가 얼마나 하나님을 갈망했으면 자신의 눈물이 주야로 자신의 음식이 되었다고 고백했을까?(시편 42:3) 다윗은 또한 시편 63편 1절에서 "하나님이여 주는 나의 하나님이시라 내가 간절히 주를 찾되 물이 없어 마르고 황폐한 땅에서 내 영혼이 주를 갈망하며 내 육체가 주를 앙모하나이다"라고 고백했다. 다윗은 자신이 하나님을 찾고 갈망하는 주림과 목마름은 끊이지 않고 있다고 말한다.

다윗이 "의에 주리고 목마른" 자신의 갈급함을 가장 잘 드러낸 곳은 시편 119편이다. 여기서 다윗은 하나님의 교훈을 간절히 바랐다. 그는 하나님의 "규례들을 항상 사모"하여 자신의 마음이 상할 정도라고 고백한다(시편 119:20). 다윗은 하나님의 말씀을 경외했고, 그것을 알기를 열망했으며, 그 말씀으로 위로를 받았기에 하나님의 말씀에 대한 그의 갈망이 마음을 상하게 할 정도였다. 더 나아가 다윗은 "내가 주의 계명들을 사모하므로 내가 입을 열고 헐떡였나이다"(시편 119:131)라고 고백한다.

다윗은 무엇 때문에 이토록 하나님의 말씀을 갈망했는가? 그는 하나님의 의에 주리고 목마른 사람이었기 때문이다. 다윗은 "내가 주의 법도들을 사모하였사오니 주의 의로 나를 살아나게 하소서"(시편 119:40)라고 고백한다. 다윗은 하나님의 가르침을 간절히 바랐다. 그는 자신의 약함과 은혜의 필요성을 깊이 깨달았다. 다윗은 하나님의 거룩한 뜻에 순응하는 모든 것을 갈망했다.

예수님은 하나님의 의에 주리고 목마른 삶을 가장 열정적으로 그리고 헌신적으로 사셨다. 예수님 자체가 하나님의 참된 의다. 오직 그분만이 하나님의 의를 이 땅에 구현하신 가장 완전한 의인이시다. 예수님은 하나님의 의에 주리고 목마른 분이었다. 그분은 자신의 메시아적 선포에서 "의에 주리고 목마른" 마음을 결연하게 표현하셨다.

> "주의 성령이 내게 임하셨으니 이는 가난한 자에게 복음을 전하게 하시려고 내게 기름을 부으시고 나를 보내사 포로 된 자에게 자유를, 눈 먼 자에게 다시 보게 함을 전파하며 눌린 자를 자유롭게 하고 주의 은혜의 해를 전파하게 하려 하심이라 하였더라"(누가복음 4:18-19).

가난하고 억눌린 자들, 보지 못하는 자들과 포로 된 자들에게 자유와 해방을 주는 것이 예수님의 사명 선언이었다. 예수님의 메시아적 선포는 하나님의 나라와 의의 본질이 무엇인지, 그것을 구현하기 위한 예수님의 사명이 무엇인지를 가장 잘 보여 준다.

예수님은 자신의 메시아적 사명에 "주리고 목마른" 마음으로 사셨다. 그분은 이것을 위해 가난한 자, 소외된 자, 병든 자, 그리고 고통받는 자들을 찾아다녔고, 그들에게 연민과 긍휼의 마음을 한없이 품었으며, 때론 그들을 위해 눈물도 흘리셨다. 그분은 땀이 피로 변하듯 목마른 마음으로 기도하셨다.

예수님이 제자들과 그리스도인을 부르신 목적이 바로 여기에 있다. 그분은 그리스도인을 자신처럼 우리가 어디에 서 있든 그곳에서 예수님이 선포하신 메시아적 소명을 실현하고 하나님의 의가 나타난 그리스도의 복음을 땅 끝까지 전하는 사명에 "주리고 목마른" 마음으로 헌신하라고 부르셨다.

하나님의 의는 우선적으로 하나님과의 관계에서 파악된다. 그것은 우리가 하나님 앞에서 죄인임을 고백하고 하나님의 거룩함과 의로움에 굶주린 사람이 되는 것이다. 그리고 하나님의 진노의 자녀들에게 참된 의가 세상에 오셨음을 알리고 이 땅을 변화시켜 하나님의 의와 사랑과 평화로 가득 찬 하나님의 나라로 만드는 사명에 헌신하는 것이 "주리고 목마른" 마음을 소유한 그리스도인의 삶이 되어야 한다.

사명, 헌신과 비전

의에 주리고 목마른 리더는 목적과 사명이 확고한 삶을 산다. 구약의 예언자들은 하나님과의 특별한 만남을 통해 그분의 부르심에 순종하고 자신에게 부여된 사명을 위해 헌신했다. 종교개혁가 요시야 왕은 하나님의 의에 갈급한 영적 리더였다.

이사야 웃시야 왕이 죽자 이사야는 깊은 충격에 빠졌다. 웃시야는 다윗과 솔로몬 이후로 가장 신앙심이 깊은 훌륭하게 평가되는 왕 가운데 한 사람이었다. 집권 말기 그의 교만으로 비참한 말로를 겪고 결국 죽음을 맞이한 유다의 현실은 이사야에게 충격과 도전을 주었다.

웃시야 왕의 집권 말기부터 퍼졌던 유다 사회의 영적 혼란은 그의 죽음으로 더욱 심각해졌다. 유다는 내적으로 극도로 타락한 상태였다. 교만, 욕심, 거짓, 거짓, 불의, 불공평한 재판, 형식적인 종교, 극심한 우상숭배, 공동체의 붕괴 등이 유다 사회 전체에 만연해 있었다(이사야 5장). 그리고 국제정치적으로 유다는 당시 신흥제국으로 부상한 앗수르의 위협으로 커다란 위기에 직면해 있었다.

하나님의 공의가 땅에 떨어져 위기에 직면한 유다를 바라보는 이사야의 마음은 괴롭고 힘들었다. 그의 마음은 하나님의 의에 주리고 목마른 마음이었다. 어느 날 이사야는 예루살렘 성전에 국가가 처한 대내외적 운명을 직시하면서 하나님의 도우심을 갈망하는 마음으로 기도했다. 아마도 그의 기도는 국가의 위기적 상황에서 자신의 역할이 무엇인지 하나님의 뜻을 알고자 함이었을 것이다.

이사야의 주리고 목마른 심정이 얼마나 간절했을까. 하나님께서 그의 마음의 중심을 보셨다. 하나님은 이사야에게 시각, 청각 그리고 감각의 세 차원에서 하나님의 거룩하심의 영광을 보게 하셨다. 이사야의 소명 체험은 이렇게 시작되었다(이사야 6:1-13).

이사야는 하나님의 거룩하신 영광 앞에서 자신의 죄인 됨과 민족의 집단적 죄악을 발견한다. 그리고 하나님의 거룩하심을 체험한 이사야는 자신에게 임한 하나님의 소명을 붙잡고 의에 주리고 굶주린 자가 되어 유다 사회를 향해 하나님의 의를 선포하고 하나님의 심판으로 남은 자가 이 땅의 그루터기라는 희망의 복음을 전하는 사명과 비전에 헌신한다.

요시야 요시야 왕은 종교개혁자이다(열왕기하 22-23장). 그는 선대들의 우상숭배로 유다가 하나님을 떠나 악을 행하는 모습을 보고 자랐다. 그러나 요시야는 유다의 왕들 가운데 가장 경건한 사람이었다(열왕기하 23:25). 성경은 "요시야가 여호와 보시기에 정직히 행하여 그의 조상 다윗의 모든 길로 행하고 좌우로 치우치지 아니하였더라"(열왕기하 22:2)고 기록하고 있다.

여덟 살의 나이에 왕위에 오른 요시야는 유다를 31년간 통치했다. 집권 18년 되는 해에 요시야는 성전 수리를 감행했다. 그러던 중 우연찮게 여호와의 성전에서 율법책을 발견했다(열왕기하 22:8). 요시야는 서기관 사반이 율법책을 읽는 말을 듣자 자신의 옷을 찢고(열왕기하 22:11), "우리 조상들이 이 책의 말씀을 듣지 아니하며 이 책에 우리를 위하여 기록된 모든 것을 행하지 아니하였으므로 여호와께서 우리에게 내리신 진노가 크도다"(열왕기하 22:13)라고 말했다. 요시야가 자신의 옷을 찢었다는 것은 통회하며 회개했다는 것을 의미한다. 이 사건은 요시야가 하나님의 의에 대한 갈급한 심령이었음을 보여 준다.

하나님의 말씀에 사로잡힌 요시야는 본격적인 종교개혁을 단행했다. 그는 백성과 언약을 갱신했다(열왕기하 23:1-3). 요시야는 자신이 개혁의 고삐를 움켜

쥐고 주도적으로 과감하게 진행했다. 유다와 예루살렘의 모든 장로, 유다 모든 사람, 모든 예루살렘 거민, 제사장들, 선지자들, 모든 백성들이 언약 갱신에 참여했다. 요시야는 왕으로서 먼저 자신이 하나님 앞에서 바른 결단을 내렸다. 그는 "마음을 다하며 뜻을 다하며 힘을 다하여 모세의 모든 율법을 따라"(열왕기하 23:25) 여호와께로 돌이켰다.

요시야는 예루살렘 성전 척결을 단행했다. 당시 성전은 우상숭배와 영적, 도덕적 타락으로 완전히 폐허가 되었다. 요시야는 솔로몬 시대부터 시작되어 므낫세 시대에 극에 달했던 온갖 우상들을 철폐했다. 성전에 기거하던 모든 세력들도 쫓아냈다. 그리고 유다 안에서 미신적 풍습을 전부 제거하고, 유다의 모든 산당과 산당의 제사장을 폐지했다(열왕기하 23:4-20).

요시야의 개혁의 절정은 유월절의 부활이었다. 그는 유월절을 예루살렘에서만 거행하도록 하여 유월절을 전국적인 절기로 재정립했다. 요시야의 종교개혁은 하나님 중심주의였다. 그것은 하나님의 말씀의 회복과 언약의 갱신이었으며, 성전 정화를 통해 예배를 정상화시키고, 유월절을 재정립함으로써 유다가 하나님 중심, 하나님 말씀 중심에 서 있도록 했다.

요시야는 하나님을 향하여 거룩한 열정을 지닌 사람이었다. 그의 열정은 하나님의 의에 주리고 목마른 영적 갈증이었다. 요시야를 통해 하나님은 그분의 의를 사모하고 열정을 소유한 사람이 그것을 행동에 옮길 수 있는 환경을 조성하고 도우신다는 교훈을 얻을 수 있다.

한 사람의 영적 리더에 의해 부패한 공동체가 완전히 바뀌어 하나님에게로 돌아올 수 있다. "의에 주리고 목마른" 리더는 확고한 사명의식을 바탕으로 일관성 있는 개혁을 추진한다. 그 과정에서 리더는 자신이 먼저 개혁정신에 충실함과 헌신을 보여 준다. 이러한 리더의 모습은 추종자들에게 개혁에 동참하는 명분을 세워 주며 그들의 헌신을 유도한다. 개혁은 리더의 "의에 주리고 목마른" 마음, 자기희생에서 시작된다.

예레미야 예레미야가 하나님의 부르심을 받고 하나님의 의를 선포했던 시대는 유다의 왕 요시야, 여호야김, 그리고 시드기야가 활동했던 시기였다. 이 시기는 유다가 바벨론 제국에 의해 멸망하기 직전, 멸망한 때, 그리고 멸망하여 포로로 잡혀갈 때였다. 예레미야는 성전이 파괴되고, 예루살렘이 무너지고, 유다 나라가 멸망하여 바벨론의 식민지로 전락하는 아픔과 비통이 가득 찬 삶의 현장에서 활동했다.

예레미야는 하나님의 의를 위해 어떤 다른 선지자들보다 사명자로서 큰 수난을 겪고 파란만장한 삶을 살았다(예레미야 38:1-13). 그는 의에 주리고 목말랐기에 눈물을 흘리며 하나님의 의를 선포했다. 풍전등화와 같은 민족의 멸망 앞에서 하나님의 뜻을 선포하는 예레미야의 메시지는 백성들의 미움을 받아 배척을 당하고 얻어맞으며 토굴 속 구덩이 안에 던져지기도 했고, 시위대 뜰에 있는 감옥에 갇히는 수난을 겪기도 했다. 그가 고난에 굴하지 않고 하나님의 의를 외쳤던 것은 하나님의 소명과 비전에 헌신하는, 주리고 목마른 마음이 그의 가슴속에 가득 찼기 때문이었다.

예레미야는 하나님의 부르심에 자원하지는 않았다. 그러나 하나님의 부르심은 나의 선택이 아니라 하나님의 선택이다. 하나님은 예레미야를 부르시고 그와 함께하시겠다는 약속을 하셨다(예레미야 1:4-19). 하나님에 대한 신뢰로 예레미야는 어떤 두려움도 없이 순종했다. 그는 하나님과의 언약을 파기한 백성에 대한 하나님의 분명한 심판의 메시지를 선포했다. 불의하고 패악한 공동체는 멸망해야 한다. 그리고 그곳에 하나님의 뜻이 임하는 새로운 나라를 세워야 한다. 이것이 하나님의 비전이었다.

예레미야는 하나님의 애통을 이렇게 전했다.

"슬프고 아프다 내 마음속이 아프고 내 마음이 답답하여 잠잠할 수 없으니 이는 나의 심령이 나팔 소리와 전쟁의 경보를 들음이로다"(예레미야 4:19).

"슬프다 나의 근심이여 어떻게 위로를 받을 수 있을까 내 마음이 병들었도다"(예레미야 8:18).

예레미야가 멸망하는 민족 공동체의 비참한 현실 앞에서 찢기듯 아픈 가슴을 안고 하나님의 의로써 심판과 정죄를 선포하면서 온갖 고난을 겪고도 이 일을 멈추지 않았던 것은 그가 하나님의 의에 주리고 목마른 사람이었기 때문이다. 그것이 예레미야로 하여금 하나님의 소명과 사명에 헌신하도록 이끌었던 것이다.

아모스 선지자 아모스가 활동하던 때는 남유다 왕 웃시야와 북이스라엘 왕 여로보암 2세가 통치하던 때로서 양국 다 다윗과 솔로몬의 통일왕국 이후 정치적, 경제적 최대 전성기를 누리고 있었다. 그러나 이러한 정치·경제적 번영은 역으로 전례가 없을 정도의 종교적, 도덕적 부패 현상을 초래하였다(아모스 2:6-8, 5:11-12).

아모스 시대에 이스라엘의 부자들은 배금주의의 노예가 되었고 그들은 사치와 향락으로 날을 지새웠다. 그들은 우유로 목욕을 즐겼고, 그들에게 있어서 모든 것을 평가하는 사회적 기준은 돈이었다. 정치 지도자들은 백성들의 고통에는 관심 없고 여름궁전과 겨울궁전을 지어 그곳에서 호화로운 생활을 즐기는 도덕적 불감증과 윤리적 타락에 빠졌다.

그들은 공공의 이익을 우선해야 하는 공법을 헌신짝처럼 팽개쳐 버렸고, 심지어 예언자들에게 포도주를 먹이고 예언을 금하게 하는 몰지각한 행위를 일삼았다. 이스라엘의 퇴폐풍조와 지도층의 도덕적 해이는 하나님의 공의에 대한 불감증을 사회 전반에 확산시켰다.

아모스는 아마샤의 추방 위협에도 불구하고 하나님의 의를 위하여 담대하게 하나님의 말씀을 선포하는 사명감에 열정적인 선지자였다(아모스 7:16-17). 아모스는 공의를 저버리고 부패와 타락에 빠진 이스라엘의 죄악상을 지적하며 그들을 향해 애가를 부르며 정의의 실현과 고통받는 백성에 대한 뜨거운 사랑을 소유한 선지자였다(아모스 5:1-15). 아모스는 "오직 정의를 물 같이, 공의를 마르지 않는 강 같이 흐르게 할지어다"(아모스 5:24)라고 외쳤다.

아모스는 드고아에서 양을 치는 성실한 생활인이었지만, 하나님의 부르심에 순종했을 때 아모스는 공동체의 부패와 타락의 현실에서 하나님의 공의가 바닥에 떨어져 있음을 안타까워하며 "주리고 목마른" 마음으로 하나님의 공의를 회복하는 사명에 헌신했다.

하나님의 사명에 사로잡힌 크리스천 리더는 비전의 사람이다. 사명은 목적을 지향하는 것이라면 비전은 사명의 방향을 제시한다. 비전이 없으면 사명은 길을 잃는다. 잠언 28장 19절은 "비전이 없으면 백성이 망한다"(KJV), "묵시가 없으면 백성이 방자히 행한다"(NIV)라고 말한다. 크리스천 리더의 비전 Vision은 묵시 혹은 계시Revelation를 통해 드러난다. 계시는 하나님으로부터 받는 것이다. 따라서 크리스천 리더의 비전은 하나님께로부터 온다. 하나님의 비전에 초점을 맞춘 리더는 하나님의 부르심에 즉각적 반응을 하고 그 뜻에 순종한다. 예수님의 제자들도 오순절 성령체험 이후 사명과 비전의 삶에 헌신했으며, 바울도 그러했다.

베드로 평범한 일상을 살아가는 어부들이 모여 있는 갈릴리에서 역사를 바꾸는 위대한 사건이 일어났다(마태복음 4:18-22). 예수님은 복음을 전파하며 갈릴리 해변을 다니시다가 바다에 그물을 던지는 베드로와 안드레 형제를 발견하고는 그들에게 다가가 한 마디 말씀을 하셨다.

> "나를 따라오라 내가 너희를 사람을 낚는 어부가 되게 하리라"(마태복음 4:19).

베드로는 예수님의 부르심에 즉각 반응을 했다. 그는 자신의 손에 들려진 그물, 그것은 베드로가 살아왔던 과거와 현재의 삶을 말하는 모든 것이었지만, 그는 과감하게 그물을 버리고 예수님을 따랐다. 매우 급진적 반응이다. 베드로는 예수님의 부르심에 자신의 삶 전체를 버렸지만 그는 부르심에 대한 순종으로 새로운 미래, 즉 사명에 헌신하는 새로운 삶을 얻었다.

그는 사명을 얻음으로 모든 것을 얻게 되었다. "사람을 낚는 어부"가 되는 새로운 사명은 베드로의 존재 목적이 되었고 비전이 되었다. 그리고 부활하신 예수님이 베드로에게 오셔서 "내 양을 먹이라"(요한복음 21:15-17)고 말씀하셨다. 부활하신 주님은 그에게 아직 끝나지 않은 사역에 대한 비전을 제시해 주신 것이다.

오순절 마가의 다락방에서 새로운 역사가 일어났다(사도행전 2장). 예수님이 약속하신 성령이 제자들과 그곳에서 한마음으로 기도했던 모든 사람들에게로 임하셨다. 주님이 약속하신 성령이 오셨다. 성령의 권능을 받은 베드로는 예수님을 십자가에서 죽게 한 유대의 권력자들과 많은 무리들을 향해 담대하게 "주의 이름을 부르는 자는 구원을 얻을 것"이라고 말하면서 예수 그리스도의 고난과 죽음 그리고 부활을 선포했다(사도행전 2:21-40). 그의 설교로 삼천 명이 회개하고 세례를 받았다(사도행전 2:41). 인류 역사 속에서 최초의 교회는 성령의 능력 안에서 이렇게 탄생하였다.

베드로는 예수님의 부르심을 따라 그리스도의 복음에 "주리고 목마른" 자가 되어 사명에 헌신했다. 그리스도의 복음을 선포한 베드로의 위대한 용기로 초대교회는 새로운 희망, 하나님의 나라의 새로운 역사의 첫 페이지를 열었다. 그는 하나님의 날이 임하길 간절히 사모하는 사람이었다. 그는 "주리고 목마른" 마음으로 하나님의 의가 있는 "새 하늘과 새 땅"을 바라보는 비전과 사명의 사람이었다(베드로후서 3:12-13).

바울 바울은 3차 전도여행을 마치고 오순절에 예루살렘에 도착하는 일정을 준비하면서 밀레도에서 사람을 보내어 에베소 교회 장로들을 만났다(사도행전 20:16-38). 바울은 장로들에게 자신이 예루살렘에 가서 당할 고난을 예고했다. 바울의 이야기를 들은 장로들은 매우 근심하며 걱정했다. 장로들은 가지 말라고 만류했으나 바울은 당당했다.

바울은 자신이 당할 고난을 염려하지도 두려워하지도 않았다. 그는 그리스도의 복음을 위해 당하는 고난은 당연한 것으로 여겼다. 바울은 에베소 교회 장로들에게 이렇게 말했다.

"내가 달려갈 길과 주 예수께 받은 사명 곧 하나님의 은혜의 복음을 증언하는 일을 마치려 함에는 나의 생명조차 조금도 귀한 것으로 여기지 아니하노라"(사도행전 20:24).

바울은 자신이 그리스도의 복음에 주리고 목마른 사명에 헌신하는 것은 그가 예수 그리스도에 의해 사도가 되었고, 그가 전하는 복음은 오직 예수 그리스도의 계시로 말미암은 것이라는 사실을 분명하게 밝혔다.

"사람들에게서 난 것도 아니요 사람으로 말미암은 것도 아니요 오직 예수 그리스도와 그를 죽은 자 가운데서 살리신 하나님 아버지로 말미암아 사도 된 바울은"(갈라디아서 1:1).

"이제 내가 사람들에게 좋게 하랴 하나님께 좋게 하랴 사람들에게 기쁨을 구하랴 내가 지금까지 사람들의 기쁨을 구하였다면 그리스도의 종이 아니니라 형제들아 내가 너희에게 알게 하노니 내가 전한 복음은 사람의 뜻을 따라 된 것이 아니니라 이는 내가 사람에게서 받은 것도 아니요 배운 것도 아니요 오직 예수 그리스도의 계시로 말미암은 것이라"(갈라디아서 1:10-12).

바울은 그리스도의 복음에 "주리고 목마른 자"였다. 바울에게서 하나님의 의는 그리스도의 복음에 나타났다. 바울은 "복음은 모든 믿는 자에게 구원을 주시는 하나님의 능력이 되고, 복음에는 하나님의 의가 나타난다"라고 말했다(로마서 1:16-17). 바울은 복음에 나타난 하나님의 의, 바로 예수 그리스도의 십자가 죽음과 부활의 사건을 증언하는 과정에서 겪는 온갖 고난과 역경을 극복했다(고린도후서 11장). 그가 죽음의 고비를 넘기면서까지 그리스도의 복음을 전하는 것은 그가 사명에 헌신했던 비전의 사람이기 때문이다.

의에 주리고 목마른 자가 누릴 축복은 물질이나 권력이나 명예가 아니었다. 소유와 쾌락의 열망도 아니었다. 그것은 하나님 나라에 대한 열정과 열망이었으며, 소명과 사명에 대한 헌신적이며 희생적인 삶이었다. 하나님의 소명에 헌신하는 리더는 "의에 주리고 목마른" 마음을 지녀야 한다. 크리스천 리더는 자신과 하나님과의 관계에서 약함을 인정하고 하나님의 거룩하심과 의로우심을 사모하며, 자신이 관계하는 모든 일들과 공동체에서 하나님의 의를 구현하기 위해 "주리고 목마른" 마음을 가져야 한다.

사명의 본이 되는 위대한 크리스천 리더들

윌리엄 윌버포스 William Wilberforce(1759-1833)[39]

영국의 국회의원이었던 윌리엄 윌버포스는 신학자인 아이작 밀러와 함께 스위스 여행 도중 희랍어 신약성경을 읽고 예수 그리스도의 죽음과 부활, 그리고 예수님의 메시지에 대해 서로의 생각을 나누면서 마음의 변화 과정을 경험하게 되고, 나아가 그의 인생을 완전하게 바꾸는 회심을 경험했다.

윌버포스는 자신이 죄인이었다는 사실과 그의 인생에서 덧없이 소모적으로 살았던 시간들에 대해 깊은 반성을 했다. 그는 마음속으로 자신의 귀중한 시간들, 다양한 기회들과 재능들을 낭비했던 자신을 정죄했다. 그리고 그는 하나님 앞에서 자신은 불쌍하고 비참한, 그리고 눈먼 자요 헐벗은 자라고 말하면서, 자신과 같은 죄인을 위해 그리스도께서 죽으심으로 무한한 사랑을 베푸셨다고 고백했다. 윌버포스는 자신의 귀중한 시간을 낭비한 것에 대한 심한 자책을 통하여 이후 자신의 삶에서 주어진 시간들을 가장 소중하게 사용할 것을 다짐하고, 세속적이며 사치스러운 런던 사회에서의 모든 활동들, 즉 도박, 댄스, 음주, 그리고 추악한 연극 등으로부터 완전히 떠나 그리스도에게 헌신할 것을 다짐했다.

1787년 10월 28일 일요일 그는 자신의 일기에 다음과 같이 썼다.

"전능하신 하나님께서 내 앞에 노예무역을 금지하고, 관습을 개혁하라는 두 가지 위대한 목표를 두셨다."God Almighty has set before me two great objects, the suppression of the Slave Trade and the Reformation of Manners.

이것은 윌버포스가 하나님으로부터 받은 사명이었다. 그것은 영국의 노예무역 폐지와 도덕적 개혁을 의미했다.

19세기 영국 사회에 엄청난 충격을 가져다 준 개혁은 윌버포스의 회심과 소명, 그리고 의에 주리고 목마른 그의 마음에서 시작되었다. 영국의 노예무역은 인간이 저질렀던 가장 잔인한 일이었다. 당시 영국의 경제적 부 가운데 상당 부분은 노예무역으로 축적되었다. 노예무역은 국가 경제를 위한 성공적인 사업이었고 군사력 동원에도 유익했다. 이런 이유로 노예무역은 의회와 국가에 상당한 영향력을 행사했다.

윌버포스는 노예무역의 폐지를 위해 최선을 다했다. 그는 주변의 모든 압력이나 방해 혹은 공격에 결코 굴하지 않았다. 그는 의회가 열릴 때마다 노예무역 폐지 법안을 발의했고, 영국이 벌이고 있는 비인간적인 노예무역이 지금까지 의회의 권위 아래서 시행되도록 의회가 방치했다는 사실을 부끄럽게 여기고 있다고 자신의 입장을 피력했다. 그리고 우리 모두가 하나님 앞에서 죄인이며, 우리 모두 유죄를 인정해야 한다고 역설했다.

윌버포스는 노예무역 폐지를 위해 자신의 전 재산을 쓰면서 20년 동안 의회의 논쟁을 주도했다. 이 과정에서 그는 여러 차례 좌절을 겪기도 했고, 건강이 악화되어 오랜 시간 투병생활을 했다. 1807년 영국 의회는 윌버포스에게 찬사와 존경을 보내면서 '노예무역폐지법'을 통과시켰다. 그리고 그가 노예무역 폐지운동을 시작한 지 46년째 되던 1833년 7월 영국 의회는 '노예해방법'을 통과시켰다. 윌버포스가 평생을 헌신한 그의 궁극적 목표인 인간의 존엄성을 회복하는 노예해방이 마침내 이루어졌다. 윌버포스의 투쟁은 의롭고 숭고한 것이었다. 마침내 긴 투쟁의 여정이 막을 내렸다.

윌버포스는 부패한 영국 사회를 도덕적으로 개혁한 지도자로 기억된다. 노예무역 폐지운동은 이미 다른 사람들에 의해 부분적으로 시작된 개혁이었지만, 관습 개혁으로 불리는 도덕적 개혁운동은 오직 그의 기독교적 신앙고백을 통해 직접 혼자 시작한 외로운 투쟁이었다. 윌버포스가 영국 사회의 관습법을 개혁한 근본적인 힘은 기독교 신앙이었다. 그는 참된 기독교 신앙은 국가의 이익과 복지에 이바지해야 한다고 믿었고, 참된 기독교는 어떤 다른 종교보다 더 뛰어난 도덕 체계를 지니고 있기 때문에 기독교는 그것을 행동에 옮길 수 있는 강력한 동기와 효과적인 수단을 제공한다고 보았다.

윌버포스가 활동하던 당시 영국의 정치는 뇌물로 얼룩졌고, 귀족정치가 보여 준 난잡함과 방탕함은 프랑스 혁명 이전 세기의 도덕적 부패와 다를 바 없었다. 귀족정치는 원하는 대로 다 할 수 있었다. 그들이 좋아하는 취향에 따라 행하는 규칙들 말고는 그들의 행위를 도덕적으로나 윤리적으로 규제할 수 있는 규칙은 거의 없었다.

영국의 도덕적 개혁은 노예무역 폐지보다 더 어려운 운동이었다. 그러나 윌버포스는 행동하는 개혁가였다. 그는 영국 사회의 도덕적 개혁을 위하여 때론 홀로, 때론 다른 사람들의 협력과 지지를 통해 자신의 목표를 성취했다. 그는 런던에서 멀지 않은 곳에 클래펌 공동체Clapham Sect를 형성하여 '성자들'Saints이라고 불리는 그들의 친구들과 함께 머물면서 노예무역 폐지와 노예해방, 형법개정, 교육개혁을 비롯한 도덕적 사회개혁과 의회개혁을 계획하고 실행했다.

윌버포스는 관습의 개혁을 4가지 차원에서 실행했다. 우선 의회입법 활동에 주력하면서, 상류계급에 대한 기독교적 교육, 그리고 영국 국민 모두가 개인적 차원에서 인도주의적 행동을 실천하는 사례들을 세우고, 마지막으로 자신이 영국 사회의 관습법을 개혁하기 위해 제시했던 것들을 자기 자신의 삶에서 구체적으로 구현하기 위해 윤리적 삶을 실천하는 것이었다. 이외에도 그는 박애주의 활동들을 중심으로 사회적 소외계층들을 위한 교육 실시, 다양한 문화적 기관의 설립 등 문화적 갱신과 정의를 위해 자신의 재산을 모두 사용하는 헌신적인 리더십을 발휘했다.

윌버포스는 영국의 관습을 개혁하기 위하여 상류 계급을 그들이 지지하고 있는 기독교의 참된 본질로 교육시킴으로써 개혁하도록 도전을 주었다. 이것은 그가 자신의 저서 《진정한 기독교와 대조되는 중상류 계급의 자칭 그리스도인들의 보편적 종교체계에 대한 실제적 견해》*A Practical View of the Prevailing Religious System of Professed Christians in the Higher and Middle Classes Contrasted with Real Christianity*를 저술한 목적이었다. 그 당시 이 책은 5개월

이내에 무려 75,000권이 판매될 정도로 베스트 셀러였다. 실제로 상류 계급의 사람들은 이 책을 읽고 회심했다.

윌버포스는 자기 시대에서 사회악과 맞서 싸웠다. 그는 영국 사회의 총체적 부패 속에서도 사랑과 정의의 양심을 포기하지 않고 스스로 도덕적이며 참된 신앙인으로서 자신의 길을 걸었다. 그는 하나님 앞에서 두 가지 목표를 세운 이후 세상을 떠나는 마지막 순간까지 노예해방과 부패한 영국 사회의 도덕적 개혁을 위하여 헌신했다. 그의 헌신은 인간의 존엄성의 회복이었으며, 부패한 사회에 도덕적 빛을 발하는 것이었다.

윌버포스는 참된 기독교 신앙은 국가의 이익과 복지에 이바지해야 한다고 믿었다. 그 이유는 참된 기독교는 어떤 다른 종교보다 더 뛰어난 도덕 체계를 지니고 있기 때문에 기독교는 그것을 행동에 옮길 수 있는 강력한 동기와 효과적인 수단을 제공한다고 보았다. 또한 그는 기독교는 국가공동체를 보존하고 국가의 건강성을 증진시키는 힘을 가지고 있다고 강조했는데, 그 이유는 참된 기독교 신앙은 겸손에 있으며, 기독교 신앙은 본질적으로 이기심을 인정하지 않기 때문이라고 해석했다. 그러므로 참된 기독교 신앙은 이기심의 반대로 공익정신을 강조하고, 이것은 공공생활의 위대한 원리로서 국가에 생명을 불어넣고, 국가를 위대하게 만든다고 역설했다. 나아가 그는 기독교가 성장해야만 정치공동체의 공공복지가 증대되기 때문에 참된 기독교 신앙은 이러한 정신이 사회 전체에 퍼지도록 해야 하며 모든 사회 계층의 사람들이 서로를 돌보며 건강한 사회가 되도록 힘써야 한다고 말했다.

역사가 브라운Ford K. Braun은 빅토리아 시대가 열리기 전 영국의 50년간은 윌리엄 윌버포스의 시대라고 불렀다. 그의 평가는 윌버포스가 당시 영국 사회의 변혁을 위해 얼마나 헌신적인 삶을 살았으며, 그의 신념과 도덕적 행위가 한 개인의 차원을 넘어 집단적 차원에서 얼마나 큰 영향을 끼쳤는가를 말해 준다.

윌버포스의 삶은 부패하고 어둡던 영국 사회에서 소금과 빛이 되었고, 수백만 영국 사람들의 삶을 변화시키는 것이었다. 윌버포스가 '영국의 양심'이라고 불리는 이유가 바로 여기에 있다. 윌리엄 윌버포스, 그는 19세기 영국의 도덕적 양심을 넘어 오늘날 세계의 도덕적 양심으로 우리에게 다가온다.

프랭클린 D. 루스벨트Franklin D. Roosevelt(1882–1945)

프랭클린 루스벨트는 1930년대 미국의 대공황으로부터 그리고 제2차 세계대전을 통해 미국의 거대한 변화를 이끌었던 대통령이다. 그는 1933년 3월 4일 대통령에 취임한 이후 그가 세상을 떠난 1945년 4월 12일까지 4선 대통령으로 자리를 지켰다. 루스벨트는 19세기 말 이후 20세기에 이르기까지 미국의 변혁을 시도했던 대통령들 가운데 한 사람으로서 가장 혁신적으로 미국을 이끌었던 대통령이었다. 역사가 존 루이스 가디스는 루스벨트는 최초로 이 일을 성공시킨 대통령이었다고 평가했다.

프랭클린 루스벨트는 미국인들에게 엄청난 공포와 두려움을 안겨 주었던 대공황, 역사 이래 가장 처참했던 제2차 세계대전, 그리고 자신을 괴롭혔던

육체의 고통인 소아마비와 전쟁을 치렀던 리더다. 그는 미국과 세계가 직면한 격동의 시기에 기독교 정신의 회복을 통해 모든 신앙을 하나님에 대한 믿음의 재확인과 자신과 세상을 위한 하나님의 뜻에 대한 헌신을 재확인해야 한다고 강조하면서 자신에게 부여된 역사적 사명을 하나님에 대한 신앙으로 감당했다. 백악관 웹사이트는 루스벨트가 "미국인들이 스스로 믿음을 회복하는 것을 도왔다"라고 말한다. 그의 생애를 돌아보면 미국의 제32대 대통령은 하나님에 대한 신념이 없이는 그렇게 할 수 없었던 것을 알 수 있다.

루스벨트가 대통령이 되었을 때, 공화당 후버 대통령이 물려준 유산은 국가적 재난과 다름없는 비참한 현실이었다. 국가는 4년째 재난과 다름없는 경제위기에 처해 있었다. 그러나 루스벨트는 동요하지 않았다. 1933년 3월 4일 제32대 대통령으로 취임하던 날 그는 20세기에 가장 뚜렷한 족적을 남긴 대통령으로 기억될 연설을 통해 미국 시민에게 미국의 도전과 변화에 대한 확신과 비전을 심어 주었다.[40]

루스벨트는 무엇보다도 미국이 처해 있는 비참한 상황을 솔직하게 인정하면서 국민의 기대를 한 몸에 받은 지도자답게 "우리는 어리석은 낙관론에 빠져 이 어두운 현실을 외면해서는 안 된다"라고 말하면서 "이 위대한 국가는 지금까지 존속해 온 것처럼 존속할 것이며 다시 살아날 것이다"라고 결연하게 외쳤다. 그리고 미국은 "두려움 그 자체를 제외하고는 두려워할 것은 아무것도 없다"는 그의 확신을 미국인들에게 전했다.

루스벨트는 국가적 재난의 극복을 위해 리더십(대통령)이 자신감을 갖고 일을 할 때 국민은 대통령을 믿고 절대적인 지지를 보내 줄 것을 요구했던 것이다. 나아가 그는 정부의 역할은 국민이 노동을 통해 생활을 이어갈 방법을 제시하고, 경제 발전을 추진해야 하며, 비참한 삶에 처한 미국인들을 구제하는 것이라고 정의함으로써 사실상 강력한 대통령직을 바탕으로 뉴딜정책을 추진할 것임을 천명했다.

미국인들은 루스벨트의 신념과 비전을 지지했다. 그는 미국인들의 요구와 바람을 정확하게 읽었고, 그들을 자신의 비전에 따르도록 동기를 부여했다. 루스벨트의 리더십은 리더의 사명과 비전에 대한 헌신, 그리고 자신과 국민의 합의된 가치를 바탕으로 그들을 움직이게 만들었고, 미국이 변화와 도전의 시대를 열어가도록 영향을 끼쳤다.

의회는 루스벨트가 제안한 대부분의 법안들을 통과시켜 줌으로써 적극적인 지지를 표명했다. 산업계와 노동계도 심한 갈등이 있었지만 공동의 목표와 가치를 이루기 위하여 루스벨트의 뉴딜을 지지하며 추종했다. 개혁, 부흥 그리고 구제로 요약되는 뉴딜은 은행 및 통화의 관리와 통제, 정부의 대규모 재정 투입과 공공사업, 산업의 단속 및 조장을 통한 부흥, 농민의 구제, 노동자의 단결권과 단체교섭권 보장, 그리고 사회보장 및 개발사업의 촉진 등 구체적인 실천방안으로 구체화되었다.

1941년 12월 7일 일본이 진주만을 폭격했다. 미국은 더 이상 참전하지 않을 수 없었다. 그는 미국의 고립주의 원칙과 싸워야만 했다. 참전에 대한 그의 확고한 신념은 그가 8년 전 대통령으로 취임하면서 대공황이라는 국가적 재난의 위기와 싸워야만 했던 상황과 동일했다.

루스벨트는 전쟁을 혐오했다. 그는 이 전쟁을 종교적으로 보았다.[41] 그는 "우리의 적들은 잔인한 냉소와 인류에 대한 경멸에 이끌려 왔다. 우리는 모든 시대에서 '하나님은 그분의 형상으로 인간을 창조하셨다'는 창세기 1장으로 돌아가는 믿음에서 영감을 얻는다. 우리 조상들이 싸웠던 것처럼 모든 사람들이 하나님 앞에서 평등하다는 교리를 지지하기 위해 우리는 싸우고 있다"라고 말하면서 "우리는 이 백성들이 심령이 겸손하지만 권리에 대한 확신이 강하고, 희생을 견뎌내며 자유와 평화의 승리를 성취하기 위해 용감하게 되도록 하나님의 인도가 필요하다"라고 강조했다.

루스벨트는 사망하기 불과 몇 달 전 그의 마지막 취임 연설에서 다음과 같이 말했다.

"전능하신 하나님은 여러 방면으로 우리 땅을 축복하셨다. 그분은 우리 국민들에게 자유와 진리를 위해 강력한 타격을 가할 튼튼한 마음과 강한 팔을 주셨다. 하나님은 우리나라에 고통받는 세상의 모든 사람들의 희망이 된 믿음을 주셨다. 그래서 우리는 우리의 길을 명확하게 볼 수 있는 비전, 이 땅 위에 하나님의 뜻이 이루어지도록 우리 자신과 우리의 모든 친구들을 보다 나은 삶으로 이끄는 길을 보여 주는 비전을 달라고 그분께 기도한다."[42]

루스벨트는 제2차 세계대전을 승리로 이끌면서 우드로 윌슨Woodrow Wilson의 이상과 연계된 고립주의와 일방주의를 자신이 주창한 '4개의 자유'Four

Freedoms, 즉 표현의 자유, 신앙의 자유, 궁핍으로부터의 자유, 그리고 공포로부터의 자유를 결합하는 전후 세계의 실용주의의 비전을 만들어 국제사회에서 미국의 역할을 증대하면서 유엔을 통한 국제안보 실현에 큰 기여를 했다.

루스벨트는 지도자의 사명과 비전이 변혁을 이끄는 강한 힘이라는 사실을 입증했다. 20세기 미국은 루스벨트의 비전과 사명에 대한 헌신으로 거대한 변혁을 경험했다. 대공황은 미국인들에게 두려움과 좌절을, 제2차 세계대전은 전 세계인들에게 미래에 대한 불확실과 엄청난 희생 그리고 두려움을 안겨주는 것이었다. 루스벨트는 이런 역사의 위기 가운데서 최고의 영감적 자질들과 풍부한 상상력을 소유하고 성공적인 비전을 추구한 지도자였다.

루스벨트는 미국인들의 마음을 읽었다. 그는 대공황의 심리적 압박감 속에서 미국인들이 느끼는 불안과 두려움, 그리고 그들 가정의 비참한 현실을 서로 보듬어주고, 지도자들과의 정서적 유대감을 갈망하고 있다는 점을 누구보다도 잘 알고 있었다. 그는 취임 연설을 통해 자신은 미국인들의 고통과 함께하는 대통령이며 그들의 눈물을 닦아 줄 지도자라는 확신을 그들의 마음속에 심어 주었기 때문에 루스벨트는 누구보다도 국민들의 마음속으로 들어갈 수 있었다. 루스벨트가 고통받는 역사의 현실 앞에서 자신에게 주어진 사명을 외면하지 않고 그것에 헌신할 수 있었던 근원적 힘은 하나님에 대한 신앙이었음을 아무리 강조해도 지나치지 않을 것이다.

마틴 루터 킹 Martin Luther King Jr.(1929-1968)[43]

마틴 루터 킹은 하나님으로부터 자신에게 부여된 사명과 비전에 대한 자기희생을 통해 오늘 우리가 살고 있는 시대를 피부색이 아니라 한 인간이 지닌 인격, 재능, 그리고 능력에 의해 그가 인정받도록 탄생시킨 인물이다. 그의 삶과 업적은 인간이 평등하게 사는 시대의 역사를 열도록 한 획을 긋는 위대한 것이었다. 킹은 모든 인간의 평등한 권리의 대의를 이루기 위해 그의 삶을 마지막까지 희생하면서 그리고 자신의 모든 힘을 다하여 살았던 위대한 원리들을 성취한 승리자이다. 그는 천부적인 인권, 민주정부, 그리고 인종차별과 편견에 대한 도덕적 가치의 변혁과 사회적 부정의에 대한 비폭력 저항의 효율성과 위대함의 가치를 보여 주었다.

1955년 12월에 그의 인권운동의 커리어가 시작되는 사건이 벌어졌다. NAACPNational Association for the Advancement of Colored People의 몽고메리 지부 사무총장 로사 팍스Rosa Parks가 한 백인 남성에게 그녀의 버스 좌석을 양보하라는 운전기사의 지시를 거부한 것이 지방과 주정부의 법을 위반했다는 이유로 체포되었다. 그러자 몽고메리 지역교회의 회중들은 즉각적으로 '몽고메리 버스 보이콧'A Boycott of Montgomery's Buses을 조직했고, 이 지역의 성직자들과 다른 공동체들의 지도자들도 그 계획에 참여하기로 했다. 그들은 '몽고메리개선협회'Montgomery Improvement Association를 조직하고 26세의 마틴 루터 킹을 대표로 선출했다. 그날 밤 수많은 군중들이 모였고, 그는 수천 명의 참가자들 앞에서 인종분리주의 철폐를 위한 행동의 정당성을 강력하게 주장했다.

정의를 위한 권리를 선언하는 킹의 최초 연설은 그날 밤 그곳에 모였던 수천 명의 사람들의 가슴을 뜨겁게 감동시켰고, 인종차별의 철폐를 향한 위대한 여정을 함께 그리고 오랫동안 걷도록 결단하게 만들었다. 몽고메리의 흑인들은 일 년 동안 보이콧에 가담했다. 1956년 미 대법원은 버스 안에 백인과 흑인의 자리를 구별하여 좌석을 만든 것은 헌법정신을 위배하는 불법행위라고 판결을 내렸다. 그리고 몽고메리 보이콧은 중단되었다. 몽고메리의 승리는 향후 킹의 인권저항에 불을 붙였고 그를 전국적으로 지명도가 높은 인사의 위치로 올려 놓았다.

마틴 루터 킹은 침례교 목사로 부름을 받았다. 우리는 그가 어떻게 자유와 평등의 사회를 건설하기 위해 헌신적인 삶을 살게 되었는가를 이해하기 위해서는 인간의 권리에 대한 그의 기독교 사상과 영감을 이해해야 한다. 킹은 버밍햄 교도소에서 그와 친분이 있는 목사들에게 보낸 편지에서 자신의 '예언자적 역할'에 대해 다음과 같이 말했다.

나는 부정의로 이곳 버밍햄에 있다. B.C. 8세기 예언자들이 그들의 고향 땅을 넘어 "여호와 하나님께서 말씀하신 것"을 전하기 위해 그들의 마을들을 떠났던 것처럼, 그래서 나도 내 고향 땅을 넘어 자유의 복음을 전파하도록 요청받았다.

그리고 킹으로 하여금 흔들림 없이 인권운동에 헌신하도록 이끌었던 중요한 것은 기도였다. 킹이 자신의 아내 코레타 킹Coretta King에게 보낸 편지들에 의하면, 기도는 그가 인권운동 기간 중 힘과 용기, 그리고 영감을 주었던 샘물이었다. 킹은 자유를 위한 투쟁에서 동료들의 안전을 위해, 비폭력 저항의 승리를 위해, 모든 인종의 형제자매들을 위해, 그리고 사랑받는 공동체의 화해와 충만을 위해 기도했다. 코레타 킹은 "마틴 루터 킹의 기도는 자유와 평등을 위한 투쟁의 암흑과 같은 시간 속에서도 그로 하여금 이 위대한 일을 감당할 수 있는 능력을 주었던 용기와 힘의 영적 근원이었다"라고 말했다.

마틴 루터 킹은 아프리칸 아메리칸African American이 겪고 있는 부정의의 현실을 극복하기 위한 최선의 방법으로 비폭력에 대해 깊은 생각을 했다. 이것은 매우 중요한 관찰이며, 이것은 우리로 하여금 21세기에 다양한 이슈들을 해결하기 위한 방법의 문제를 깊이 있게 고민하도록 만들기도 한다.

킹의 비폭력 사상은 무엇보다도 예수 그리스도의 사랑의 가르침으로부터 가장 큰 영향을 받았다. 그는 인종차별의 어두운 그림자는 '이웃을 사랑하라'는 예수의 사랑의 빛으로 거둘 수 있다고 믿었다. 또한 킹은 노벨평화상 수상 연설에서도 비폭력저항의 근원을, "미국의 흑인들은, 인도 국민들을 따라 비폭력은 무익한 소극성이 아니라, 도덕적 변혁을 만드는 강력한 도덕이라는 것을 보여 주었다"라고 함축적으로 말했다.

1963년 8월 28일 미국 역사에서 가장 많은 군중들이 모여 있는 시위 현장에서 그는 감동적인 웅변으로 미국의 유산과 약속에 새로운 각성을 일으키는 연설을 했다. 그는 이날 미국 역사에서 모든 미국인들로부터 가장 존경받는 에이브러햄 링컨을 상징하는 그리고 그의 노예해방 선언을 기념하기 위해 세워진 링컨 기념관Lincoln Memorial의 계단 위에 올라섰다.

킹은 링컨의 기념비적인 노예해방 선언에 내포된 약속과 미국독립선언문의 유명한 말들을 극찬했다. 그러나 그는 미국이 모든 사람들에게 평등한 자유의 약속을 존중하는 데 실패했다고 외쳤다. 그는 모든 아이들이 자부심을 갖고 "달콤한 자유의 땅"sweet land of liberty의 새롭고 진정한 의미를 노래하는 미국을 그리면서, 결코 잊을 수 없는 그리고 오늘도 내일도 영원히 기억될 '나에게 꿈이 있다'I Have A Dream는 연설을 했다.

킹의 '꿈'의 연설은 보다 완전한 통합의 목표를 성취하는 미국의 비전과 결합되어 있었다. 그의 연설은 미국독립선언문의 도덕적 가치에 근거한 새로운 미국의 비전을 전 미국인들에게 제시했다. 그는 인종분리주의와 차별의 철폐로 자유와 평등이 살아 숨쉬는 나라, 정의가 강물처럼 흐르는 나라에 대한 비전을 제시하였다. 킹의 연설을 통해 제시된 새로운 미국의 비전은 수많은 미국인들의 가슴속에 어둠의 차별에서 빛의 평등으로 나오는 희망의 불빛을 비춰 주었다. 그의 연설은 인종문제에 대한 대화의 틀을 다시 짜고 인종분리주의를 해체하는 정치적 가능성에 대한 경계들을 다시 구성하는 것이었다.

인권운동의 지도자로서 마틴 루터 킹은 인권운동을 그가 살았던 사회의 비현실적인 가치들을 변화시키는 하나의 보편적 운동으로 만들었다. 그렇게 함으로써 그는 자신이 속했던 사회가 그리고 세계가 인권운동을 아프리칸 아메리칸의 권리에만 관심을 갖고 있는 것이 아니라 오히려 깊이 있게 함께 나눈 인간의 고귀한 가치와 포부를 실현하는 보편적 가치로 이해하고 인식하게 만들었다. 보다 더 엄밀한 의미에서, 정의에 대한 그의 비전은 모든 인간을 포함하는 것이었다.

킹은 자신의 시대에서처럼, 오늘날에도 미국에서 분파주의와 이데올로기의 장벽들을 넘어서 정의의 아이콘이 되었고, 미국은 그를 기념하는 날을 국가공휴일로 정해 그의 삶과 정신을 세대와 세대를 이어 기억하도록 가르치고 있다.

21세기에도 여전히 그의 인권운동은 20세기 미국의 위대한 변혁으로서 결코 변할 수 없는 도덕적 권위를 인정받고 있다. 킹의 인권운동은 다음 세대에도 인간의 존엄성을 기억하고 존중하는 수많은 사람들에 의해 그 정신이 빛을 발하게 될 것이다. 또한 인권탄압이 지속적인 비인간적 환경과 세계 여러 나라들에서 이의 극복을 위해 헌신적인 삶을 살아가는 의에 주리고 목마른 정의로운 그리스도인들에게 킹은 가장 가치 있는 위대한 사명과 비전에 헌신한 변혁적 크리스천 리더로 기억될 것이다.

함께 생각 나누기

1. 마태복음 5장 6절을 읽고 다음 질문에 대해 생각을 나누자.

    ① 성경은 하나님은 의로우신 분이라고 말한다. 구체적인 성경의 사례들을 찾아 보자(시편 7:9; 11:7, 97:6, 116:5, 119:137; 예레미야 23:6, 33:16).

    ② 존 스토트는 성경에서 말하는 하나님의 의를 세 가지 측면에서 설명한다. 각각의 내용이 무엇인지 설명해 보자.

2. 하나님의 의와 자기 의 사이의 차이점은 무엇인가?

3. "주리고 목마른" 마음이란 어떤 것인가? 다윗을 중심으로 설명해 보자.

4. 예수님은 "의에 주리고 목마른" 마음으로 자신의 메시아적 사명을 어떻게 표현 하셨는가?(눅 4:18-19) 예수님은 이 사명을 위해 어떻게 헌신의 삶을 사셨는가?

5. 이사야, 요시야, 예레미야, 아모스, 그리고 베드로와 바울은 사명을 위해 어떻게 헌신적인 삶을 살았는지 구체적으로 살펴보고 각각의 특성에 대해 생각을 나누자.

제4장 사명의 법칙: 의에 주리고 목마름

함께 생각 나누기

6. 크리스천 리더에게 있어서 의에 주리고 목마른 사명의 삶은 매우 중요하다. 오늘날 정치, 경제, 사회, 문화, 그리고 교회의 영역에서 하나님의 의가 어떻게 무너졌으며 또한 어떻게 회복되어야 하는지 구체적으로 생각을 나누어 보자. 하나님의 의가 무너진 곳에서 나의 사명이 발견된다면 그것은 무엇이며 어떻게 사명의 삶을 살아갈 것인지 대화를 나누자.

7. 윌리엄 윌버포스, 프랭클린 루스벨트, 그리고 마틴 루터 킹의 사명은 무엇인가? 그들은 어떻게 사명에 헌신하는 삶을 살았는가? 하나님의 의를 위한 삶을 살고자 할 때 그들은 크리스천 리더십의 멘토로 나에게 어떤 영향을 주는지 생각해 보자.

8. 의에 주리고 목마른 자가 누릴 축복은 무엇이며, 사명의 법칙은 나에게 어떤 도전을 주는지 구체적으로 생각을 나누자.

5

섬김의 법칙: 긍휼

"긍휼히 여기는 자는 복이 있나니"
—마태복음 5:7

긍휼, 하나님의 속성
긍휼의 본이신 예수 그리스도
긍휼은 용서, 사랑 그리고 섬김이다
긍휼은 자기부정이며, 서번트 리더의 심장이다
섬김의 본이 되는 위대한 크리스천 리더들

> "진정한 리더는 섬긴다. … 참된 리더들은 개인의 명예에 대한 욕망보다는 사랑이란 관심으로 동기부여가 되어 있기 때문에 기꺼이 값을 치른다."
>
> – 유진 하베커

팔복 가운데 처음 네 가지는 내적인 원리로서 하나님 앞에서 내 자신을 어떻게 보는가 하는 것에 초점을 맞추고 있다. 그리고 다섯 번째 복은 앞의 네 개의 복과 연결되어 나타나는 행동의 실천이다. 우리는 심령이 가난할 때 겸손한 자가 될 수 있으며, 애통하고, 온유하고, 의에 주릴 때 우리는 다른 사람을 긍휼하게 여길 것이다.

긍휼, 하나님의 속성

구약성경에서 긍휼은 하나님의 속성으로 표현된다. 하나님은 직접 자신의 긍휼하심을 선포하셨다. 산 위에서 팔십 일을 보낸 후 모세가 하나님과 얼굴을 대면하여 그분의 형상을 보았을 때, 그는 하나님의 영광을 보이라고 말했다(출애굽기 33:18). 그런 다음 하나님께서는 모세에게 나타나셔서 '자비'(긍휼) mercy가 하나님의 속성임을 선포하셨다.

> "여호와께서 그의 앞으로 지나시며 선포하시되 여호와라 여호와라 자비롭고 은혜롭고 노하기를 더디하고 인자와 진실이 많은 하나님이라"(출애굽기 34:6).

시편 기자는 자기 백성들이 역경과 곤궁함에 처했을 때 그들을 홀로 내버려 두지 않으시고 긍휼을 베풀어 구원하시는 분이 바로 하나님이시라고 고백한다.

> "여호와여 주의 긍휼하심과 인자하심이 영원부터 있었사오니 주여 이것들을 기억하옵소서"(시편 25:6).

> "그는 궁핍한 자가 부르짖을 때에 건지며 도움이 없는 가난한 자도 건지며 그는 가난한 자와 궁핍한 자를 불쌍히 여기며 궁핍한 자의 생명을 구원하며"(시편 72:12-13).

> "여호와는 은혜로우시며 긍휼이 많으시며 노하기를 더디 하시며 인자하심이 크시도다 여호와께서는 모든 것을 선대하시며 그 지으신 모든 것에 긍휼을 베푸시는도다"(시편 145:8-9).

5. 섬김의 법칙: 긍휼

선지자 호세아에게 하나님은 패역한 이스라엘에게 긍휼을 베푸시고 그들에게 사랑을 구하시는 자비로우신 분이다.

"내가 나를 위하여 그를 이 땅에 심고 긍휼히 여김을 받지 못하였던 자를 긍휼히 여기며 내 백성 아니었던 자에게 향하여 이르기를 너는 내 백성이라 하리니 그들은 이르기를 주는 내 하나님이시라 하리라 하시니라"(호세아 2:23).

"에브라임이여 내가 어찌 너를 놓겠느냐 이스라엘이여 내가 어찌 너를 버리겠느냐 내가 어찌 너를 아드마 같이 놓겠느냐 어찌 너를 스보임 같이 두겠느냐 내 마음이 내 속에서 돌이키어 나의 긍휼이 온전히 불붙듯 하도다"(호세아 11:8).

예레미야는 하나님의 무궁한 긍휼로 우리가 진멸되지 않는다고 고백한다.

"여호와의 인자와 긍휼이 무궁하시므로 우리가 진멸되지 아니함이니이다 이것들이 아침마다 새로우니 주의 성실하심이 크시도소이다"(예레미야 애가 3:22-23).

하나님은 긍휼하심으로 그의 백성들을 용서하시고 사랑하신다. 하나님의 긍휼은 그의 백성을 보호하시고 인도하신다. 하나님은 그의 백성들의 궁핍함을 보고 아파하시며 그들의 생명을 구하시는 긍휼함이 풍부하신 분이다.

긍휼의 본이신 예수 그리스도

'긍휼'의 헬라어는 '엘레오스'eleos로 이 말은 자비로운 생각과 행동을 포함하여 타자에 대해 적극적으로 동정심을 갖는 것을 의미한다. 자비로운 마음을 소유하고 있는 목적은 타인의 고통과 비참함을 덜어 주는 것이다.

신약성경에서 긍휼은 주로 하나님의 긍휼하심을 치유 속에 드러내신 예수님의 사역에서 잘 나타난다. 예수님은 공생애 기간 중 소외되고 가난한 이웃들, 많은 세리와 죄인들과 식탁을 함께 하시면서(마가복음 2:15-17) 긍휼의 마음으로 감싸 주고 위로하며 회복시키셨다.

예수님의 긍휼은 다양한 치유사역에서 잘 나타난다. 예수님은 "각종 병에 걸려서 고통당하는 자, 귀신 들린 자, 간질하는 자, 중풍병자들 각색 병든 자들을" 고치시고(마태복음 4:24), 손 마른 자의 손을 고쳐 주셨다(마가복음 3:5). 그분은 눈먼 소경의 눈을 밝게 해주셨고(마가복음 8:22-25; 마태복음 9:27-31; 누가복음 18:35-43; 요한복음 9:1-7), 귀신 들린 자와 귀머거리를 고치시고(마가복음 7:24-37), 말을 못하는 자가 말을 하도록 고치셨다(마태복음 9:32-34).

예수님은 자신을 찾아와 꿇어 엎드려 한센병을 고쳐 주길 간절히 원하는 한 사람을 불쌍히 여겨 자신의 손을 내밀어 치유하셨다(마가복음 1:40-42). 그리고 12년 동안 혈루증으로 고생했던 여인이 예수님의 옷자락을 만졌을 때 두려워 떠는 여인에게 자비의 긍휼을 베푸셔서 깨끗하게 낫게 하셨으며(누가복음 8:43-48), 베데스다 연못에서 38년 동안 같은 자리에 앉아 치유의 기적만을 기다렸던 앉은뱅이를 긍휼의 마음으로 바라보며 그를 회복시키셨다(요한복음 5:1-9). 뿐만 아니라 한센병으로 고생하며 공동체로부터 소외되어 구별된 삶을 살았던 10명의 환자들이 예수님을 만나 그들의 병이 낫기를 원하는 모습을 보고 불쌍히 여겨 치유해 주시기도 했다(누가복음 17:11-19).

예수님의 치유사역에서 긍휼이 가장 잘 드러나는 사역은 나인 성 과부의 아들을 살리신 사건이다(누가복음 7:11-17). 예수님이 나인 성에 도달하셨을 때 성문 입구에서 한 장례 행렬을 목격하셨다. 한 유대인 과부가 외아들의 죽음을 애도하는 슬픈 장례행렬이었다. 예수님은 아들을 잃고 슬픔에 잠긴 여인의 모습을 보고 "불쌍히" 여기셨다.

여기서 사용된 "불쌍히"란 헬라어 단어 '스플랑크니조마이'의 의미는 비통한 심정의 아픔을 의미한다. 예수님이 장례행렬을 멈추고 청년이 누워 있는 관 위에 손을 대고 청년에게 "일어나라"고 말씀하시자 청년은 다시 살아나 어머니에게 보내졌다. 예수님의 긍휼의 마음은 단순하게 불쌍히 여기는 자비가 아니라 자신의 온몸의 통증을 느끼듯 비통한 심정의 긍휼이다.

예수님의 긍휼은 하나님의 치유 속에서 드러나는 하나님의 섭리와 은혜이다. 예수님의 삶은 시편 기자의 고백처럼 고통받고 소외된, 그리고 병든 자들을 불쌍히 여기고 그들에게 하나님의 속성으로써 긍휼을 베푸는 삶이었다. 예수님은 하나님의 긍휼을 구체적으로 우리에게 보여 주는 삶을 사셨다. 우리는 예수님의 긍휼을 통해 하나님의 긍휼을 배우고 긍휼의 본으로서 예수님의 삶을 배운다.

긍휼은 용서, 사랑, 그리고 섬김이다

긍휼과 용서는 하나님께 속한 것이다. 다니엘은 "주 우리 하나님께는 긍휼과 용서하심이 있사오니"(다니엘 9:9)라고 고백한다. 시편 기자는 하나님의 긍휼과 용서를 노래한다.

"나 곧 내 영혼은 여호와를 기다리며 나는 주의 말씀을 바라는도다 파수꾼이 아침을 기다림보다 내 영혼이 주를 더 기다리나니 참으로 파수꾼이 아침을 기다림보다 더하도다 이스라엘아 여호와를 바랄지어다 여호와께서는 인자하심과 풍성한 속량이 있음이라 그가 이스라엘을 그의 모든 죄악에서 속량하시리로다"(시편 130:5-8).

우리는 하나님께 죄를 고백하며 그분의 용서를 간구한다. 하나님의 용서는 그분의 인자하심(긍휼)의 속성에서 베풀어지는 은혜이다. 하나님은 긍휼이 크신 분이며, 그 크신 긍휼로 용서를 베푸신다. 예레미야는 "여호와의 인자와 긍휼이 무궁하시므로 우리가 진멸되지 아니함이니이다 이것들이 아침마다 새로우니 주의 성실하심이 크시도소이다"(예레미야 애가 3:22-23)라고 고백한다.

서기관들과 바리새인들이 간음하다 걸린 여인을 예수님께로 데려왔다. 율법은 간음한 여인을 돌로 치라고 했다. 여인의 생명이 위태하다. 예수님은 죽음의 공포에 두려워 떠는 여인을 바라보았다. 그리고 돌을 든 군중들을 향해 "너희 중에 죄 없는 자가 먼저 돌로 치라"(요한복음 8:7)고 말씀하셨다. 웅성대던 현장이 갑자기 조용해졌다. 돌을 든 사람들이 돌을 내려놓고 한 사람씩 현장을 떠나기 시작했다. 모두가 사라졌다. 예수님은 처량한 모습으로 쓰러져 있는 여인에게 "너를 고발하던 그들이 어디 있느냐 너를 정죄한 자가 없느냐…나도 너를 정죄하지 아니하노니 가서 다시는 죄를 범하지 말라"(요한복음 8:10-11)고 말씀하셨다. 죄인을 용서하시는 예수님의 크신 긍휼이 드러나는 장면이다. 긍휼은 용서를 담는 큰 그릇이다.

사도 요한은 "사랑은 하나님께 속한 것"(요한일서 4:7)이며, "하나님은 사랑이심이라"(요한일서 4:8)고 말하면서 하나님과 사랑을 동일시했다. 그러면서 사랑이신 하나님의 사랑이 우리에게 나타난 사건이 독생자 예수 그리스도를 우리에게 보내셔서 그분의 십자가의 죽음으로 우리의 죄를 대속하신 것이라고 한다(요한일서 4:9-10). 하나님의 사랑은 죄를 용서하는 위대한 자기희생적 사랑이다. 바울은 긍휼이 풍성하신 하나님이 그 큰 사랑으로 "허물로 죽은 우리를 그리스도와 함께 살리셨다"라고 말하면서 하나님의 긍휼은 곧 사랑임을 강조한다(에베소서 2:4).

하나님의 사랑은 타인을 위해 자기의 생명을 주는 일, 자기 자신을 전적으로 포기하고 희생하는 일이다. 그것은 예수 그리스도가 자신의 생명을 아낌없이 십자가의 죽음으로 대속하신 자기희생적 사랑에 잘 드러나 있다. 자기를 희생하는 사랑, 그래서 예수님은 친구를 위하여 자기 목숨을 버리는 사랑이 큰 사랑이라고 말씀하셨다(요한복음 15:13). 타인에 대한 긍휼은 자기희생의 행동으로 실천하게 하며, 그러한 행동은 더 큰 사랑으로 나아간다. 예수님은 친구를 위해 자기 생명을 버린다는 말씀을 십자가의 죽음으로, 자기희생의 참사랑을 실천으로 보여 주셨다.

예수님이 한 유대인 율법사가 자신의 이웃이 누구인가에 대해 물었을 때 선한 사마리아인의 이야기를 들려 주셨다(누가복음 10:25-37). 선한 사마리아인의 비유는 우리가 예수님의 사랑의 정신을 이해하는 데 있어서 매우 중요한 비유이다. 사실 사마리아인은 강도를 만난 사람과는 관계가 없다. 그는 강도 만난 사람과 지연, 학연, 그리고 종교적 연관성을 전혀 갖고 있지 않았다. 그럼에도 불구하고 사마리아인은 강도를 만나 죽어 가는 사람을 보고 그냥 지나치지 않고 그의 상처를 치료하고 그를 자신의 나귀에 태워 여관으로 데려가 주인에게 간병을 부탁하고 자신이 가던 길로 돌아갔다.

선한 사마리아인의 비유는 우리가 사랑해야 할 이웃이 누구인가에 대한 메시지를 전할 뿐만 아니라 우리가 고통당하는 이웃에 대해 어떤 마음을 가져야 하는가에 대한 가르침을 준다. 그 마음은 바로 긍휼이다. 예수님은 이 비유를 통해 상처 받고 소외되고 고통받는 타인이나 공동체가 우리와 어떤 관계에 놓여 있든지 그것에 상관하지 않고 긍휼히 여기는 마음으로 사랑을 베풀어야 한다는 진리를 가르친다.

긍휼은 예수님의 본질이다. 예수님의 모든 사역은 긍휼에서 비롯되었다. 예수님은 하나님이 긍휼하신 분이니 우리도 긍휼한 자가 되어야 한다고 말씀하셨다(누가복음 6:36). 우리가 타인에 대해 긍휼한 마음을 갖고 상대하는 것은 주님의 명령이자 우리의 소명이기도 하다.

헨리 나우웬은 "긍휼은 직접 그 사람들에게로 다가가 고난이 가장 극심한 곳으로 들어가 거기에 자리 잡는 것"이라고 말한다.[44] 예수님의 성육신은 긍휼의 가장 상징적인 것으로서 예수님은 이 땅에 오셔서 직접 고난이 가장 극심한 곳, 즉 돌봄이 필요한 자들을 찾아가 그들과 함께 식탁의 교제를 나누며 치유의 은혜를 베푸셨다.

예수님이 이 땅에 오신 목적은 섬김을 받기 위해서가 아니라 섬기기 위해서이다. 예수님은 "인자가 온 것은 섬김을 받으려 함이 아니라 도리어 섬기려 하고 자기 목숨을 많은 사람의 대속물로 주려 함이니라"(마태복음 20:28)고 말씀하셨다.

예수님은 고난의 가장 깊은 곳으로 내려가셔서도 제자들의 발을 직접 씻어 주는 섬김의 본을 보이셨다. 이것은 아마도 성경의 기록 가운데 가장 감동적인 섬김의 모습일 것이다.

> "그들의 발을 씻으신 후에 옷을 입으시고 다시 앉아 그들에게 이르시되 내가 너희에게 행한 것을 너희가 아느냐 너희가 나를 선생이라 또는 주라 하니 너희 말이 옳도다 내가 그러하다 내가 주와 또는 선생이 되어 너희 발을 씻었으니 너희도 서로 발을 씻어 주는 것이 옳으니라 내가 너희에게 행한 것같이 너희도 행하게 하려 하여 본을 보였노라 내가 진실로 진실로 너희에게 이르노니 종이 주인보다 크지 못하고 보냄을 받은 자가 보낸 자보다 크지 못하나니 너희가 이것을 알고 행하면 복이 있으리라"(요한복음 13:12-17).

스스로 낮은 자리에서 허리를 굽히며 제자들의 발을 씻는 예수님의 섬김은 그날 밤 자신을 로마에 팔 가롯 유다마저 긍휼의 마음으로 섬기는 것이었다. 예수님의 깊은 사랑의 무게를 느끼는 섬김이다. 그리고 예수님은 십자가의 고난을 직접 겪으시고 인류의 죄를 대속하기 위해 자신의 생명을 아낌없이 바치셨다. 예수님의 섬김은 긍휼의 영성이 가장 빛나는 자리다. 바울은 예수님의 섬김에 대해 다음과 같이 말한다.

> "그는 근본 하나님의 본체시나 하나님과 동등됨을 취할 것으로 여기지 아니하시고 오히려 자기를 비워 종의 형체를 가지사 사람들과 같이 되셨고 사람의 모양으로 나타나사 자기를 낮추시고 죽기까지 복종하셨으니 곧 십자가에 죽으심이라"(빌립보서 2:6-8).

바울은 스스로를 "예수 그리스도의 종"(로마서 1:1)이라고 말했다. 바울은 그리스도의 복음을 위해 자신을 내려놓고 헌신적인 섬김의 삶을 살았다. 그는 예수 그리스도를 만나기 전엔 분노와 박해의 선봉자(사도행전 7:58, 8:1-3, 26:10-11; 갈라디아서 1:13-14)로 앞장섰던 사람이다. 그러나 주님을 만난 후 완전하게 변했다. 그는 하나님을 섬기는 사람이 되었다. 로마서 1장 9절에서 바울은 "내가 그의 아들의 복음 안에서 내 심령으로 섬기는 하나님이 나의 증인이 되시거니와…"라고 말하면서 자신이 섬기는 사람이 된 것은 하나님이 증인이시라고 강조한다.

바울은 기근을 겪고 있는 예루살렘 교회의 성도들을 섬기기 위해 연보를 모아 그곳으로 갔으며(로마서 15:25), 복음을 전하는 과정에서 겪었던 수많은 고초와 죽음의 위협(고린도후서 11:23-27)도 예수 그리스도의 종으로서 헌신적인 섬김의 행동으로 극복할 수 있었다. 그는 "주 예수께 받은 사명 곧 하나님의 은혜의 복음을 증언하는 일"(사도행전 20:24)을 위해서라면 자신의 생명조차 조금도 귀하게 여기지 않을 정도로 복음을 전하는 사명을 섬겼다.

긍휼은 자기부정이며, 서번트 리더의 심장이다

자기를 내려놓는다는 것은 자신이 누려왔던 모든 기득권을 포기한다는 것을 의미한다. 그것은 자기애와 자기 의라는 자기중심적 사고와 행동으로부터 자유로워진다는 것을 말한다. 아브라함은 고향을 떠나라는 하나님의 명령에 자기 의지를 내려놓았다. 모세는 하나님을 만날 때 신발을 벗으라는 명령에 신발을 벗었다. 신발을 벗는다는 것은 노예가 된다는 것이다. 모세는 자신의 권위와 자존심 그리고 자기 의지 곧 모든 것을 포기했다.

예수님도 제자들에게 "누구든지 나를 따라오려거든 자기를 부인하고 자기 십자가를 지고 나를 따를 것이니라"(마태복음 16:24)고 말씀했다. 자신의 성공과 영광이 아니라 하나님의 나라와 의를 먼저 구하고, 섬김을 받기보다는 먼저 섬기고, 십자가의 고난도 기꺼이 감당하는 삶을 사는 제자가 되기 위해서는 자신을 포기하고 내려놓아야 한다.

부자 청년이 예수님을 찾아왔다(마태복음 19:16-22). 그는 예수님께 영생을 얻는 방법에 대한 지혜를 구했다. 예수님은 청년에게 그가 어떻게 살았는지에 대해 물으셨다. 그는 어려서부터 십계명을 다 지키며 살아왔다고 대답했다. 청년은 도덕적으로나 윤리적으로 그리고 이스라엘의 종교적 전통에 비추어 완벽한 외적 조건을 갖춘 건실한 부자이니 성공한 사람이었다.

그러나 예수님이 보시기에 관습법에 익숙한 청년에게 부족한 한 가지가 보였다. 예수님이 청년에게 "가서 네 소유를 팔아 가난한 자들에게 주라 그리하면 하늘에서 보화가 네게 있으리라 그리고 와서 나를 따르라"(마태복음 19:21)고 말씀하셨다. 청년은 지금까지 살아오면서 영생의 문제로 이런 답을 듣기는 처음이었다. 그는 자신의 재산을 포기할 수 없었다. 결국 청년은 근심하면서 떠났다(마태복음 19:16-23). 부자 청년은 자기애와 자기 의지를 내려놓지 못했다. 그에게는 자신의 재산을 다 팔아 가난한 자에게 주려는 긍휼의 마음이 부족했다. 물론 그는 율법을 성실하게 지킨 사람이었기에 이웃에게 자비를 베푼 경험이 많을 것이다.

그러나 예수님이 요구하시는 것은 긍휼의 마음이었다. 청년은 형식적인 행위로서의 자비를 베풀었을 뿐이었다. 긍휼은 하나님의 속성이며 예수님의 삶의 본질이다. 긍휼이 부족하면 자기애와 자기 포기가 어렵다. 긍휼은 자기애와 자기 포기를 요구한다. 긍휼은 타인에 대한 동정심으로 그들의 어려움, 고통, 그리고 비참함을 덜어 주는 자비로운 마음이다. 긍휼의 마음은 이타적인 것으로서 자신보다는 타인을 우선하며 그들을 위해 스스로 낮은 자리에서 그리고 보이지 않는 곳에서 그들을 돌보며 헌신적으로 섬긴다.

헤르만 헤세Hermann Hesse의 《동방순례》[45]는 한 여행자들의 이야기를 전하는데, 이 여행에는 여행자들을 위해 봉사하는 여러 종들 가운데 레오Leo

라는 이름을 가진 종이 등장한다. 그는 먼 여행길을 떠나는 많은 여행자들의 짐을 나르는 일부터 시작해서 다양한 잡무를 처리했다. 뿐만 아니라 레오는 자신의 영감이 깃든 노래로 여행자들의 지친 마음을 달래 주는 등 헌신적인 봉사를 했다. 여행자들은 이런 레오를 매우 좋아했다.

그런데 어느 날 레오가 보이지 않았다. 여행자들은 매우 불편해했다. 그들은 다소 혼란에 빠졌다. 레오가 없으니 짐을 옮기는 일도 쉽지 않았고, 여행의 즐거움마저도 잃어버렸다. 결국 그들은 여행을 중단했다. 그들은 레오가 사라져 버리자 뒤늦게 자신들을 위해 짐을 나르고 하찮은 일을 처리해 주고 여행에서 지친 마음을 회복시켜 주었던 레오의 존재의 중요성을 깨달은 것이다. 그들의 깨달음은 여행을 이끌었던 사람은 그들이 아니라 레오였다는 것을 의미하였다. 레오는 스스로 가장 낮은 곳에서 여행자들을 돌봄으로써 리더로 등장한 것이다.

로버트 그린리프Robert Greenleaf는 헤르만 헤세의 《동방순례》에서 영감을 얻어 '서번트 리더십'Servant leadership 이론을 개발했다. 그는 《동방순례》에 나타난 레오의 모습에서 리더의 자질을 발견했다. 훌륭한 리더는 서번트처럼 보이는데 레오는 동방으로 가는 여행에서 처음부터 리더였지만 기본적으로 그가 다른 종들과 같은 종이었기 때문에 여행자들 사이에서 종으로 보였을 뿐이었다고 보았다. 이런 이해를 바탕으로 그린리프는 높은 위치에서도 낮은 자가 되어 이타적 마음을 갖고 겸손하게 섬기고 스스로 희생과 봉사를 실천하는 서번트 리더십 이론을 만들었다.

그린리프는 강력한 이타적인 윤리적 함축성을 바탕으로 서번트 리더십을 강조한다. 그린리프에 의하면, 서번트 리더는 자신의 이익이나 이해가 아니라, 추종자들의 관심과 그들의 니즈를 우선으로 정하고, 그리고 그들을 어떻게 돌보아야 하며, 어떻게 양육해야 하는가에 주의를 집중해야만 한다. 리더는 이러한 집중을 통해 다른 사람들의 욕구를 규명하고 충족시키기 위하여 봉사를 하며, 이 과정에서 봉사하는 대상으로부터 희생을 요구받는다. 그리고 봉사와 희생은 리더의 권위와 영향력에 중요한 토대가 된다.

서번트 리더는 강함보다는 부드러움으로 자신의 존재를 낮추고, 겸손의 모습으로 조직을 포용하여 이끌고, 조직의 구성원들이 잘 성장하도록 도와주면서 조직의 비전과 가치를 실현하기 위하여 헌신적으로 봉사한다.

리더는 긍휼의 마음이 부족하면 사람들을 진심으로 사랑하거나 섬길 수 없다. 물론 섬김의 흉내는 낼 수 있어도 그것이 진정한 관심에서 우러나오지 않는 것이라면 그 행위는 결코 오래가지 못하며, 조직이나 공동체의 구성원들은 그것이 조작된 행위임을 알아차린다. 리더의 사랑은 진정한 섬김을 실천하게 하며, 예수님이 제자들에게 보여 주셨듯이 "자기 사람들을 사랑하되 끝까지 사랑"하게 한다(요한복음 13:1).

자신을 추종하거나 자신과 한 팀이 되어 일하는 구성원들을 사랑할 줄 모르고 긍휼의 마음으로 그들의 니즈를 파악하여 충족시켜 주고 배려하는 것을 게을리하거나 무관심한 리더는 정체성이 불분명한 사람이다. 예수님이 그토록 자신을 낮추어 제자들의 더러운 발을 씻어줄 수 있었던 것은 자신의 정체성을 정확하게 알고 있었기 때문이다. 요한복음 13장 3절은 "저녁 먹는 중 예수는 아버지께서 모든 것을 자기 손에 맡기신 것과 또 자기가 하나님께로부터 오셨다가 하나님께로 돌아가실 것을 아시고"라고 말한다. 예수님은 자신이 어디서 와서 어디로 가는지 알고 계셨다. 그분은 흔들리지 않는 정체성을 갖고 계셨고, 자신이 사랑하는 모든 행위의 대상이 누구이며 그것이 추구하는 진정한 가치와 목적이 무엇인지 정확하게 파악하셨다. 그렇기 때문에 예수님은 스스로 낮아져서 겸손하게 그리고 제자들을 향한 긍휼의 마음으로 그들을 섬기셨다.

진정한 크리스천 리더는 자기가 사랑하고 섬겨야 할 대상을 알고 있어야 한다. 그렇다고 해서 섬김의 행위가 의도적이거나 인위적인 것이 되어서는 안 된다. 오히려 그것은 성령의 인도로 이루어져야 한다. 성령의 감동으로 조직과 구성원을 섬기는 긍휼과 사랑의 마음이 모든 장벽과 차이를 넘어서게 하는 영향력을 행사한다는 사실을 우리는 깨달아야 한다.

타인을 우선적으로 생각하고 돌보는 이타적 윤리로서 긍휼은 서번트 리더의 심장이다. 예수님은 섬기기 위하여 오셨다. 그분은 스스로 낮은 자가 되어 긍휼의 영성으로 가난하고 소외된 사람들, 병들고 외로운 사람들, 죄인들을 돌보시는 것뿐만 아니라 제자들의 발을 직접 씻어 주며 궁극적으로 십자가에 죽기까지 섬기셨다. 예수님은 서번트 리더의 본이 되며 그분의 심장은 사랑으로서의 긍휼이었다.

섬김의 본이 되는 위대한 크리스천 리더들

알버트 슈바이처 Albert Schweitzer(1875-1965)[46]

20세기의 역사적 인물 가운데 알버트 슈바이처만큼 국제적 명성과 존경을 받은 사람은 드물다. 그는 어둠의 대륙을 계몽하기 위하여 실제적으로 자신의 삶을 헌신했던 20세기 최고의 서번트 리더 가운데 한 사람이다. 슈바이처는 지칠 줄 모르는 열정과 에너지로 아프리카 대륙의 수많은 사람들, 한센병, 말라리아, 상피병[47], 백일해, 그리고 각종 성병과 수많은 질병을 앓고 있는 어린아이들을 섬긴 하나님의 종이었다.

슈바이처가 자신의 삶과 사상을 통해 성취한 모든 것들 가운데, 가장 위대한 것은, 자신의 자서전 《Out of My Life and Thought》(2009)에서 밝혔듯이, '생명외경'Reverence of Life 사상이다. '생명외경'이란 말은 그가 오구웨 강에서 배를 타고 지나가던 중 뇌리 속을 스쳤던 통찰로부터 나왔다. 훗날 그는 이것을 실제적으로 "예수의 윤리", "보편적으로 확산된 사랑의 윤리"와 같은 것이라고 말했다.

슈바이처는 자신의 전 생애를 걸쳐 이 사상을 완성하고 실천했다. 그는 기독교의 본질은 세계 긍정에 있다고 믿었다. 이러한 긍정의 믿음은 인류의 미래에 대한 낙관적 사고와 희망을 그에게 불어넣었다. 이것은 그의 진리에 대한 믿음이었다. 이 믿음은 고통당하고 갈등하는 인간과 모든 생명체의 고통을 자신의 가슴에 끌어안고 함께 느낄 때 절대적인 예수의 사랑이 우리 안에 충만해짐으로써 비로소 사랑의 윤리를 실천하도록 만든다.

　기독교의 본질을 윤리적 세계 긍정에서 발견한 슈바이처는 이 발견을 인간 긍정으로 발전시켰다. 그는 세계에 대하여 인간이 아는 것이 있다면, 세계에 존재하는 모든 것은 인간 자신과 마찬가지로 '생명을 향한 의지'Will to Live라는 현상이라고 믿었다. 그는 인간은 자기 자신과 주위의 세계에 대하여 생각하면 언제나 자신뿐만 아니라, 주변 세계에 존재하는 모든 생명체도 살려고 하는 의지를 가진 존재라는 사실을 파악하게 된다고 했다. 따라서 인간이 아무리 세계 부정을 하고 인간의 삶을 부정하려고 해도 살려고 하는 의지가 존속하기 때문에 인간은 세계와 자신을 부정할 수 없다고 보았다.

　슈바이처는 이러한 깨달음은 궁극적으로 인간으로 하여금 세계나 자신의 삶을 긍정하게 함으로써 자신의 생존의 의미가 자기 내부에서 주어지고 있음을 알게 하여 이웃과 함께 살려고 하는 의지와 사상을 형성하게 하고, 생명에 대한 외경심을 갖고 세계 긍정과 인간 긍정의 윤리적 삶을 살게 한다고 강조했다. 그는 우리가 이러한 윤리적 긍정의 세계관을 소유하면 우리가 살려고 하는 의지를 무한한 생명에 대한 의지에 헌신하는 삶을 살도록 인도한다. 이는 궁극적으로 인류와 모든 생명체에 대하여 사랑의 윤리를 실천하는 의지로 나타난다고 보았다.

　1904년 슈바이처는 인생의 전환을 맞이했다. 그는 파리선교협회에서 당시 프랑스 식민지였던 아프리카 가봉에서 의사를 구한다는 소식을 듣고, 평탄했던 자신의 삶을 내려놓고 의사로서 어려운 선택을 해야 하는 부르심에 순종하기로 결심했다. 이때 그의 나이는 불과 30세였다.

슈바이처가 다른 사람들을 위해 살기로 결단하게 된 배경에는 예수님의 삶을 분리해서 결코 생각할 수 없다. 그는 어린 시절에 이미 예수님에게 사로잡혔고, 예수님을 떠난 자신의 삶의 미래를 생각해 본 적이 없었다. 그는 예수 사랑을 자신의 삶에서 실천하는 것이 곧 다른 사람들을 위해 자신의 삶을 헌신하며 섬기는 것이라고 믿었다. 사실 슈바이처는 일찍이 마태복음 16장 25절, "누구든지 제 목숨을 구원하고자 하면 잃을 것이요 누구든지 나를 위하여 제 목숨을 잃으면 찾으리라"는 예수님의 말씀에 깊은 감동을 받았었다.

그리고 21세 청년 시절에 자신은 가족과 함께 행복한 시간을 보내면서 '나만 이런 행복을 누려도 되는가'라는 생각을 하면서, 주변에 어렵고 힘들게 갈등하며 사는 사람들을 보고 그들을 위해 섬기는 삶을 살 것을 다짐했다. 그는 30세까지는 자신을 위해 학문과 예술에 집중하여 살고, 그 후에는 다른 사람들을 섬기는 삶을 살기로 결심했다.

1912년 학위를 받은 후 슈바이처는 아프리카 가봉의 오구웨 강에 위치한 랑바레네에서 자신의 비용으로 파리선교협회 파송 의사로 사역을 시작하기로 결정했다. 그는 그곳에 작은 병원을 세우기 위해 음악회를 개최하여 기금을 마련했다. 그리고 1913년 따뜻한 봄 어느 날 그는 아내 헬레네와 함께 아프리카의 가난하고 소외된, 병든 자들을 위한 의료 사업에 헌신하기 위해 모든 직책에서 물러나 랑바레네로 왔다.

슈바이처는 아내와 함께 오구웨 강 입구에서 약 200마일 떨어진 곳에 작은 진료소를 세웠다. 첫 9개월간 그는 아내와 함께 무려 2,000명의 환자들을 진료했다. 그들 가운데 많은 환자들은 치료를 받기 위해 여러 날에 걸쳐 거의 수백 킬로미터를 여행했다. 대부분은 아프리카 토속 질환과 한센병, 열병, 말라리아, 탈장, 괴사 등 다양하고 심각한 질병들을 앓고 있었다. 슈바이처 부부는 그들을 위해 헌신적으로 최선을 다해 치료했다. 결국 슈바이처는 1917년 과도한 진료로 탈진해서 열대성 빈혈증에 감염되어 가레손으로 이송 격리되어 처음으로 치료를 받기도 했다.

슈바이처는 1939년부터 1948년까지 제2차 세계대전이 치러지는 동안 랑바레네에 머물렀다. 전쟁이 끝나자 그는 다시 유럽으로 돌아가 미국을 비롯하여 유럽 여러 지역을 여행했다. 1928년 그는 괴테상을 수상했고, 1952년에 슈바이처의 생애를 다룬 영화 "닥터 슈바이처의 생애"가 제작되었다. 그리고 그 해에 그는 평생을 통해 실천하고 완성한 '생명외경' 사상으로 노벨 평화상을 수상했다.

슈바이처의 노벨 평화상 수상 연설 제목은 "현세계의 평화 문제"Das Problem des Friedens in der heutigen Welt였다. 그의 연설은 지금까지 이루어진 노벨 평화상 수상 연설 가운데 최고의 연설 중 하나로 평가되고 있다. 그는 이 연설에서 평생에 헌신하고 섬겼던 삶의 원리인 '생명외경'을 말하면서 오늘날 세계에 전쟁으로 인한 공포와 두려움, 그리고 갈등 가운데 고통스런 삶을 사는 이웃들에 대한 사랑의 윤리를 실천하고 인간과 세계의 회복을 추구하는 사명을 강조했다.

슈바이처는 연설 마지막에, "할 수 있거든 너희로서는 모든 사람과 더불어 화목하라"(로마서 12:18)는 사도 바울의 말을 가슴속에 담아 두기를 소망하면서, 이 말씀은 개인뿐만 아니라 모든 나라들에도 동일하게 적용되며, 이 말씀의 정신을 살려 세상의 모든 나라들이 평화를 유지하기 위해 노력할 것을 당부하면서 연설을 마쳤다.

서번트 리더는 섬김의 삶을 살기 위해 소명과 도덕적 가치를 바탕으로 겸손과 자기희생적 삶을 실천한다. 슈바이처는 아프리카의 흑인들이 의사가 부족하여 고통받고 있는 현실을 통해 하나님의 부르심을 들었다. 그는 고통당하는 아프리카 대륙의 귀한 생명들을 위해 자신이 의사가 되어 섬기는 것이 하나님께서 자신에게 위임하신 소명이라고 믿었다.

그리고 슈바이처는 조건 없는 예수의 사랑의 윤리가 생명외경의 실천윤리임을 깨닫고 자신의 도덕적 가치를 실천하며 자기희생적 삶을 살았다. 슈바이처의 도덕적 가치와 자기희생은 우리 자신을 변화시키고 이타적 사랑으로 세상을 변화시키는 서번트 리더십의 힘이다.

장기려(1911-1995)

장기려, 그는 '한국의 슈바이처' 또는 '살아 있는 작은 예수'라고 불린다. 그는 일평생 무소유로 가난하게 살았고, 예수님의 사랑의 윤리로 이웃을 사랑하며 섬기며 살았다. 그는 한국전쟁 중 1951년에 부산에서 창고를 빌려 간이 병원을 설립하고 피난민들과 전쟁 부상자들을 무료로 진료하기 시작했는데,

이것이 복음병원의 시작이었고 훗날 고신의료원이 되었다. 장기려의 삶의 철학은 사랑의 실천이었다. 그는 사랑은 도덕의 도덕이고 생명의 생명이자 생명 자체라고 믿었다.

장기려는 1911년 8월 평안북도 용천군의 한학자 가정에서 태어나 기독교적 배경에서 성장했다. 그는 경성의학전문학교에서 수학하고 의사가 되었는데, 의전에 입학할 당시인 17세 때 하나님께서 의사가 되게 해준다면 치료받지 못하고 죽어 가는 이들을 위해 헌신하겠다고 다짐했다. 이것이 '선한 의사'로서의 첫 결단이었다.[48] 그는 1945년 평양도립병원장 겸 외과과장으로 일하다가 1947년 1월부터 김일성대학의 의과대학 교수로 일했고, 1951년 월남했다.

한국전쟁 당시 부산은 피난민들로 인산인해를 이루었다. 장기려는 평양에서 둘째 아들과 함께 부산으로 피난 내려왔다. 당시 부산육군병원에서 부상병을 치료하던 그는 피난민들의 딱한 사정을 접하면서, 미군에서 빌린 천막 3개로 1951년 영도에서 복음진료소를 세웠다. 전기가 없어 촛불을 켜고 응급 수술을 하고 나무판을 수술대로 써야 할 만큼 상황은 열악했지만, 무료 진료라는 소문이 퍼지면서 천막병원엔 환자들이 넘쳐났다. 그 와중에도 그는 한 달에 한 번 의료 기관이 없는 시골을 찾아다녔다. 1928년 경성의전에 지원하며 "합격시켜 주시면 평생 의사 한 번 못 보고 죽어 가는 가난한 사람들을 위해 평생을 바치겠습니다"라고 한 약속을 지키기 위해서였다.

장기려가 가난한 이웃과 고통받는 환자들, 그리고 돈이 없어 진료를 받지 못하는 사람들을 무료로 진료하며 긍휼을 베풀고 사랑과 섬김의 삶을 살도록 이끌었던 가장 중요한 기둥은 기독교 신앙이었다. 그는 기독교적 가치를 매우 소중하게 여겼으며, 예수님의 사랑의 윤리를 구현하기 위해 아무 조건 없이 사랑을 실천한 신앙인이었다. 무엇보다도 그는 예수님이 말씀하신 '하나님 사랑'과 '이웃 사랑'을 실천하고자 했다. 그는 이웃 사랑은 하나님 사랑에 대한 외연이라고 믿었기 때문에 이웃에 대한 사랑의 실천은 그의 모든 윤리적 행위의 동기가 되었다.

장기려의 삶에서 이런 선의 정신을 가장 잘 나타낸 것이 청십자의료조합 설립이다. 의료보험제도가 없던 1960년대, 가난한 사람들에게 병원 문턱은 너무나 높았다. 전쟁이 끝난 후 복음병원의 재정 지원도 끊기면서 무료 진료 혜택을 받을 수 있는 환자 수도 점차 줄어들었다. 그런 현실을 안타까워하는 그에게 조언을 해준 사람은 바로 채규철이었다. 장기려는 그로부터 덴마크 유학 시절, 아파서 병원에 갔을 때 의료보험의 혜택으로 무료로 치료받은 경험을 듣고 의료보험이야말로 가난한 환자도 돕고 병원도 살리는 길이라고 믿었다.

장기려는 복음병원에서 퇴임한 뒤 1968년 부산에서 지역주민 7백여 명을 모아 "건강할 때 서로 돕고 아플 때 도움받자"라는 모토로 당시 담뱃값에도 못 미치는 월 70원의 회비로 협동조합을 시작했다. 첫 번째 수혜자는 부산 지역의 가난한 영세민들이었다. 1973년에는 청십자병원을 개원했다. 그는 조합을 통해 1989년 전국에 의료보험이 도입될 때까지 23만여 명의 극빈자들을 돌보았다. 정부는 장기려의 이웃 사랑 공로를 인정해서 1976년 국민훈장 동백장을, 그리고 필리핀 정부는 1979년 막사이사이상을 한국인 최초로 그에게 수여했다.

장기려가 예수님의 사랑의 윤리를 실천한 또 다른 삶의 자세는 욕심 없는 이타적 삶이다. 그에게 있어서 소유는 자신만을 위한 것이 아니라 이웃을 섬기는 수단이기도 했다. 장기려는 물질이나 돈에 대해 무관심했고, 사리나 사욕을 추구하지 않았다. 그는 매일 '일용할 양식'에 감사했고, 결코 물욕이나 소유욕에 빠지지 않았다. 그가 세상을 떠났을 때 그가 남긴 유산이라고는 평생 헌신하며 봉사했던 부산고신의료원 옥상의 24평짜리 주택 한 채와 몇 가지 기념품, 그리고 몇 권의 책밖에 없었다.

장기려는 이렇게 말한 바 있다.

"나도 '늙어서 가진 것이 별로 없다'는 사실이 다소의 기쁨이기는 하나 '죽었을 때 물레밖에 없다'는 간디에 비하면 나는 아직도 가진 것이 너무 많다."

그는 그 작은 소유조차도 부끄러워했다.[49] 그의 자족하는 마음은 가난하고 소외된 사람들에 대해 긍휼의 마음으로 사랑과 섬김을 실천한 그의 삶이 어떤 것인가를 잘 보여 준다.

장기려는 철저한 기독교 정신에 따라서 일생을 살았다. 그는 하나님과 늘 친밀하게 지냈고, 예수 그리스도를 닮기를 소원했다. 예수를 믿지 않는 사람들과의 소통을 위해 그가 고심 끝에 찾아낸 단어는 바로 진실, 사랑, 성실이었다. 그는 예수님이 이 땅에 오셔서 복음을 통해 이루고자 했던 세상이 진실과 사랑과 성실이 넘치는 공동체였다는 사실을 깨달았다.

장기려는 이런 추상적인 단어들이 어떻게 드러날 수 있는지를 자신의 삶을 통해 보여 주었다. 그는 의술은 자비와 긍휼의 행위라고 믿었으며, 이것이 자신이 평생 의사로서 사는 목적임을 믿었다. 장기려는 "참되게 사는 사람"이란 글에서 남을 불쌍히 여기는 사람은 '진리와 겸손을 섬기는 사람'인 동시에 '참 진실되게 사는 사람'이라고 했다. 그는 이 글에서 "하나님은 공의를 행하는 것을 기뻐하신다. 어느 누구든지 다같이 동일하게 대우해 주신다. 인격의 차별을 두지 않으신다. 우리도 공의를 행하는 참된 삶을 살려면 사람을 차별하지 않고 사랑할 수 있어야 한다. 이 세상에서 고아와 과부, 신체장애인, 정신박약아들을 참 마음으로 사랑하는 사람이 참되게 사는 사람이다"라고 했다.[50] 의료를 통한 자비와 긍휼의 삶을 사는 것이 그의 사랑의 윤리였다.

1995년 12월 25일, 그가 세상을 떠난 날 사람들은 그를 '바보 의사'라 부르며 추모했다. "바보라는 말을 들으면 그 인생은 성공한 것입니다. 그리고 인생의 승리는 사랑하는 자에게 있습니다."

가난한 이웃을 돌보며 평생 의사로 살겠다고 다짐했던 소년 장기려는 약속을 지켰다. 그는 병들고 소외된 이웃을 자기보다 더 사랑한 이타적 윤리의식을 소유한 긍휼의 사람이었다. 그는 평생을 예수의 사랑의 윤리를 실천했다. 그는 예수님처럼 낮은 곳에서 가난하고 병든 이웃을 섬기며 헌신적으로 살았다. 우리에게 장기려가 있다는 것은 참으로 감사할 일이다. 장기려는 긍휼의 영성이 풍부한 서번트 리더이자 '한국의 슈바이처'다.

지미 카터[51] (1924~)

지미 카터는 독실한 크리스천이다. 그는 복음주의 남침례교인으로서 평생을 기독교 신앙과 가치에 헌신하며 살았다. 카터는 닉슨의 워터게이트 사건으로 미국 정치가 도덕적 위기에 빠져 있을 때 민주당 후보로 대통령 선거에서 제39대 대통령으로 당선되어 미국 정치의 도덕성 회복과 국제외교에서의 인권 신장과 도덕 외교에 전력을 기울였다.

물론 미국의 대통령으로서 국내 정치와 외교에서 탁월한 리더십을 발휘하지 못해 호평을 받지 못했지만, 그는 기독교 신앙인으로서 확고한 도덕적 우위와 약자에 대한 배려와 이해로서 미국의 가난한 사람들과 소외된 사람들을 돕기 위해 교육부를 신설하고, 인권을 외교정책의 우선으로 삼아 인간의 존엄성을 높이는 대통령으로서 서번트 리더십을 잘 보여주었다.

서번트 리더로서 지미 카터의 탁월한 면모는 그가 대통령 직을 물러난 이후에 드러났다. 그는 1980년대 레이건 대통령의 공화당을 적극적으로 지원했던 보수적 복음주의자인 제리 팔웰Jerry Falwell과는 달리 다소 진보적인 복음주의자로서 미국 정부의 정책에 대해 비판적인 견해와 기독교 자유주의 신앙의 견해를 피력하며 사회적 약자에 대한 사랑과 관심을 드러내고, 보편적인 보건 의료를 주장하고 군대 지출 삭감을 제안했으며 세금 코드를 부자를 위한 복지 프로그램이라고 신랄하게 비난했다.

카터는 대통령 재임 시절 일관성 있게 추구했던 도덕 외교의 연장선상에서 미국이 국제분쟁에서 군사력을 사용하는 결정에 대해 매우 비판적이었으며, 강력한 반대 의사를 피력하였다. 카터는 심지어 국제분쟁을 해결하기 위해 분쟁 당사자들을 직접 만나 평화적으로 해결하기 위해 헌신하면서 국제평화 질서 구축을 향한 노력을 쉼없이 펼쳤다. 특히 중동 분쟁을 해결하기 위해 1993년에 직접 나서서 이스라엘과 팔레스타인의 오슬로 협정을 끌어낸 것은 국제평화 질서 구축을 위해 헌신한 서번트 리더로서의 면모를 잘 보여주는 것이었다.

서번트 리더로서 카터의 면모는 그가 대통령 직에서 물러난 후 최초의 3년 기간 안에 중요한 밑그림을 그림으로써 가장 잘 나타났다. 카터가 정치에서 떠난 이후 정치 노선과 상관없이 그가 퇴임 이후 보여준 헌신으로 모든 미국인은 카터를 존경한다. 이 기간에 그는 제3세계 국가의 빈곤 아동과 질병으로 고통받는 어린이들의 안정과 평화, 그리고 건강과 복지 향상을 위해 헌신적으로 섬김으로써 미국의 최고 봉사자 가운데 한 사람으로 부상했다.

카터는 1982년에 조지아 주 애틀랜타에 무소속 인권단체인 카터 센터Carter Center를 설립하고, 이 센터를 통해 인도주의 사업에 헌신했다. 카터의 인도주의 사업은 철저하게 기독교 정신에 근거한 것이었다. 그는 자신의 역할에 대해 "나는 이제 그리스도인들이 세상의 생명에 뛰어들며, 우리 신앙의 도덕적, 윤리적 가치를 통치 과정에 주입하도록 부름 받았음을 믿는다"고 고백했다.

카터의 비영리 비정부 센터는 민주주의를 촉진하고 갈등을 조정하고 방지하며 자유롭고 공정한 선거를 지지하는 선거 과정을 모니터링했다. 그리고 기니 벌레, 말라리아, 트라코마 등과 같은 위험한 질병의 통제와 근절을 통해 세계 보건 증진에도 이바지했다. 또한, 정신 질환의 낙인을 줄이고 아프리카의 농작물 생산 증가를 통해 영양을 개선하는 데 큰 노력을 기울였다.

2002년 10월 11일 노벨위원회는 노르웨이 수도 오슬로에서 카터 전 대통령이 여러 국제적 분쟁사태를 평화적으로 해결하기 위한 길을 찾고 민주주의와 인권을 신장시키며 경제 및 사회 개발을 촉진하기 위해 지칠 줄 모르는 노력을 기울여 왔다고 말하면서 그를 노벨평화상 수상자로 발표했다.

지미 카터 전 미국 대통령이 위대한 크리스천 리더로서 그리고 자신을 희생하며 소외받는 이웃을 위해 헌신하는 서번트 리더로서 존경받는 또 다른 이유는 그가 전직 대통령이 아니라 우리의 친근한 이웃과 같은 사람으로서 직접 망치를 들고 집 없는 사람들을 위해 집을 지어주는 글로벌 자선 단체인 해비타트Habitat for Humanity의 회원으로 오랫동안 봉사하고 있다는 사실이다.

1984년부터 지미 카터와 부인은 매년 해비타트가 미국과 전 세계에서 주택을 개량하고 짓도록 돕기 위해 봉사했다. 해비타트에 대한 카터의 첫 자원봉사 경험은 1984년 3월 조지아 주 아메리쿠스Americus에서 시작되었으며, 그는 해비타트와의 협력을 통해 무수한 자원봉사자들이 발자취를 따라갈 수 있도록 고무시켰으며 알맞고 저렴한 주택의 필요성에 대한 인식을 높이는 데 일조했다. 그는 지난 35년 동안 해비타트 회원으로 수많은 사람을 위해 집을 지은 세계적인 인도주의자로 봉사했다.

카터는 서번트 리더십과 기독교 신앙을 행동으로 옮기는 탁월한 모범이다. 그는 제39대 미국 대통령의 임기를 마친 후 평범한 시민으로 돌아와 다른 사람들의 삶을 개선하기 위해 노력하는 많은 기구와 프로젝트에 참여했다. 국제평화와 인권, 그리고 가난과 질병 퇴치를 위한 카터 센터Cater Center와 집이 없는 사람들을 위해 집을 지어주는 해비타트Habitat for Humanity 활동은 그의 서번트 리더십을 보여주는 가장 대표적인 사례들이다.

지미 카터는 기독교 신앙의 윤리적 실천을 위해 국제사회와 가난한 이웃에 대한 긍휼의 마음을 품고 자신이 섬겨야 할 대상을 향해 서번트 리더십을 행동으로 옮긴 위대한 크리스천 리더이다. 그는 크리스천이 인권과 건강을 위해 싸우는 데 도움이 될 필요성에 대한 인식과 주택이 충분하지 않은 사람들을 위한 주택 건설의 필요성에 대한 인식을 토대로 필요한 자원을 제공하고 전 세계적으로 발생하는 분쟁들을 감시함으로써 사람들의 성장에 헌신한 위대한 서번트 리더이자 크리스천 리더십의 위대한 멘토다.

함께 생각 나누기

1. 마태복음 5장 7절을 읽고 다음 질문에 대해 생각을 나누자.

   ① 구약성경은 긍휼을 하나님의 속성으로 표현한다. 시편, 호세아, 그리고 예레미야가 설명하는 하나님의 긍휼에 대하여 설명하라.

   ② 긍휼을 베푸는 사람이 복을 받는 이유는 무엇인가?

   ③ 하나님의 긍휼과 인간의 긍휼의 차이는 무엇인가?

   ④ 내가 누군가로부터 긍휼함을 받았거나 내가 누군가에게 긍휼을 베풀었던 경험이 있는가? 이 일은 나의 삶에 어떤 변화를 주었는가?

2. 예수님은 긍휼의 본이시다. 그분의 사역을 통해 드러난 긍휼의 사례들을 구체적으로 설명해 보자.

3. 긍휼, 용서, 사랑의 관계에 대해 생각해 보자. 시편, 예레미야, 그리고 다니엘서는 긍휼과 용서를 어떤 관점에서 설명하는가? 예수님은 간음한 여인의 사건과 선한 사마리안의 비유를 통해 긍휼과 용서, 그리고 사랑의 관계를 어떻게 말씀하시며 교훈을 주는가?

4. 헨리 나우웬은 긍휼은 직접 그 사람들에게 다가가 고난이 가장 극심한 곳으로 들어가 거기에 자리 잡는 것이라고 말한다. 이것은 가장 낮은 자세로 섬김의

제5장 섬김의 법칙: 궁휼

함께 생각 나누기

삶을 사는 것을 의미한다. 예수님의 섬김에 대해 구체적으로 설명하고 그것을 통해 얻는 교훈과 다짐에 대해 생각해 보자.

5. 궁휼은 한 인간으로 하여금 자기부정, 자기포기를 하도록 이끈다. 예수님은 "누구든지 나를 따라오려거든 자기를 부인하고 자기 십자가를 지고 나를 따를 것이니라"(마 16:24)고 말씀하셨다. 이 말씀을 중심으로 부자 청년이 자신을 포기하지 못한 이유에 대해 생각해 보자.

6. 헤르만 헤세의 《동방순례》에 등장하는 레오의 역할을 중심으로 서번트 리더에 대해 생각해 보자. 그리고 나에게 서번트 리더로서의 자질이 얼마나 있는지, 무엇이 부족한지에 대해 대화를 나누자.

7. 슈바이처, 지미 카터, 그리고 장기려의 삶을 통해서 배우는 서번트 리더의 정신이 무엇인지, 그들을 통해 배우는 교훈과 또 다른 섬김의 리더들의 사례에 대해 대화를 나누자.

8. 섬김의 법칙은 나에게 어떤 도전을 주는지 구체적으로 생각을 나누자.

6

도덕성의 법칙: 청결

"마음이 청결한 자는 복이 있나니"
−마태복음 5:8

청결함, 하나님의 마음에 합한 삶
청결함, 회개, 자기부정
청결함, 리더의 온전함
청결함, 리더의 도덕적 심장
도덕성의 본이 되는 위대한 크리스천 리더들

> "리더십은 기술의 정도가 아니라 성품의 특성으로 구성된다. 그것은 운동이나 지적 노력보다는 도덕적인 노력이 필요하며 지도자와 추종자 모두에게 자기 절제의 부담을 부과한다."
>
> – 루이스 라팜

청결함, 하나님의 마음에 합한 삶

오늘날 우리는 많은 리더들이 도덕적으로 실망스런 모습을 보여 주는 세상에서 살고 있다. 우리는 이 시대가 직면하고 있는 수많은 문제들을 바라보면서 마틴 루터 킹 목사, 넬슨 만델라, 그리고 조지 마샬 등과 같은 개인적인 삶과 공적인 삶에서 도덕적으로 뛰어난 자질을 보여 준 리더십을 소유한 지도자들을 기대하지만 그런 리더들을 만나기가 쉽지 않다. 오히려 우리는 리더들의 도덕적 해이로 인해 혼란을 겪고 있다. 우리는 정치, 경제, 사회, 문화, 그리고 종교 등 모든 영역에 걸쳐 지도자들의 판단이나 행위를 경험할 때마다 "좋은 지도자의 조건은 무엇인가"라는 질문을 한다. 이 질문은 보다 더 근원적인 측면에서 좋은 지도자의 도덕적, 윤리적 특성과 관계한다.

예수님의 가르침의 중심에는 언제나 우리의 내면의 깨끗함, 순수함, 그리고 진실함이 있다. 예수님이 "마음이 청결한 자"를 말씀하실 때 "청결한"에 사용된 헬라어는 '카타로스'katharos이다. 이 단어는 '카타리조'katharidzo라는 동사에서 파생한 명사인데, "더러움과 죄악을 씻다"라는 뜻이다. 이것은 인간의 내면이 죄로부터 자유로워진다는 뜻으로 심령의 순결함을 말하기도 한다.

마음이 청결하다는 것은 도덕적으로 순결한 삶으로 하나님의 법에 따라 하나님의 마음에 합한 삶을 사는 것을 말한다. 그래서 잠언 기자는 우리가 지켜야 할 가장 중요한 것은 '마음'(청결한 마음. 필자 견해)인데, 그 이유는 생명의 근원이 바로 여기에서 나오기 때문이며(잠언 4:23), 바울은 하나님의 뜻을 진실된 마음으로 행하라고 권면한다(에베소서 6:6).

예수님이 율법학자들과 바리새인들에게 경종을 울린 것도 그들이 진실된 마음으로 하나님의 율법을 따르는 것이 아니라 형식주의에 얽매여 있었기 때문이다. 그들은 외식하는 자였으며 입술로는 하나님을 공경한다고 하지만 마음은 하나님에게서 멀어졌다(마태복음 15:8). 그들의 마음은 "탐욕과 방탕으로 가득" 찼고(마태복음 23:25), "죽은 사람의 뼈와 모든 더러운 것으로 가득" 찼다(마태복음 23:27). 또한 그들은 "겉으로는 사람에게 옳게 보이되 안으로는 외식과 불법이 가득" 찼다(마태복음 23:28).

인간을 부정하게 만드는 것은 무엇인가. 예수님은 우리의 "사악한 마음에서 나오는 것은 악한 생각과 살인과 간음과 음란과 도둑질과 거짓 증언과 비방"인데(마태복음 15:19), 이런 것들이 인간을 부정하게 만든다고 말씀하셨다.

이것은 청결한 마음과는 반대인 불순한 마음이다.

우리가 청결한 마음을 얻기 위해서는 우리의 마음을 감찰하시고 우리의 모든 의도를 알고 계시는 하나님을 알고 그분을 온전한 마음과 기쁜 뜻으로 섬겨야 한다(역대상 28:9). 따라서 다윗은 이렇게 기도한다.

> "하나님이여 나를 살피사 내 마음을 아시며 나를 시험하사 내 뜻을 아옵소서 내게 무슨 악한 행위가 있나 보시고 나를 영원한 길로 인도하소서"(시편 139:23-24).

청결함, 회개, 자기부정

청결함은 인간 내면의 탐욕과 정욕, 그리고 죄악과 부패 등 더럽고 추한 마음이 오염되지 않은 청정해역과 같은 깨끗하고 순수한 마음으로 변하는 것이다. 죄인인 우리가 청결한 심령을 소유할 수 있는 유일한 방법은 회개밖에 없다. 우리는 오직 회개를 통해 하나님의 용서로서의 축복을 받아 청결한 마음을 회복할 수 있다. 다윗의 회개의 기도가 그것을 말한다.

다윗은 밧세바 사건 이후 괴로운 시간을 보냈다. 나단이 다윗을 찾아왔을 때 다윗은 자신의 범죄를 숨기려고 했지만, 하나님의 선지자 앞에서 더 이상 감출 수 없었다. 그는 날마다 회개의 눈물을 흘렸다. 다윗은 자신의 범죄를 회개만 한 것이 아니었다. 그는 참된 회개를 통해 자신의 더럽혀진 심령이 하나님의 은혜로 정결해지길 원했다. 다윗의 기도다.

> "우슬초로 나를 정결하게 하소서 내가 정하리이다 나의 죄를 씻어 주소서 내가 눈보다 희리이다 내게 즐겁고 기쁜 소리를 들려 주시사 주께서 꺾으신 뼈들도 즐거워하게 하소서 주의 얼굴을 내 죄에서 돌이키시고 내 모든 죄악을 지워 주소서 하나님이여 내 속에 정한 마음을 창조하시고 내 안에 정직한 영을 새롭게 하소서"(시편 51:7-10).

히포의 성 어거스틴St. Augustine of Hippo(354-430)은 극도의 영적 갈등을 겪었던 시기에 자신의 정원에서 들려오는 어린 소녀의 말에 이끌리어 서재로 들어가 성경을 펼쳤는데 그의 눈에 사로잡힌 말씀은 로마서 13장 13-14절이었다.

> "낮에와 같이 단정히 행하고 방탕과 술 취하지 말며 음란하거나 호색하지 말며 다투거나 시기하지 말고 오직 주 예수 그리스도로 옷 입고 정욕을 위하여 육신의 일을 도모하지 말라."

어거스틴은 이 말씀에서 그리스도의 놀라운 임재를 경험하고 자신의 부끄러웠던 과거의 삶으로부터 완전히 새롭게 거듭나는 체험을 했다. 변화된 어거스틴은 순결과 절제의 마음으로 그리스도를 위해 사명의 삶을 살았고 기독교 최고의 교부로서 기독교 신학에 지대한 영향을 끼쳤다.

청결한 마음은 우리의 영적 빈곤과 불의함에 대한 자각에서부터 시작된다. 우리의 마음은 영적 교만으로 가득 차 있고, 우리의 심령은 어둠의 그림자로 덮여 있고, 우리의 마음은 탐욕과 허영으로 가득 차 있다. 따라서 하나님 앞에서 우리 자신이 죄인이며 결코 의롭지 못한 존재임을 발견하는 것이 중요하다.

욥은 동방의 의인이었다. 그는 온전하고 정직한 사람으로서 악에서 떠난 자였으며, 하나님을 경외하는 자였다(욥기 1:1-8). 그러나 욥은 자신이 예기치 않은 고난에 직면해서야 비로소 자신이 하나님 앞에서 얼마나 미약한 존재인가를 깨닫게 되었다. 그가 칠 일간의 침묵을 깨고 처음 입을 열었을 때 자신의 태어남을 저주하고 자신에게 어떤 안식도 평안도 없고 오직 불안만이 있다고 불평하면서 자신이 직면한 재난과 잔혹한 고통이 부당하고 억울하다고 항변했다. 그러나 욥은 길고도 긴 고통의 터널을 지나서야 비로소 자신의 눈으로 하나님을 바라보게 되었고 그때 마침내 "티끌과 재 가운서 회개"했다(욥기 42:6).

청결한 마음은 자기부정이다. 자기부정은 자아를 죽이고 자신의 모든 것을 내려놓는 것을 의미한다. 우리의 내면에 담겨 있는 탐욕과 욕심, 그리고 이기심 등을 포기하고 하나님 중심과 그리스도 중심의 삶을 사는 영적 결단이 자기부정이다. 그것은 곧 자기중심주의에서 완전하게 벗어나는 영적 거듭남이다.

예수님은 "누구든지 나를 따라오려거든 자기를 부인하고 자기 십자가를 지고 나를 따를 것이니라"고 말씀하셨다(마가복음 8:34). 십자가는 자기부정을 의미한다. 그리스도인이 십자가를 진다는 것은 자기를 철저하게 내려놓고 자기중심주의에서 완전하게 벗어난 청결한 마음으로 예수 그리스도 중심의 삶을 산다는 것이다.

바울은 "내게는 우리 주 예수 그리스도의 십자가 외에 결코 자랑할 것이 없으니"(갈라디아서 6:14)라고 고백했다. 사도 바울은 철저하게 자기부정의 삶을 살았다. 그는 오직 십자가만을 자랑했으며, 오직 십자가의 삶만을 기뻐했다. 그는 십자가를 자랑하는 열정으로 헌신적인 삶을 살았다. 자기부정을 통해 예수 그리스도 중심의 삶을 사는 사람들은 십자가를 자랑한다. 그들은 청결한 마음을 소유한 사람들이다.

찰스 피니(1792-1875)는 미국의 유명한 변호사였으나 그는 예수 그리스도와의 특별한 만남을 통해 위대한 전도자가 되었다. 젊은 변호사 시절에 피니는 집 근처 숲에 들어가 회심을 체험했다. 그리고 며칠 뒤 자신의 변호사 사무실에서 동일한 체험을 했다. 이것은 피니의 삶을 완전하게 바꿔 놓는 만남이었다.

내 모든 감정이 끓어 올라 분출되는 것 같았다. 내 영혼을 전부 하나님께 쏟아 놓고 싶다는 생각이 들었다. 걷잡을 수 없이 격앙되어 난 사무실 뒷방으로 급히 들어갔다. … 들어가 문을 닫는 순간 주 예수 그리스도를 대면하여 뵙는 것 같았다. … 그분은 아무 말씀도 없으셨지만 그윽히 바라보시는 눈빛에 난 그만 그분 발 앞에 엎드리고 말았다. … 난 그분 발치에 엎드려 내 영혼을 쏟아 놓았다. 어린아이처럼 엉엉 울면서 목멘 소리로 고백했다. 내 눈물로 그분의 발을 다 적신 것 같았다. … 난 성령의 세례를 받았다. 전혀 예상치 못한 일이었다. … 그렇게 성령님은 내 몸과 영혼을 관통하는 것처럼 내게 임하셨다. … 사랑의 물결이 밀려드는 것도 같았다. 그밖에 달리 표현할 길이 없다. 하나님의 호흡 자체 같았다. … 내 마음에 가득 밀려오던 그 놀라운 사랑은 말로 표현할 수 없다. 난 기쁨과 사랑으로 목놓아 울었다. … 그 물결은 쉬지 않고 계속 날 덮쳐 왔다.[52]

그리고 피니는 "이 물결이 저를 덮치면 죽을 것 같습니다. 주님, 더는 견디지 못하겠습니다"라고 부르짖었다. 피니는 죽음이 전혀 두렵지 않았다. 그리스도를 체험한 그날 이후 피니의 삶은 완전히 변화되었다. 그는 영적 체험을 통해 철저하게 자기를 내려놓고 자기를 부정하는 청결한 마음으로 십자가를 졌다. 훗날 그는 19세기 미국 역사상 가장 위대한 전도자 중 한 사람이 되었고, '현대 부흥운동의 아버지'로 불린다.

십자가를 지는 자기부정은 전적인 자기포기로서 자신의 삶을 지배했던 그 어떤 것들에 구속받거나 제한되지 않는 그리고 마음조차 빼앗기지 않는 오직 십자가 중심의 마음으로 자신의 삶을 십자가의 도에 초점을 맞추는 것이다. 그리스도인은 하나님의 소명과 사명에 헌신할 때 자신의 삶을 하나님께 초점을 맞출 수 있다.

하나님께 초점을 맞춘 삶은 자신의 이기심과 욕심, 그리고 지식과 경험, 세상적 성공과 성취감 등 모든 것을 용기 있게 떨쳐 버린다. 그리스도를 깊이 만나는 중심에는 그리스도를 갈망하는 순전한 마음이 있다. 그리스도의 임재는 그리스도인의 영적 삶을 완전하게 바꿔 놓는다. 그리스도를 체험한 리더의 마음은 청결하다. 그는 하나님 앞에서 온전한 삶을 추구한다.

청결함, 리더의 온전함

마음의 청결이란 리더의 완전성을 판단하는 가장 중요한 내적 요소이다. 완전성은 인간의 내면이 깨끗하고 정직한 그리고 흠이 없는 상태로서의 온전함을 말하는데, 리더의 말과 행동, 그리고 생각에서 발견되는 정직, 도덕적이며 윤리적인 그리고 영적인 가치들의 개념을 총칭하는 단어다.

그것은 도덕적 혹은 미적 원리를 고수하는 것으로서 진실하고 정직하고 올곧으며 통전적이며 완전한, 그래서 흠이 없고 더럽히지 않은 상태를 말한다. 다윗은 자신이 완전함(온전하다는 의미)으로 행동하였기 때문에 하나님만 의지할 수 있었음을 고백하면서 하나님께 자신의 뜻과 양심을 단련해달라고 간구했다(시편 26:1-2).

미국의 제34대 대통을 역임한 아이젠하워는 "리더십의 최고의 자질은 의심할 바 없이 온전함이다. 온전함 없이 실제적인 성공을 이룬다는 것은 불가능하다."The supreme quality for leadership is unquestionably integrity. Without it, no real success is possible라고 말했다.

뉴욕 타임즈가 베스트 셀러로 선정한 《Leadership Challenge》의 공동 저자로서 리더십 연구로 유명한 제임스 쿠제스와 베리 포스너는 세계 여러 곳에서 수천 명의 사람들을 인터뷰하고 400개 이상 사례연구를 수행하면서, 리더에게 가장 요구되는 중요한 자질은 온전함이라고 밝혔다. 리더십에 관한 수많은 저서들과 연구 논문들도 공통적으로 지적하는 리더십의 가장 중요한 자질 역시 온전함이다.

성경은 온전함을 "흠이 없다"는 말로 표현하기도 하는데 베드로는 주님의 재림을 기다리는 성도들에게 "주 앞에서 점도 없고 흠도 없이 평강 가운데서 나타나기를 힘쓰라"(베드로후서 3:14)고 권면했다. 온전함과 관련하여 잠언 기자는 "바른 길로 행하는 자는 걸음이 평안하려니와 굽은 길로 행하는 자는 드러나리라"(잠언 10:9), 그리고 "온전하게 행하는 자가 의인"(잠언 20:7)이라고 말한다.

성경에서 말하는 온전함이란 하나님 앞에서 신실하고 정직하고 일관되게, 그리고 악을 멀리하며 공의로운 행위를 실천하는 일체의 모든 삶을 총칭하는 단어다. 이와 같은 온전함을 가장 잘 보여 주는 성경 인물 가운데 대표적인 사람이 사무엘이다.

사무엘상 12장 1-4절에서, 사무엘은 백성이 원하는 대로 사울에게 기름을 부은 후에 그를 이스라엘 왕으로 세우고, 이스라엘 백성들을 향하여 고별연설을 한다. 이 본문에서 우리는 사무엘은 이스라엘 백성 모두가 신뢰하고 인정하고 추종했던 리더였으며, 리더로서 온전함의 자질을 가장 완벽하게 드러낸 인물이었음을 확인할 수 있다. 사무엘은 백성들을 향하여 다음과 같이 말했다.

> "보라 나는 늙어 머리가 희어졌고 내 아들들도 너희와 함께 있느니라 내가 어려서부터 오늘까지 너희 앞에 출입하였거니와 내가 여기 있나니 여호와 앞과 그의 기름 부음을 받은 자 앞에서 내게 대하여 증언하라 내가 누구의 소를 빼앗았느냐 누구의 나귀를 빼앗았느냐 누구를 속였느냐 누구를 압제하였느냐 내 눈을 흐리게 하는 뇌물을 누구의 손에서 받았느냐 그리하였으면 내가 그것을 너희에게 갚으리라"(사무엘상 12:2-3).

사무엘은 지난 수십 년간 이스라엘을 다스리면서 자신의 권력을 이용하여 어느 누구의 재산도 빼앗지 않았고, 어떤 거짓으로 백성을 기만하지도 않았고, 어느 누구도 부당하게 압제하지 않았으며, 자신의 눈과 양심을 가리는 어떤 부정축재도 하지 않았음을 강조하면서, 자신에게 그 어떠한 오점이라도 있다면 백성들에게 모두 갚겠다고 당당하게 말한다. 그러자 사무엘의 증언에 대하여 백성들은 사무엘은 그들을 속이지도 않았고 뇌물을 받지도 않았고 누구에게도 권력을 부당하게 사용하지 않았다고 대답했다. 사무엘의 온전함이 모든 백성들로부터 인정받는 순간이다.

리더의 삶에는 온전함이 드러나야 한다. 그것은 그의 삶 전체를 통해 드러난다. 이것은 리더가 세상의 리더든 크리스천 리더든 모두에게 적용된다. 리더가 사람들로부터 신뢰받을 수 있는 중요한 기준은 온전함이다. 리더가 온전한 사람이라고 판단되면 사람들은 리더에 대한 신뢰감을 갖고 리더를 추종한다. 따라서 리더는 매사에 온전함이 다른 모든 것에 선행된다는 사실을 깊이 인식해야 한다.

리더가 온전함을 보여 주지 못하면 추종자들은 리더로부터 멀어진다. 정치인이 공익보다 사익을 우선하며 부정과 부패에 손과 발을 담그고 도덕적 불감증에 빠지면 파멸한다. 기업주와 CEO가 비자금을 축적하고 탈세하고, 공금을 유용하는 등 정직성을 상실하고 부패하면 종업원들의 마음은 그들로부터 떠난다. 목회자가 양을 먹이고 그들의 상처를 치유하고 영혼을 축복하기보다는 교회 재정을 유용하거나 과도하게 대외적인 활동에만 몰두한다면 성도들은 그를 가까이하지 않는다. 리더의 몰락은 한순간이다.

이처럼 온전함이란 모든 조직과 영역에서 리더십에게 요구되는 가장 중요한 자질이 아닐 수 없다. 온전한 리더가 되기 위해서는 청결한 마음을 지녀야 한다. 리더의 청결함은 절제력과 희생, 도덕적이며 윤리적인 태도, 그리고 인내와 겸손을 보여 준다. 온전함이란 이 모든 것의 총합이다.

청결함, 리더의 도덕적 심장

출애굽기 36-39장에는 모세의 명령에 따라 이스라엘의 성막을 건축하는 이야기가 기록되어 있다. 모세는 하나님의 성막을 건축하기 위해 브살렐을 건축 책임자로 임명했다(출애굽기 31장). 브살렐은 "하나님의 영"이 충만한 축복을 받고 모세가 추천한 또 다른 인물 오홀리압과 함께 이스라엘 역사에서 최초로 가장 위대한 건축을 기획하고 진행했다.

브살렐은 성막 건축 책임자로 탁월한 리더십을 발휘했다. 그는 이스라엘 백성들로부터 성막 건축에 필요한 수많은 자재들을 차고도 넘칠 정도로 공급받았다. 건축 물자가 풍부하면 다른 곳으로 새어나가거나 건축 책임자가 사적으로 유용할 수 있음에도 불구하고 브살렐은 하나님 앞에서 정직하게 모든 물자를 정확하게 파악하여 공급과 수급에 차질이 없도록 하였다. 그는 성막 건축에 동원된 모든 사람들의 재능과 능력에 기초하여 적재적소에 인적 자원을 효율적으로 배치하고 그들을 성막 건축이라는 공통된 목표에 헌신하도록 '영적으로 통합된 한 팀'을 만드는 리더십을 발휘했다.

이스라엘의 성막은 브살렐과 같은 뛰어난 리더십을 지닌 리더에 의해 성공적으로 완성되었다. 그는 모세가 명령하는 대로 한 치의 오차도 없이 정확하게 명령을 수행했다. 성막이 완성되자 모세는 하나님의 명령대로 모든 것이 완벽하게 이루어진 것을 보고 브살렐과 오홀리압을 축복했다(출애굽기 39:43).

브살렐은 하나님의 영이 충만한 사람이었기에 그의 마음은 순결하고 정직했다. 그에게 순결과 정직이라는 청결함이 없었다면 도덕적 해이라는 부패한 마음으로 성막 건설 과정에서 지도부와 중간 관리자들부터 시작해서 하위직에 이르기까지 많은 건축 물자들은 외부로 유출되어 성막 건설은 위기에 봉착하고 이스라엘은 큰 시험에 빠졌을 것이다. 브살렐의 청결함은 그의 리더십의 도덕적 심장이었다.

짐 베커 목사는 매우 성공한 사람이었다. 그는 미국 하나님의 총회 부흥사로서 미국과 전 세계의 1400만이 넘는 가정에서 수신한 기독교방송네트워크PTL와 310만 평 규모의 헤리티지 USA라는 캠프장과 500객실의 규모를 자랑하는 호텔, 선교센터, 그리고 3만 명을 동시에 수용할 수 있는 교회와 컨퍼런스 센터 등을 설립한 인물이다.

짐 베커의 PTL 스캔들은 매우 충격적인 사건이었다. 그는 PTL 선교왕국을 확장하기 위하여 사람들에게 막대한 헌금을 거둬들였다. 그리고 베커는 그 돈을 개인적인 사업에 투자했다. 그는 사람들이 헌금을 보낼 때마다 자신이 설립한 호텔과 테마파크의 무료 숙박권을 제공한다고 약속했지만 한 번도 이행하지 않았다. 그는 하나님의 은혜의 자리에서 벗어난 사기행위를 저질렀다. 베커의 또 다른 비도덕적 행위는 당시 21세였던 교회 여비서 제시카와의 불륜과 양성애 혐의였다.

결국 1987년 5월 6일 하나님의 총회 교단은 짐 베커의 목사직을 박탈했다. 베커는 교단에서 추방되었고, 수백만 달러를 횡령한 죄로 45년 형을 선고받고 연방교도소에서 복역했다.[53] 이 일로 미국의 많은 교회와 목회자들, 그리고 그리스도인들이 상처를 입은 것은 말할 것도 없고, 기독교에 대한 일반인들의 냉소는 더욱 심해졌다.

짐 베커는 모든 것을 잃어버렸다. 물론 그는 감방에서 복역 중에 자신의 삶에 대한 깊은 자기 반성과 묵상을 시간을 갖고 자신이 잘못했고 틀렸다는 고백을 하고 회심했다. 《내가 틀렸었다》*I Was Wrong*(2009)는 자신의 저서에서 베커는 하나님은 우리의 업적으로 감동을 받는 것이 아니라 우리의 삶에서 영적인 열매를 보기 원하신다는 사실을 깊이 깨달았다고 고백했다.

미국 시카고 윌로우크릭교회의 빌 하이벨스 목사는 메가 처치Mega church를 이끌고 있는 세계적으로 유명한 기독교 지도자다. 그는 릭 워렌 목사와 더불어 미국 기독교에 큰 영향을 끼치는 리더였다. 그는 매년 자신의 교회에서 글로벌 리더십 서밋The Global Leadership Summit을 개최했다. 글로벌 리더십 서밋에는 매년 세계적으로 유명한 정치 지도자들과 기업 CEO들 그리고 기독교 지도자들이 연사로 초대되어 전 세계적인 네트워크를 통해 그들의 연설이 생방송 된다. 그는 높은 수준에서 리더십의 영향력을 행사했던 리더였다.

그런데 2018년 4월에 빌 하이벨스는 윌로우크릭 교회의 담임 목사직을 사임했다. 사임 이유는 성추행 의혹이었다. 시카고에서 발행되는 대표적 신문인 〈시카고 트리뷴〉Chicago Tribune은 하이벨스 목사가 윌로우크릭교회의 교인과 14년간 부적절한 관계를 맺어 왔었다는 관계자의 증언을 보도했고, 하이벨스의 성추행 의혹은 이외에도 복수의 여성들에게서 확인되었다. 결국 하이벨스는 교회 담임 목사직에서 물러났고, 교회 성도들과 많은 그리스도인들은 목회자의 부도덕성으로 심각한 상처를 받았다.

크리스천 리더의 도덕적 회복이 시급한 시대다. 리더는 하나님의 거룩하심과 의로우심 앞에서 자신의 연약함과 심령의 가난함, 그리고 애통함의 영성을 회복해야 한다. 리더의 청결함은 심령의 가난함, 애통함, 그리고 온유함이 함께 녹아져 있는, 그리고 그 토대 위에서 경험되는 영적 고결함과 순전함이다. 그것은 리더의 도덕적 심장이다.

리더에게 있어서 특히 청렴성이라는 도덕적 가치는 리더로 하여금 보다 넓게 지지자들에게 다가가는 능력을 한층 강화시킨다. 지도자가 보다 광범위한 지지를 획득하는 능력은 여기에 있으며, 이것은 궁극적으로 통치와 지지의 토대를 구성하여 리더에게 힘을 실어 준다.

리더의 도덕적 가치는 리더의 지고한 목적을 보다 완전하게 실현하기 위해 사회를 변혁하고자 하는 리더십을 위한 힘의 원천이 될 수 있다. 그러므로 지도자는 자신의 도덕적 차원에서 확고하게 드러나는 가치를 중심으로 추종자들을 모으고 그들과의 거래를 초월하는 노력을 기울여야 할 것이다.

리더에게 요구되는 청렴성은 리더의 도덕적 가치의 중심이자 심장이다. 리더십에게 이것이 충족되면 리더의 영향력은 대단할 것이다. 그것은 동시에 도덕적 정당성을 인정받는다. 리더십의 진정한 힘이 여기에 있다.

도덕성의 본이 되는 위대한 크리스천 리더들

조지 마샬 George Marshall(1880–1959)[54]

조지 마샬은 미국 역사에서 가장 성공적인 행정가들 가운데 한 사람이었다. 그는 미국의 대통령을 제외하고 최고의 공직을 거친 지도자였다. 윈스턴 처칠은 그를 제2차 세계대전의 '승리의 설계자'the organizer of victory라고 높이 평가했고, 노벨상 위원회는 그를 '평화의 설계자'the organizer of peace로 불렀다. 미국 시사주간지 〈타임〉지는 1940년부터 1948년까지 모두 여섯 차례에 걸쳐 마샬을 커버 스토리의 주인공으로 실었고, 1944년과 1948년 두 차례에 걸쳐 '올해의 인물'로 선정했다. 특히 1948년에는 전후 유럽 부흥의 주역인 그를 "희망이 필요한 사람들을 위한 희망"이라고 부르면서 그에게 '올해의 인물'의 영예를 안겼다. 마샬은 그가 책임을 맡았던 모든 역할에서, 개인적 덕성, 강한 도덕적 기질, 그리고 영감 있는 리더십을 끊임없이 발휘함으로써 자신의 명예를 높였다.

마샬의 외할아버지는 영국 성공회 목사로서 강력한 노예 해방자였으며, 마샬과 그의 형, 그리고 누나는 신앙 성장 과정에서 외할아버지의 영향을 받았다. 특히 마샬은 십대 시절부터 엄격한 기독교 윤리적 가르침을 받았는데 이것은 훗날 공직자로서 일관된 삶을 살아감에 있어서 그가 매우 높은 수준에서 겸손과 온전함을 유지한 지도자로 평가받는 토대가 되었다.

마샬은 성실성의 전형적인 모델이었고, 투철한 정직성과 명예심을 소유한 사람이었다. 그는 자신을 포함해서 자신과 관련된 어떤 사람에게도 어떤 방식으로든 특혜가 주어지는 것을 좋아하지 않았다. 그는 평생을 엄격한 위계질서가 존중되는 조직에서 성장했기 때문에 지휘 체계의 중요성을 강조했고, 훌륭한 군인으로서 군기와 권위라는 원칙과 인간적 측면을 잘 조화하는 것이 중요하다는 것을 매우 잘 알고 있었다. 마샬은 자신의 이런 모습을 보여 주기 위해 노력했고, 권위에 의해 좌절되거나 위축되지 않으면서도 그것을 존중하는 능력을 직접 보여 줌으로써 신념과 도덕적 자질을 소유한 리더로서 확고한 위치를 차지할 수 있었다.

1939년 9월 1일 독일이 폴란드를 침공하면서 제2차 세계대전이 일어났을 때 마샬은 미 육군 참모총장으로 임명되었다. 1943년 말에 그는 130,000명의 열악한 장비를 갖춘 장병들을 가장 좋은 장비로 무장시켰고, 의회의 반대에도 불구하고 8백만 명의 장병들을 뛰어나게 훈련시켰다. 그는 전쟁의 모든 위험 속에서 통합된 연합군 명령 체계를 지도 관리하고, 전쟁에 참여하면서 가장 짧은 시간 안에 가장 강력한 군대를 조직했다. 리더십의 측면에서 마샬의 업적은 시사주간지 〈타임〉지를 통해서도 잘 알 수 있다. 1943년에 〈타임〉지는 그를 '올해의 인물'로 선정하면서, 그를 상대적으로 짧은 시기에 "두 번째 수준의 군사력을 세계에서 가장 효과적인 군사력으로 전환시켰다"고 높이 평가했다.

제2차 세계대전을 승리로 이끈 마샬에게 주어진 과제는 유럽경제의 재건이었다. 6년간에 걸친 전쟁으로 유럽 전역은 철저하게 파괴되었고, 유럽의 경제는 도저히 회생할 수 없는 상황이었다. 20세기 문명사회의 재난은 남아 있는 자들에게서 찾아볼 수 있는 것은 자포자기와 무기력뿐임을 보여 주었다. 그러나 유럽은 다시 일어서야 했다. 유럽 국가들은 전쟁의 재난을 극복하기 위해 노력했지만 전쟁을 위한 군수산업 위주로 전환했던 경제구조로는 한계가 드러났다. 유럽의 경제구조 회복을 위해서는 천문학적 재원과 긴 시간이 필요했다.

미국은 전쟁이 끝나자마자 유럽의 총체적 위기상황에서 1947년까지 유럽 국가들에게 약 90억 달러의 원조를 제공했지만, 유럽 경제는 회복되지 않았다. 게다가 소련의 팽창주의는 유럽의 민주주의를 위협했다. 미국은 유럽문제를 해결하기 위해 근본적인 처방책을 준비해야만 했다.

1947년 4월 모스크바 외무장관회담이 실패로 끝나자 마샬은 유럽문제를 해결하기 위한 특단의 조치를 취해야만 했다. 그해 6월 하버드 대학 졸업식에서 마샬은 기념비적인 연설을 했는데, 이 연설에서 유럽의 재건에 대한 자신의 비전을 제시했다.

"미국은 세계 경제를 회복시키기 위해 무엇이든 해야만 한다. 그렇게 하지 않으면 어떤 정치적 안정도 평화도 보장받지 못한다. 우리의 정책은 특정 국가나 원칙에 대한 것이 아니라 기아, 빈곤, 절망과 혼돈에 맞춰져 있다. 그것의 목적은 세계경제를 회복시켜 자유로운 체제가 존재할 수 있는 정치사회적 환경을 만드는 것이다."

그리고 마샬은 이 연설에서 유럽의 재건을 위해 모든 유럽 국가들이 적극적으로 참여해야 하며, 미국은 이를 위해 재정원조를 책임지지만 유럽의 통합에 대한 발의는 반드시 유럽에서 나와야 한다는 점을 강조했다.

마샬은 유럽의 재건은 단순한 경제 회복에만 있는 것이 아니라 민주적인 제도들이 활발하게 움직일 수 있는 유럽의 정치사회적 통합을 통해 유럽의 평화를 구축하는 것에 있음을 분명하게 밝혔다. 마샬의 비전은 트루만 대통령의 승인을 받아 '마샬 플랜'Marshall Plan으로 명명되었다.

마샬은 민주주의 제도의 실용성을 믿었던 사람이었다. 그는 자신의 신념과 철학을 바탕으로 유럽의 부흥이라는 계획을 제안하고 그것을 만들었고, 그리고 실행에 옮겼다. 그는 유럽 재건을 통해 자유적이며 민주주의적이고 자본주의적인 세계질서의 유지에 바탕을 두는 유럽의 평화질서 구축을 희망했다. 그리고 그는 이러한 노력을 통해 소련의 팽창주의를 저지하고 유럽의 통합이 단계적으로 이루어지길 원했다. 유럽 재건은 마샬의 리더십으로 성공적으로 이루어졌다.

마샬은 전후 중국에서 공산당과 국민당 사이의 중재 역할, 1947-1948년 국무부 장관, 1947-1948년 유럽 부흥을 위한 마샬플랜 기획과 수행, 한국전쟁 중 국방부 장관 임무 수행, 1948-1949년 미국 적십자사 총재 등 50여 년간 공직 생활을 역임했다. 그러면서 가장 모범적인 군인의 전형을 보여 주었고, 공인으로서 훌륭한 도덕적 자질을 발휘했다.

마샬은 군인으로서, 그리고 정부의 각료로서 책임을 맡았던 모든 자리에서 공인으로서의 높은 수준의 윤리적 태도와 가치, 비전과 사명을 갖고 헌신했던 리더였다. 그는 자신의 내면에서부터 자기 훈련을 통해 도덕적 자질을 함양하고 군인으로서 문민 우위의 헌법 정신에 충성하고 민주주의에 대한 확고한 신념을 소유한 사람이었다.

격동의 시대에 마샬이 보여 준 정직과 청렴의 윤리적 리더십은 오늘날 정치와 군사, 그리고 행정부를 비롯하여, 심지어 기업의 영역에 이르기까지 광범한 영역에서 가장 이상적인 모델을 보여 준다. 마샬의 윤리적 자질들은 리더십이 갖추어야 할 도덕적 속성들을 가장 이상적으로 반영하는 것이었다.

그는 또한 모든 영역에서 크리스천 리더십의 이상적 모델이다.

배민수(1896-1968)

배민수 목사(이하 배민수로 부름)는 한국교회의 역사와 일제 하 독립운동에 큰 발자취를 남긴 인물이다. 그는 자신만의 독특한 사상으로서 이른바 삼애 사상, 즉 "하나님을 사랑하고, 농촌을 사랑하고, 노동을 사랑하자"는 사상으로 농촌운동을 중심으로 기독교적 생활관을 실천하며 하나님께서 그에게 주신 사명에 헌신했다.

배민수는 1896년 1월 충청북도 청주에서 배창근의 독자로 태어났다. 배창근은 의병운동에 적극 참여한 사람으로서 1908년 일본 경찰 2명을 사살한 혐의로 체포되어 수감생활을 하던 중 1909년 서대문 감옥에서 처형당했다. 배민수는 항일운동에 헌신했던 아버지의 영향을 받아 어린 시절부터 기독교 신앙을 바탕으로 한 애국 사상에 고취되었다. 아버지가 세상을 떠난 후 그는 미국 선교사가 경영하는 청남학교에서 공부하면서 봉건적 전통주의 사고에서 벗어난 서구의 기독교적 세계관과 가치관, 그리고 생활관을 배웠다.

배민수의 애국 활동에 대한 사명은 그가 17세에 평양 숭실학교에 진학하면서부터 더욱 강렬하게 형성되었다. 당시 평양은 선교사들이 설립한 숭실학교와 안창호가 세운 대성학교를 중심으로 기독교와 관계된 자본가와 지식인들이 사회운동 세력을 형성하여 문명개화운동, 자강주의 신문화운동, 실력양성운동의 중심지로 부상하여 청소년기의 배민수가 기독교 정신에 기초한

애국 사상을 형성하면서 기독교 청년운동가로 성장하는 데 가장 최적화된 곳이었다.[55]

1907년 미국에서 귀국한 도산 안창호가 반일 국권 회복을 위한 비밀결사 조직인 신민회를 결성하자 배민수는 여기에 적극 가담하였고, 1915년엔 박용만이 이끄는 미국의 '대한국민회'의 조선 지부를 친구들과 함께 비밀리에 결성하여 조직적인 항일운동을 시작했다. 그리고 1917년에 배민수는 고향 청주로 내려와 독립운동을 지원하는 준비를 하던 차에 1918년 1월 일본 경찰에 체포되어 국민회를 조직하고 모의한 혐의로 1년간 감옥 생활을 했다. 그는 이때 부친이 항일운동으로 투옥되어 끝내 처형당했던 사실을 깊이 묵상하면서 출옥 후 보다 나은 조국의 미래를 꿈꾸며 끝까지 일제에 항거하여 투쟁할 것을 다짐했다. 그리고 이 시기에 그는 비타협적이고 급진적 민족주의 운동에 뛰어드는 기독교적 민족의식과 실천관을 더욱 강하게 형성했다.

1919년 2월 배민수가 평양감옥에서 출옥하자 얼마 지나지 않아 3·1 독립운동이 일어났다. 서울에서 독립운동이 일어났다는 소식을 들은 배민수는 성진에서 다른 동지들과 함께 만세시위를 주도하고, 3월 10일에는 그리어슨이 설립한 제동병원 앞에서 수천 명이 참가한 만세시위를 주도하다가 다시 일본 경찰에 체포되어 수감생활을 하게 되었다. 1920년 7월 배민수는 석방되지만 또 다른 사건에 연루되어 다시 옥고를 치렀다. 배민수에게 1910년대는 항일운동 초기에 해당되는 시기였다. 이때 그는 비타협적, 전투적인 방법으로 "말씀의 생활화"[56]를 추구하며 윤리적이고 도덕적인 측면에서 기독교 신앙을 현장에서 실천했다.

1920년 출옥 후 배민수는 상해에 수개월간 머물면서 애국지사들을 만나고 돌아와 분열된 독립운동의 현실을 가슴 아파하면서 자신의 실력을 더 쌓는 게 중요하다는 판단 하에 1923년 숭실전문학교에 입학하여 기독교 복음주의와 실력양성운동에 대한 확신과 비전을 소유하게 되었다. 그가 이런 변화를 경험하게 된 배경에는 무엇보다도 숭실전문학교 재학 중 조만식과의 만남이 큰 영향을 끼쳤다. 당시 조만식은 일본의 압제에서 벗어나는 길은 직접적인 무력, 정치투쟁보다는 경제적, 정신적, 문화적 실력양성이 앞서야 된다는 생각을 갖고 있었다.

배민수에게 조만식과의 교류는 그의 사상 형성에 매우 중요한 계기가 되었고, 자신의 감정적이며 맹목적인 항일운동을 자성하게 되는 결정적 영향을 끼쳤다. 이후 배민수는 조만식과 함께 더 효과적이며 긍정적인 독립운동을 구상하게 되는데, 이것은 훗날 '농촌운동'으로 새롭게 나타났다. 조만식을 통해 비타협적 민족의식을 견지하면서도 간디의 비폭력 무저항주의의 경우처럼 기독교 사회복음운동이 적극적 독립운동이 된다고 확신하고 농촌운동을 통해 부조리한 사회현실, 빈부문제를 극복함으로써 배민수는 기독교 이상을 실현하려고 했다.[57]

배민수는 1928년에 대학을 졸업하고 농촌운동을 통한 장기적 독립운동의 비전을 품고 '조선기독교 농촌연구회'를 조직했다. 물론 조만식은 이 조직의 고문으로 추대되었다. 배민수는 농촌연구회를 중심으로 전국 농촌에 협동조합이나 신용조합과 같은 단체를 결성하고 농촌의 생활환경을 개선하며 농민의 의식화를 추진했다. 그는 농촌개혁을 통해 경제적인 문제가 해결될 때 민족이 독립하게 될 것이라고 믿었다.

   1931년 5월 배민수는 농촌운동의 신학적 정립을 위해 미국 유학길에 올랐다. 그는 시카고의 맥코믹 신학교에 진학하여 사회경제적 문제에 대한 신학적 연구와 해결책 모색에 많은 노력을 기울였다. 이 과정에서 그는 사랑을 실천하는 구체적 방법을 추구하며 하나님의 왕국을 이루려는 야망을 품게 되었다. 그리고 영적 신앙과 사회를 연결하는 하나님 나라 사상을 확립하여 과거 그가 폐쇄적 민족주의에 사로잡혀 있음을 깨닫고 민족의식도 기독교의 보편주의와 결합된 한 차원 높은 단계로 발전하였다.

   1933년 미국에서 귀국한 배민수는 가장 낮은 곳에서 자신이 추구한 기독교적 이상과 윤리적 삶을 실천하기 시작했다. 그는 조선예수교장로회 총회의 농촌부 상설총무가 되어 농촌활동을 본격적으로 추진했다. 전국을 순회하면서 기독교 신앙과 정신자세 확립을 비롯해 예수님의 말씀을 실천하고 그리스도의 사랑을 실현하는 사명에 헌신했다. 이것은 그가 미국에서 품었던 하나님 나라를 삶의 자리에서 이루고자 하는 신학적 실천운동이었다.

   1937년 일본 군국주의는 보다 더 강압적인 탄압정책을 펼쳤다. 이때 신사참배 문제가 대두되었다. 그는 신사참배를 반대했다. 그는 신사참배는 하나님의 계명에 위배되는 것이므로 이를 반대하는 설교를 자주 했다. 배민수는 "내 목을 잘라 죽여도 교인들에게 나는 다른 신들을 섬기지 말라 할 것이오. 동시에 나는 내 머리를 숙여 당신들의 신사에 참배하지 않을 것이고, 할 수도 없소"라고 강조했다.[58]

일본 경찰의 탄압이 심해지자 그는 결국 미국 친구들의 도움을 받아 1938년 미국으로 망명했다. 1941년부터 1943년까지 그는 미국 프린스턴 신학교에서 다시 학문을 쌓으며 이 시기에 이승만 노선에 합류하여 새로운 민족 독립운동에 가담했다. 그리고 민주주의와 자유와 정의와 종교가 중심이 되는 나라로서의 미국에 대한 관념을 형성하고, 민주주의, 자유, 반공, 빈민 구제사상의 틀을 재확인하는 계기를 갖게 되었다.

1948년 해방 후 배민수는 조국으로 돌아와 기독교 농촌운동을 다시 펼쳤다. 그리고 한국전쟁 중 도미하여 미국 전역에서 약 800여 회 순회강연을 하면서 민간 차원에서의 한미관계 형성에 적극적인 역할을 하고, 다시 귀국하여 1953년에 금융조합연합회(현 농협중앙회) 회장에 취임하여 더욱 활발하게 농촌운동을 전개했다. 그러나 그의 농촌발전 계획은 이승만 주변세력의 음모에 휘말려 모든 공직에서 물러남으로써 폐기되고 말았다.

배민수는 평생 예수님의 말씀과 그리스도의 사랑의 실천을 통해 하나님의 나라를 세우고자 하는 사명에 헌신했다. 그는 기독교적 생활신앙을 현실의 삶에서 도덕적이며 윤리적 차원에서 실천하려고 노력했고, 그것을 위해 민족의 고난에 동참하고 농촌운동에 희생적인 헌신을 기울였다. 그는 조만식, 안창호, 그리고 이승만과 함께 노선의 차이를 떠나 공동의 목표를 위해 항일운동에 헌신했으며, 항일운동에 가담했던 많은 사람들이 변절의 길을 걸었음에도 불구하고 그는 일관되게 새로운 방법과 길의 모색을 통해 독립운동을 펼쳤다.

배민수가 한평생 하나님의 사명에 붙들려 오직 한 길만을 걸을 수 있었던 것은 "하나님을 사랑하고, 농촌을 사랑하고, 노동을 사랑하자"는 그의 삼애사상의 힘에서 비롯되었다. 그는 한국과 미국에서 자신이 어느 곳에 있든 일관되게 삼애사상을 강조하고 실천하면서 도덕적이며 윤리적인 삶을 사는 리더로서 자리매김을 확고하게 했다.

배민수가 세상을 떠나자 유가족은 경기도 일산의 5만 6천 평의 땅을 연세대학교에 기증하면서 그는 세상에 그 어떤 것도 남기지 않고 하나님의 품으로 돌아갔다. 배민수는 예수 그리스도의 복음과 사랑으로 하나님의 나라를 확장하는 사명에 헌신한, 그리고 이 시대 그리스도인에게 도덕적으로 선한 영향력을 끼친 리더십의 멘토다.

제리 팔웰[59] Jerry Falwell(1933-2007)

1970년대에 미국의 복음주의 개신교 신자들과 보수주의 가톨릭 신자들을 중심으로 한 기독교 보수주의는 미국의 도덕적 방향에 대해 심각하게 고민과 걱정을 하기 시작했다. 미국 대법원은 공립학교에서 공식기도를 금지하고 낙태를 지지했으며, 포르노그래피에 대한 언론의 자유를 보호했다. 더욱이 전통적인 가족의 개념이 흔들리는 위기가 증폭되는 징후들이 여기저기서 나타나기 시작했다.

청교도 정신으로 세워진 미국이 성경의 가르침과는 다른 방향으로 문화적 변혁이 급속하게 전개되는 미국적 상황에서, 프랜시스 쉐퍼Francis

Schaeffer와 같은 유명한 복음주의 신학자이자 작가는 이러한 결정들에 대해 미국을 기독교 국가로서의 진정한 기원으로부터 변형시키는 "세속적 인본주의자들"에 의한 선거 운동의 결실이라고 신랄하게 비판하며 경고했다. 쉐퍼의 경고는 정치에 관여하기 꺼렸던 복음주의 기독교 지도자들과 기독교인들에게 큰 반향을 불러일으켰다.

이러한 시대적 상황에서 미국의 기독교 보수주의에서 새로운 변화가 일어나기 시작했다. 기독교 보수주의 운동세력이 민감한 정치적 주제들을 전면에 내세우며 보수적인 기독교인들과 교회들의 네트워크를 중심으로 정치에 뛰어들기 시작했다. 이 때 다양한 보수주의 기독교 네트워크 가운데 가장 큰 영향력을 행사하며 전국적인 조직을 이끌었던 크리스천 리더가 제리 팔웰이었다.

팔웰은 버지니아 주 린치버그Lynchburg의 침례교회 목사로서 근본주의 신앙의 소유자였다. 그는 1970년대 이전에는 민권운동가였던 마르틴 루터 킹 목사와 시민 운동가 목사들의 정치 참여와 정치적 행동주의에 대해 비판적이었다. 팔웰의 비판적 입장은 당시 미국 복음주의자들에게 공통된 것이었다.

그러나 미국 사회의 세속적인 표류에 놀란 팔웰은 1975-1976년에 복음주의자들이 지난 200년 동안 했던 것과 같이 미국의 도덕적 갱신을 정치적으로 시도하는 목적에서 전국적인 전도 캠페인을 펼쳤다. 팔웰은 'I Love America' 집회를 개최했고, 그가 설립한 린치버그 침례교 대학Lynchburg Baptist College(현재 Lynchburg University, 세계 최대 기독교 대학)의 대규모 합창단의 애국심을 고양하는 합창을 통해 복음주의 기독교인들에게 커다란 영향을 끼쳤다.

팔웰의 캠페인은 미국 보수주의 싱크탱크인 헤리티지 재단Heritage Foundation의 설립자이자 종교적 보수주의 정치 해설가이자 활동가인 폴 웨이리치Paul Weyrich와 미국 보수주의 기독교 권리 운동가이자 정치 조직가로서 공공정책에 대한 신앙의 선구자였던 에드 맥아터Ed McAteer의 관심을 끌었다. 동시에, 팔웰의 캠페인과 그가 저술한 책들은 미국을 도덕적으로 새롭게 변화시키고 미국이 하나님을 두려워하는 길로 되돌려 놓겠다고 약속했다.

팔웰을 중심으로 한 복음주의 기독교의 정치 운동은 'Moral Majority'('도덕적 다수'. 확고한 도덕 기준을 선호하는 사람들의 대다수를 의미)로 모습을 드러냈다. 팔웰은 보수주의 기독교 교단과 역사의 차이를 넘어 미국의 도덕적 갱신을 위한 연합을 촉구했다. 그는 복음주의 개신교, 보수적인 가톨릭 신자들, 그리고 신보수주의 유대인 사이의 전통적 분열을 해소하고 초월하려는 목적을 갖고 새로운 단체의 이름을 Moral Majority라 지었다.

팔웰은 3명의 가톨릭 신자들인 폴 웨이리치, 리처드 비구어리Richard Viguerie, 테리 도란Terry Dolan과 유대인 하워드 필립스Howard Phillips, 그리고 두 명의 근본주의자 침례교인 에드 맥아터, 로버트 빌링스Robert Billings와 함께 Moral Majority 설립 목표를 구체화했다. 그는 활동 본거지인 린치버그에서 Moral Majority 본부 활동과 회의를 주최했고, 그의 인기 라디오 및 TV쇼와 350여 개 방송국에서 방영된 'Old Time Gospel Hour'를 통해 미국 전역의 시청자들에게 Moral Majority를 널리 알리고 이 운동의 리더로서 자신도 적극적으로 홍보했다. 또한 팔웰은 Moral Majority 보고서를 매월 60만 명이 넘는 사람들에게 우편으로 보냈고, 이를 통해 도덕적으로 무너져 가는 지금의 미국의 해체와 새로운 사회 및 영적 부흥의 필요성을 강조했다.

팔웰의 Moral Majority의 영향력은 1980년대 미국의 신보수주의를 이끌고 미국의 새로운 번영을 누렸던 로널드 레이건 대통령 시대에 더욱 커졌다. 팔웰은 1980년 대통령 선거에서 공화당 후보인 레이건을 지지하면서 미국의 전통적인 기독교인들과 복음주의 기독교인들, 그리고 보수적 가톨릭 신자들을 결집해서 레이건이 압도적으로 민주당 후보인 지미 카터를 꺾고 대통령으로 당선되는 데 크게 기여했다. 팔웰의 Moral Majority는 레이건 대통령이 집권하는 기간 내내 미국 보수주의의 도덕적 방향 설정과 보수주의 정권 유지에 진정한 영향력을 행사했다.

팔웰은 1970년대 미국 사회의 문화적 변혁의 진통 속에서 성경적 원리에 따라 근본주의 신앙인으로서 그리고 목사로서 미국의 도덕적 갱신을 통한 새로운 사회와 영적 부흥을 용기 있게 추진하고 실천했다. 그는 단순히 레이건 대통령의 공화당만을 지지하는 것으로만 머물지 않고 에드 맥아터의 도움을 받아 수많은 근본주의 기독교인들이 정치가로서 시민 생활과 공공정책 분야에서 적극적으로 활동하도록 지원했을 뿐만 아니라 전국에서 수백만 명의 정치적 근본주의자들과 복음주의 기독교인들을 동원해서 도덕적 시민 생활을 촉구하고 공공정책 의사결정 과정에 영향을 끼쳤다.

팔웰의 도덕적 갱신 운동은 오늘날에도 동일한 영향력을 끼치진 못해도 기독교 보주주의자들의 지속적 영향력이 미국의 정책과 공공생활에 반영되고 있는 현실을 부정하지는 못한다. 팔웰이 미국이 진보적인 사고의 영향으로 공공생활에서 기독교의 정신과 도덕적 가치가 무너지는 현실을 극복하고자 도덕적 및 사회적 이슈들에 대해 근본주의 신앙을 바탕으로 새로운 도전을 펼친 것은 결코 작은 성취가 아니다. 그는 보수주의 기독교에서 누구도 감히 도전하지 못했던 일을 시작했다. 그리고 미국의 기독교적 가치의 재발견과 도덕적 갱신을 위하여 보수 정치와 연합하여 새로운 미국을 재건하고자 했던 팔웰의 노력은 20세기 예언자적 선언이자 행동이었다.

1990년대 들어 Moral Majority가 해체되고 그의 영향력도 쇠퇴했지만 팔웰은 정치적이고 도덕적인 변화에 영향을 미치는 독창적인 비전을 제시한 날카로운 도덕주의자였다. 그는 대부분의 근본주의자와 다른 보수 종교 지도자들이 도덕적으로 무너져 가는 미국의 현실과 멀리 떨어져 있을 때 그들을 불러 모아 정치에 영향을 미치는 사람들로 바꾸었다.

팔웰은 믿음과 교리에서 차이가 있어 연합하기가 불가능한 것처럼 보였던 장벽과 편견을 제거하고 그들을 차별화시키는 차이점에 초점을 맞추기보다는 공통의 과제와 이슈들에 초점을 맞춤으로써 하나의 목소리를 낼 수 있도록 리더십을 발휘했다. 민주당 일부와 진보적 가치를 추구하는 진영으로부터 그는 많은 비판과 도전을 받았지만, 보수와 진보를 넘어 진정한 혁신을 이룬 그리고 매우 통찰력 있는 사고로 미국 정치에서 엄청난 영향력을 행사했던 크리스천 리더였다.

제6장 도덕성의 법칙: 청결

함께 생각 나누기

1. 마태복음 5장 8절을 읽고 다음 질문에 대해 생각을 나누자.

   ① 마음이 청결하다는 것은 무엇을 의미하는가?

   ② 마음은 우리가 하나님을 만나는 곳이자 또한 하나님과의 만남을 피하는 곳이다. 잠언 기자는 우리가 지켜야 할 가장 중요한 것은 '마음'이라고 말한다. 그 이유는 무엇인가?(잠언 4:23)

   ③ 우리는 청결한 마음을 얻기 위하여 어떻게 해야 하는가?(역대상 28:9; 시편 139:23-24)

   ④ 죄렌 키에르케고르는 청결한 마음은 오직 한 가지, 즉 하나님에게만 초점을 맞춘다고 말했다. 이것은 무엇을 의미하는가?

2. 욥, 다윗, 그리고 성 어거스틴의 사례를 중심으로 청결한 마음과 회개는 어떤 관계가 있는지 생각을 나누자.

3. 십자가를 지고 예수님을 따른다는 것과 자기부정의 의미는 무엇이며, 이것을 가능하게 하기 위해 청결한 마음이 필요한 이유는 무엇인가?

4. 온전함이란 무엇인가? 리더에게 있어서 온전함이 중요한 이유는 무엇인가? 온전함의 의미와 관련하여 나에게 온전함이 부족하다면 어떤 이유에서인지, 그리고 온전해지기 위해 어떤 노력을 해야 하는지에 대해 생각을 나누자.

함께 생각 나누기

5. 온전함의 성경적 의미는 무엇이며, 사무엘의 온전함의 내용을 분석하고, 그와 같은 온전함이 오늘날 우리에게 중요한 것으로 여겨지는 이유에 대해 구체적으로 생각을 나누자.

6. 출애굽기 36-39장은 이스라엘의 성막 건축을 주제로 다룬다. 성막 건축의 책임을 맡아 일을 진행했던 브살렐의 탁월한 리더십의 배경은 무엇인가?

7. 짐 베커와 빌 하이벨스의 사례에서 크리스천 리더의 도덕적이며 윤리적 특성이 중요한 이유가 무엇이며, 오늘날 교회의 현실에서 리더의 도덕적 회복이 필요한 이유에 대해 구체적으로 생각을 나누자.

8. 조지 마샬, 배민수, 그리고 제리 팔웰의 청결한 마음과 도덕성에 대해 생각을 나누자. 그리고 그들은 크리스천 리더십의 멘토로서 우리에게 어떤 영향을 주는가?

9. 도덕성의 법칙은 나에게 어떤 도전을 주는지 구체적으로 생각을 나누자.

7

피스메이커의 법칙: 화평

"화평하게 하는 자는 복이 있나니"
―마태복음 5:9

평화의 하나님, 화평을 이루시는 그리스도
화평은 십자가의 희생이다
화평을 이룬 성경의 인물들
그리스도인은 화평을 위하여 부르심을 받았다
피스메이커의 본이 되는 위대한 크리스천 리더들

"피스메이커로서 우리는 전쟁과 혼란의 모든 힘에 저항하고, 평화는 생명을 확증한 모든 사람들에게 제공되는 신성한 선물임을 선포해야 한다."
— 헨리 나우웬

평화가 무엇을 의미하는지 그리고 피스메이커가 된다는 것이 무엇을 의미하는가에 대해 성경에는 여러 가지 의미가 있다. 인간의 관점에서 평화는 우리의 삶의 안정과 복지에 깊은 관계가 있다. 그리고 우리가 섬기는 교회와 조직 혹은 공동체의 조화와 안정으로 묘사되기도 한다. 구약성경에서 이스라엘 민족은 평화가 하나님의 선물이라고 믿었다. 이것을 뒷받침하는 대표적인 이야기가 사사기 6장에 나타난다.

이스라엘 사람들이 미디안 사람들로부터 위협을 당하게 되었다. 물론 그들이 위기를 겪는 것은 하나님을 분노하게 했기 때문이다. 미디안 사람들은 이스라엘 사람들의 모든 경제활동을 파괴했다. 이스라엘 백성은 생존의 위협 앞에서 위기감을 느끼고 하나님께 도움을 청했다. 이스라엘 백성이 기드온을 만나는 시점이 놀랍게도 여기였다. 하나님은 권력을 장악한 지도자를 통해 이스라엘을 구원하시지 않고, 이스라엘에 남겨진 가장 젊고 연약하게 느껴지는 기드온을 선택하셨다. 기드온은 주저하고 피했지만 결국 그는 하나님의 부르심에 순종하고 그분의 말씀에 귀를 기울였다.

하나님께서는 기드온과 함께 계실 것이라고 약속하셨고 "너는 안심하라 두려워하지 말라 죽지 아니하리라"(사사기 6:23)고 약속하셨다. 그리고 기드온은 하나님을 위하여 제단을 쌓고 그것을 "여호와 살롬"(사사기 6:24)이라고 불렀다. 이것은 "여호와는 평화다"라는 뜻이다. 기드온은 평화의 하나님과 대면하게 된 것이다. 하나님은 낮은 자 가운데서 가장 낮은 자를 위대한 피스메이커로 세우셨다. 기드온은 이스라엘을 미디안으로부터 구하고 그 땅에 평화를 가져오게 하였다.

이 이야기는 이스라엘 백성이 하나님이 평화의 근원임을 깨닫게 되는 근원적 사건일 뿐만 아니라 하나님께서 우리에게 평화의 수호자, 즉 피스메이커가 되도록 권한을 부여하신다는 중요한 사실을 알려준다. 오늘날 우리가 직면한 갈등의 관계, 조직 내부와 지역사회의 폭력, 빈곤과 기아, 그리고 일체의 사회적 불평등과 인권 등 모든 문제에 대해 하나님은 그리스도인이 피스메이커로 역할을 하도록 부르시고 권한을 부여하시며 기드온의 이야기에서 발견할 수 있는 것처럼 평화, 힘, 그리고 용기에 대한 하나님의 약속을 지키실 것이다.

평화의 하나님, 화평을 이루시는 그리스도

하나님은 평화의 하나님이시다(로마서 16:20; 데살로니가전서 5:23). 평화의 하나님이 다스리는 세계는 평화의 세계이다(누가복음 19:3). 따라서 하나님은 평화주의자이시다. 바울은 다음과 같이 말한다.

> "하나님께서 그리스도 안에 계시사 세상을 자기와 화목하게 하시며 그들의 죄를 그들에게 돌리지 아니하시고…"(고린도후서 5:19).

> "아버지께서는 모든 충만으로 예수 안에 거하게 하시고 그의 십자가의 피로 화평을 이루사 만물 곧 땅에 있는 것들이나 하늘에 있는 것들이 그로 말미암아 자기와 화목하게 되기를 기뻐하심이라"(골로새서 1:19-20).

하나님의 창조질서는 인간의 불순종으로 타락하고 죄가 다스리는 세상으로 변했지만, 하나님은 예수 그리스도 안에 계셔서 불순종과 타락의 죄를 인간에게 돌리지 않고 예수 그리스도의 십자가의 피로 화평을 이루심으로 인간과 세상과의 화목을 이루셨다. 하나님의 구속의 모든 역사 안에서 예수님이 평화를 이루신 것이다.

이사야는 하나님의 평화를 이룰 메시아가 누구인지 이렇게 노래했다.

> "그의 위에 여호와의 영 곧 지혜와 총명의 영이요 모략과 재능의 영이요 지식과 여호와를 경외하는 영이 강림하시리니 그가 여호와를 경외함으로

즐거움을 삼을 것이며 그의 눈에 보이는 대로 심판하지 아니하며 그의 귀에 들리는 대로 판단하지 아니하며 공의로 가난한 자를 심판하며 정직으로 세상의 겸손한 자를 판단할 것이며 그의 입의 막대기로 세상을 치며 그의 입술의 기운으로 악인을 죽일 것이며 공의로 그의 허리띠를 삼으며 성실로 그의 몸의 띠를 삼으리라"(이사야 11:2-5).

평화는 예수 그리스도의 정체성을 드러내는 매우 중요한 개념이다. 화평은 예수님이 이 땅에 오신 목적이 무엇인지 가장 명확하게 설명한다. 이사야의 예언에 의하면, 장차 오실 평화의 왕 그리스도는 "여호와의 영"이 강림하고 "공의"와 "정직"으로 세상을 관계하여 참된 화평을 이루시는 분이다.

"화평하게 하는 자"는 헬라어로 '호이 에이레노포이오이'hoi eirenopoioi로서, 사람과 사람 사이에서 화해와 평화를 가져오는 사람, 즉 평화를 도모하는 사람 혹은 평화 증진을 위해 노력하는 사람을 의미한다. 바울은 예수님이 사람들 사이에서 화평을 이루신 '피스메이커'peacemaker이셨다고 증언한다.

"그는 우리의 화평이신지라 둘로 하나를 만드사 원수 된 것 곧 중간에 막힌 담을 자기 육체로 허시고 법조문으로 된 계명의 율법을 폐하셨으니 이는 이 둘로 자기 안에서 한 새 사람을 지어 화평하게 하시고"(에베소서 2:14-15).

화평의 주체는 하나님이시다. 민수기 6장 22-27절에는 이스라엘 백성들에게 복 주기를 원하시는 하나님의 마음이 나타나 있다. 하나님은 모세에게 대제사장인 아론과 그의 아들들에게 이스라엘 백성들을 축복하라고 명령하셨다.

> "여호와께서 모세에게 말씀하여 이르시되 아론과 그의 아들들에게 말하여 이르기를 너희는 이스라엘 자손을 위하여 이렇게 축복하여 이르되 여호와는 네게 복을 주시고 너를 지키시기를 원하며 여호와는 그의 얼굴을 네게 비추사 은혜 베푸시기를 원하며 여호와는 그 얼굴을 네게로 향하여 드사 평강 주시기를 원하노라 할지니라 하라 그들은 이같이 내 이름으로 이스라엘 자손에게 축복할지니 내가 그들에게 복을 주리라."

예수님은 세상과 다른 평안(화평)을 주신다.

> "평안을 너희에게 끼치노니 곧 나의 평안을 너희에게 주노라"(요한복음 14:27).

예수님이 주시는 평안은 평화의 주인이신 하나님으로부터 오는 평화다. 우리 영혼의 깊은 곳으로부터 마치 생수의 강이 흐르듯 흘러나오는 영적 평안이다.

우리 내면의 모든 불안과 갈등, 그리고 세속적 번뇌를 모두 소멸시키고 우리를 해방시켜 주는 근원적인 영적 평안이다. 예수님이 주시는 평화는 세상이 주는 것과 다르다. 그래서 예수님은 "마음에 근심하지도 말고 두려워하지도 말라"(요한복음 14:27)고 말씀하셨다.

화평은 십자가의 희생이다

화평은 값없이 주어지지 않는다. 화평을 이루기 위해서는 희생이 요구된다. 인류 역사는 평화와 전쟁의 프레임 속에서 진행되어 왔다. 인간은 평화를 위해 전쟁이라는 수단을 선택했고, 전쟁은 평화란 이름 아래에서 수많은 생명을 희생시켰다.

제2차 세계대전 이후 세계 평화를 위해 유엔이 창설되었다. 뉴욕 유엔 본부 앞에 세워진 동상에는 "칼을 쳐서 보습을 만들자"Let us beat swords into plowshares라는 문구가 새겨져 있다. 이사야 2장 4절 말씀을 인용했다. 전쟁 없는 평화의 세계를 만들자는 이상을 표현한 것이다. 그럼에도 불구하고 세계질서는 여전히 불안하고, 많은 나라들이 정치적 평화, 사회경제적 평화, 그리고 각 교회마다 가정마다 평화를 유지하기 위해 노력하지만 참된 평화는 없다. 세상 어느 곳에도 평화는 없다.

인간이 무력을 이용하여 만들고자 하는 평화는 일시적 타협에 의해 전쟁을 잠시 멈추는 것일 뿐 전쟁의 위협과 공포는 여전히 남아 있어 우리를 불안하게 만든다. 평화는 전쟁이라는 물리적 수단을 통한 희생에서 오는 것이 아니다. 전쟁은 자신을 지키기 위한 최후의 수단일 뿐이다. 정치 세력들간의 갈등, 가진 자와 덜 가진 자 사이의 갈등, 공동체 안에서의 갈등, 그리고 가정 안에서의 갈등 등 모든 갈등은 힘으로 억압으로 해결되지 않는다. 오히려 갈등을 더 증폭시키고 문제를 복잡하게 만든다.

사람과 사람 사이의 불안과 갈등을 극복하고 화평을 이루는 길은 자기희생이다. 자기희생 없이는 어떤 화평도 불가능하다. 성경이 가르치는 화평은 자기희생이다. 성경은 자기희생이 참된 화평을 이루는 유일한 길임을 가르친다. 바울은 예수 그리스도의 희생이 참된 화평을 가져왔다는 진리를 이렇게 말한다.

> "그는 우리의 화평이신지라 둘로 하나를 만드사 원수 된 것 곧 중간에 막힌 담을 자기 육체로 허시고 법조문으로 된 계명의 율법을 폐하셨으니 이는 이 둘로 자기 안에서 한 새 사람을 지어 화평하게 하시고 또 십자가로 이 둘을 한 몸으로 하나님과 화목하게 하려 하심이라 원수 된 것을 십자가로 소멸하시고 또 오셔서 먼 데 있는 너희에게 평안을 전하시고 가까운 데 있는 자들에게 평안을 전하셨으니"(에베소서 2:14-17).

예수 그리스도의 희생은 우리에게 화평을 가져다주었다. 우리가 갈등과 불안, 그리고 죄의 권세로부터 참된 자유와 해방으로서의 화평을 얻을 수 있는 것은 예수님의 자기희생 때문이다. 이사야는 "그가 찔림은 우리의 허물 때문이요 그가 상함은 우리의 죄악 때문이라 그가 징계를 받으므로 우리는 평화를 누리고 그가 채찍에 맞으므로 우리는 나음을 받았도다"(이사야 53:5)라고 노래했다.

우리는 정치 세력간의 갈등이 해소되지 않는 것을 날마다 목격한다. 우리는 세대간의 갈등이 더욱 첨예해지는 현실 속에 살고 있다. 우리는 기득권을 가진 자와 뺏고자 하는 사이의 심각한 갈등을 바라보고 있다. 우리는 고

용주와 피고용인 사이의 대결을 바라보고 있다. 우리는 가진 자와 못 가진 자 사이의 불평등 구조가 여전히 해결되지 않는 현실의 갈등을 바라보고 있다. 뿐만 아니라 우리는 교회 공동체 안에서도 대립과 갈등을 경험한다. 우리의 삶의 현장은 언제나 화목과 화평이 없는 불협화음이 지배하고 있다.

서로 대립하고 있는 것들 사이에 화해가 이루어지지 않는다면 참된 화평은 이루어질 수 없다. 진실된 화해는 무엇보다도 하나님과 우리 사이에서 이루어져야 한다. 그래야만 이 화해의 토대 위에서 우리는 이웃과 공동체의 화평을 이룰 수 있다. 하나님과 우리 사이, 우리와 이웃 그리고 공동체 사이의 참된 화해를 이룬 분이 예수 그리스도다. 그분은 십자가의 희생으로 참된 화평을 이루셨다. 우리가 화평을 이루게 하는 자가 되는 길은 그분의 십자가를 지고 그분의 길을 걷는 데 있다. 이것이 그리스도인이 화평의 리더로 사는 길이다.

화평을 이룬 성경의 인물들

아브라함 아브라함의 가족이 조카 롯과 함께 네게브에 정착했다(창세기 13장). 그들은 그곳에서 많은 재산을 축적했다. 아브라함과 롯이 소유한 양과 소가 너무 많아 그들이 정착한 땅은 지속적으로 가축들을 양육하기엔 너무 협소했다. 이 때문에 아브라함과 롯의 종들은 다투기도 했다. 두 가정의 화평을 위해 대책을 세우지 않으면 안 되었다.

어느 날 아브라함이 롯에게 먼저 제안했다. 아브라함은 우리는 가족이니 우리 두 사람뿐만 아니라 종들간에도 분쟁이 있으면 안 되니, "네 앞에 온 땅이 있지 아니하냐 나를 떠나가라 네가 좌하면 나는 우하고 네가 우하면 나는 좌하리라"(창세기 13:9)고 하였다. 여기서 아브라함은 자신이 하나님의 축복을 받은 자이자 어른이기에 먼저 방향을 선택할 명분이 있었지만 조카 롯에게 먼저 선택권을 부여했다.

아브라함은 자신의 욕심을 채우기보다 조카인 롯이 더 많은 유익을 갖도록 사려 깊게 두 사람의 관계를 생각했고, 조카 롯을 배려하는 친절과 온유를 보여 주었다. 아브라함은 하나님의 축복을 받은 사람으로서 모든 것을 먼저 누릴 수 있는 자격이 있었다. 그러나 아브라함은 자신의 축복권을 주장하지 않았다.

아브라함에게 자신의 욕망을 통제하고 롯을 배려하는 온유함이 없었다면 두 사람 사이에는 서로가 유리한 지형을 선택하고자 하는 갈등이 유발될 수 있었을 것이며 두 사람의 갈등은 결국 종들간의 분쟁으로 이어져 더 많은 피해를 입었을 것이다. 아브라함의 온유함이 갈등과 분쟁을 사전에 막고 롯과 화평의 관계를 만든 것이다.

에서와 야곱 창세기 33장은 에서와 야곱의 화해를 전한다. 야곱은 에서로부터 팥죽 한 그릇으로 장자권의 축복을 가져온 사건 때문에 형 에서의 보복이 두려워 이삭과 리브가의 권유로 외삼촌 라반의 집으로 피신했다가 20년 만에 고향으로 돌아온다. 야곱은 두 아내와 열두 아들, 그리고 종들과 가축 떼를 이끌고 라반의 집을 떠났다. 그가 고향에 거의 다다랐을 때 에서가 400명의 무리를 데리고 야곱에게 오고 있다는 소식을 듣고 매우 두려워했다.

야곱이 에서의 무리들과 마주했다. 그는 형 에서에게 가까이 나와 일곱 번 무릎을 꿇고 땅에 엎드려 절을 했다. 야곱의 행위는 지난날 형을 속인 일에 대한 회개와 용서를 구하는 행위였다. 동생의 뜻밖의 행동을 바라보면서 에서는 당황했을 것이며, 또한 지난 20년간 장자권의 축복을 빼앗긴 분노를 삭였을 것이다. 에서는 일곱 번 절을 하고 일어서는 야곱에게로 다가가서 그를 껴안고 얼굴을 부비며 야곱과 입술을 맞춘다. 두 형제는 서로 부둥켜안고 뜨거운 화해의 눈물을 흘렸다.

야곱은 형과의 화해를 위해 자신을 내려놓았다. 에서는 야곱의 용서를 구하는 행위를 수용하고 야곱을 포용하면서 두 형제의 극적인 화해가 이루어졌고, 에서는 야곱의 가족들과 화평을 이룬다. 에서와 야곱의 화해에서 참된 화평은 회개와 용서를 통해 이루어짐을 발견할 수 있다.

다윗과 아브넬(사무엘하 3장) 다윗은 피스메이커였다. 그는 사울에게 쫓기면서 죽음의 고비를 여러 차례 넘기는 고난과 역경 가운데서도 하나님의 화평을 기도했다. 다윗이 화평의 관계를 추구하는 대표적인 두 가지 예를 소개한다. 첫 번째는 아브넬과의 관계다. 아브넬은 이스라엘의 지도자였으며 사울의 충신이었다. 그는 사울이 다윗을 추격할 때 3천 명의 군사를 이끌고 출정하기도 했다. 뿐만 아니라 아브넬은 사울이 죽은 후에 사울의 아들 이스보셋을 마하나임으로 데리고 가서 이스라엘의 왕으로 세워 권력을 좌지우지

하였다. 다윗의 입장에서 보면 아브넬은 대적자 중의 대적자였다.

어느 날 아브넬이 다윗에게 귀순하였다. 다윗은 그를 위해 큰 잔치를 베풀었다. 그러나 요압은 아브넬이 과분한 대접을 받는 것을 못마땅하게 여겼고 그를 위장한 첩자로 오해했다. 요압은 잔치를 마치고 돌아가는 아브넬을 헤브론의 성문 안에서 살해했다. 뒤늦게 이 소식을 전해 들은 다윗은 매우 격분했을 뿐만 아니라 아브넬의 죽음을 진심으로 애도하며 백성들에게 그의 죽음은 자신의 뜻과는 전혀 다르다는 것을 알리고 훗날 솔로몬에게 아브넬의 원수를 갚을 것을 유언으로 남겼다(사무엘하 3:6-39; 열왕기상 2:5-6).

다윗과 므비보셋(사무엘하 9장) 다윗이 화평의 관계를 추구했던 두 번째 이야기는 므비보셋과의 관계이다. 사울의 죽음으로 사울 시대는 막을 내렸다. 그리고 사울의 아들 요나단도 죽었다. 요나단은 다윗을 자기 생명과도 같이 사랑하며 언약을 맺은 사람이다. 다윗이 통일왕국의 왕이 되자 가장 먼저 한 일은 사울의 가문 가운데 살아남은 사람을 찾는 것이었다. 다윗이 사울의 후손을 찾는 것은 그의 아들 요나단과의 우정 때문이었다. 다윗은 그들에게 은혜 베풀기를 원했다(사무엘하 9:1) .

그때 사울의 종 시바가 요나단의 아들 므비보셋이 살아 있다고 알려주었다. 시바가 다윗에게 므비보셋이 다리를 저는 자라고 말하자, 다윗은 므비보셋을 궁궐로 불러들였다. 그리고 다윗은 므비보셋에게 할아버지 사울이 소유했던 모든 땅을 다 돌려주고 궁궐에서 살도록 허락했다.

아브넬과 므비보셋 사건을 통해 다윗이 얼마나 대적들과도 화평을 이루기 위해 노력했는가를 알 수 있다. 화평케 하는 행위는 대적의 관계를 넘어서는 용기 있는 행동이며 참된 평화의 관계를 만드는 위대한 행동이다.

다윗이 아브넬의 죽음을 애도하고 자신의 뜻이 아님을 밝히고 그의 원한을 갚아주길 유언한 것과 므비보셋에게 사울의 전 재산을 돌려주고 그를 궁궐에서 살도록 허락한 결정은, 다윗의 마음 중심에는 참된 화해를 통해 화평과 통합을 구현하고자 하는 의지가 강하게 자리하고 있었음을 말해 준다.

아비가일 사무엘이 죽은 후에 다윗은 바란 광야로 가서 부하들과 진을 치고 지내며, 그 기간 동안 부유한 나발의 목동들이 안전하게 일을 하도록 보호했다. 다윗은 부하들을 나발에게 보내 나발의 목동들과 양들이 위험을 당하지 않도록 보호해 주었으니 그에 상응하는 약간의 대가를 요구했다(사무엘상 25:1-9). 그러나 나발은 다윗의 요구를 묵살했고, 심지어 다윗을 비방하고 그를 모른다고 부인했다(사무엘상 25:10-11).

다윗은 분노했다. 그는 나발과 그 집안 모든 남자들을 죽이겠다고 결심하고 자신의 부하 400명을 무장시켰다. 다윗의 분노는 나발과의 갈등을 더욱 심각하게 만들었다. 다윗과 나발, 두 사람의 갈등은 피비린내 나는 살상이 아니고는 해결될 수 없었다.

이때 두 사람 사이에 갈등의 중재자로 나발의 아내 아비가일이 나섰다. 그녀는 매우 지혜로웠다. 아비가일은 나발이 모르게 다윗과 그의 부하들을 위해 음식을 준비해서 다윗에게 사과하러 갔다. 다윗을 만난 자리에서 아비가일은 다윗에게 하나님께서 그를 곧 왕으로 세워 사용하실 것임을 환기시키면서 훗날 왕이 되었을 때 이처럼 피를 부른 사건이 두고두고 죄로 남아 왕의 허물이 될 것이라고 충언했다.

아비가일의 용기와 지혜로운 말은 다윗의 마음을 다스렸고 다윗은 아비가일의 말에 감동을 받고 나발의 모든 남자들을 죽이려는 계획을 포기했다(사무엘상 25:18-31). 그리고 자칫 돌이킬 수 없는 참상을 불러올 수도 있었던 자신의 무모한 계획을 실행하지 않도록 해준 아비가일을 칭찬하고 축복했다(사무엘상 25:32-35).

다윗과 나발의 갈등에 적극적으로 개입하여 화평을 이룬 아비가일의 지혜와 용기가 돋보인다. 아비가일의 입장에서 자신의 개입은 생명을 담보하는 것이었다. 참된 화평을 이루는 자에게는 생명도 아끼지 않는 희생의 각오가 뒤따른다.

느헤미야 느헤미야는 무너진 예루살렘 성벽을 재건하는 위대한 사역 앞에서 많은 난관에 부딪혔다. 그 가운데 가장 힘든 일은 반대 세력의 존재와 방해 공작이었다. 성벽 재건을 방해하는 세력의 리더는 산발랏이었다. 산발랏은 처음에 유다 백성의 두려움을 이용하는 심리전을 펼쳤고(느헤미야 4:2-3) 그 다음엔 연합전선을 구축해서 무장공격을 감행했다(느헤미야 4:7-12). 뿐만 아니라 암살 음모를 꾸미기도 하고(느헤미야 6:1-3) 가장 흔한 수법인 중상모략(느헤미야 6:5-6)과 뇌물 매수를 통한 거짓 예언(느헤미야 6:12-13) 등 다양한 수법을 동원해서 마지막까지 성벽 재건을 방해했다.

느헤미야는 성벽 재건 과정에서 내우외환에 직면했다. 느헤미야는 산발랏의 반대와 공작 그리고 위협에 물리적으로 대응하지 않았다. 아마도 그가 총독의 권한으로 무력으로 반대 세력을 진압하거나 대응을 했다면 예루살렘은 더 큰 혼란에 빠져들어 예루살렘 성벽 재건 작업은 위기에 봉착해서 평화롭게 진행되기 어려웠을 것이다.

느헤미야가 이러한 위기를 극복하고 내부적 단합으로 성벽 재건을 완성할 수 있었던 힘은 그의 믿음이었다. 그는 백성들에게 이 일을 도우시는 하나님만 바라보라고 독려했고, 이 일은 하나님이 기뻐하시는 일이며 하나님이 도우신다는 믿음으로 흔들리지 않고 담대하게 나아가는 리더십을 발휘했다. 느헤미야는 예루살렘의 총독이었지만 총독의 녹을 받지도 않았고 백성을 통치하려고 하지도 않았다. 그는 정당한 권리도 요구하지 않고 자신의 기득권을 다 내려놓았다. 그는 현지 지도자들과 동일한 조건에서 함께 식탁을 나누고 그들과의 관계성을 유지했다.

예루살렘 성벽 재건은 하나님이 도우신다는 굳건한 믿음을 토대로 느헤미야의 현지화 전략과 자신의 기득권을 포기한 희생을 통해 형성된 주변 세력들과의 화해와 평등의 정신이 만든 작품이다. 느헤미야는 서로 다른 이해관계와 세력 균형을 유지하고, 반대하는 세력들의 포용과 화해를 통해 예루살렘 성벽을 재건함으로써 예루살렘의 화평을 이룰 수 있었다.

바나바 바울에게는 어려움이 있었다. 바울은 예수님의 제자들과 교류가 없었다. 그는 스스로 예수 그리스도의 사도로 부르심을 받은 존재임을 인식했다. 그는 제자들과 어떤 교류도 없이 성령의 인도하심을 따라 예수 그리스도의 복음을 전파했다.

바울은 제자들과 교류하길 원했다. 그런데 바울에겐 큰 고민이 있었다. 스데반 집사가 자기 앞에서 돌에 맞아 순교한 것뿐만 아니라 예수님의 제자들이 자신이 제자 됨을 믿지 않을 것이라는 두려움이 있었다. 이런 바울을 제자들에게 데리고 가서 그가 다메섹에서 예수 그리스도를 만난 사건과 이후의 삶의 궤적들을 소개하고 복음을 증거한 일들을 보고하도록 중재자 역할을 한 사람이 바로 바나바였다(사도행전 9:19-31).

바울은 바나바의 중재로 자신의 내면에 깊이 내재했던 근심과 갈등을 해소할 수 있었고, 바나바에 의해 제자들에게 믿을 만한 사람으로 소개되고 예루살렘 공동체에 받아들여질 수 있었다. 바나바의 피스메이커 역할로 갈등과 문제는 해결되고 바울은 성령의 능력 안에서 더욱 담대하게 그리스도의 복음 전파의 역사를 펼쳐갔다.

그리스도인은 화평을 위해 부름을 받았다

바울은 고린도후서 5장 18-20절에서 다음과 같이 강조한다.

"모든 것이 하나님께로서 났으며 그가 그리스도로 말미암아 우리를 자기와 화목하게 하시고 또 우리에게 화목하게 하는 직분을 주셨으니 곧 하나님께서 그리스도 안에 계시사 세상을 자기와 화목하게 하시며 그들의 죄를 그들에게 돌리지 아니하시고 화목하게 하는 말씀을 우리에게 부탁하셨느니라 그러므로 우리가 그리스도를 대신하여 사신이 되어 하나님이 우리를 통하여 너희를 권면하시는 것같이 그리스도를 대신하여 간청하노니 너희는 하나님과 화목하라."

바울은 여기서 그리스도인은 하나님으로부터 "화목하게 하는 직책"을 받았고, "화목하게 하는 말씀"을 전하라는 부탁을 받은 사람들이라고 강조한다. 바울의 말은, 그리스도인은 갈등과 분열 혹은 서로 다른 것들의 대립으로 움직이고 있는 세상에서 인종과 문화 그리고 언어의 차이를 넘어 "그리스도의 사신"이 되어 하나님과 인간, 그리고 인간과 인간 사이의 화해를 유지하고 화평하게 하는 피스메이커가 되도록 부르심을 받았다는 것이다.

그리스도인이 피스메이커가 되어야 한다는 것은 예수 그리스도께서 인류의 죄를 대속한 화해자로서의 삶을 사셨기 때문이다. 그분은 우리 사이의 막힌 담을 허물고 그리스도 안에서 하나가 되도록 하셨다. 하나님과 인간 사이에서, 그리고 세상 사이에서 예수 그리스도의 십자가로 화평을 이루셨다. 그리스도인이 피스메이커로서 부르심을 받고 사명의 삶을 사는 것은 너무나 당연한 것이다.

예수 그리스도의 복음은 평화 그 자체이다. 복음은 평화를 선포한다. 그래서 이사야는 "좋은 소식을 전하며 평화를 공포하며 복된 좋은 소식을 가져오며 구원을 공포하며 시온을 향하여 이르기를 네 하나님이 통치하신다 하는 자의 산을 넘는 발이 어찌 그리 아름다운가"(이사야 52:7)라고 선포했다. 복음이 평화를 선포하기에 복음을 전하기 위해 산을 넘는 자의 발도 매우 아름다운 것이다.

복음을 선포하는 그리스도인은 피스메이커이다. 우리는 평화의 복음으로 교회 공동체 안에서, 그리고 하나님과 이웃과 세상과 화평해진다. 평화의 복음은 인종과 문화의 차이를 넘어서서 그리스도 안에서 연합을 이루게 하고, 이념의 장벽을 넘어 민족이 하나 되게 한다. 그리스도인은 복음으로 세상의 모든 차이를 넘어서는 화평의 리더가 되어야 한다.

피스메이커의 본이 되는 위대한 크리스천 리더들

우드로 윌슨 Woodrow Wilson(1856-1924)[60]

윌슨은 1856년 12월 28일 버지니아 스탠톤에서 태어났다. 아버지는 유명한 장로교 목사이자 노예제 옹호론자였으며, 그의 어머니는 영국 출신으로서 스코틀랜드 장로교 전통에서 자랐다. 윌슨이 태어나기 전 그의 아버지는 1851년에 조지아 주 오거스타로 이사한 후 남부연합 Confederacy에 동참했다. 윌슨의 아버지는 자신의 교회에서 노예제도 폐지를 반대하는 설교를 자주 했으며, 시민전쟁 기간 중에는 교회에서 죽어 가는 군인들과 부상으로 고통당하는 군인들을 적극적으로 돌보았다. 그는 전쟁 기간 중 남부연합군의 채플린을 지내기도 했다.

윌슨은 시민전쟁 시기에 어린 시절을 보냈다. 어린 시절 전쟁에 대한 경험은 훗날 그의 평화 사상을 형성하는 데 영향을 미쳤다. 1860년 11월 그의 네 번째 생일날에 그는 링컨 대통령에 대한 기억을 갖고 있었다. 그의 기억에 의하면, 그때 윌슨은 조지아 주 오거스타의 집 문 앞에서, 아버지가 링컨이 대통령에 당선되었는데 곧 전쟁이 일어날 것 같다고 말하는 것을 들었다. 그때 아버지의 음성은 매우 흥분되어 있었는데, 윌슨은 아버지에게 그것이 무엇을 의미하는 것이냐고 묻기 위해 달려갔었다고 회상했다.

시민전쟁이 일어나자 윌슨의 가족은 남부 지역 여러 곳에 있는 시설들을 도왔다. 아버지의 교회는 남부연합군의 군인들을 치료하는 병원으로 바뀌었다. 어린아이 윌슨에게 자신의 눈앞에서 펼쳐진 군인들의 참상은 어떤 말로 형언하기 어려운 인간의 비참한 모습이었을 것이다. 그는 시민전쟁으로 큰 충격을 받았다.

어린 소년 윌슨에게 전쟁은 훗날 세계 역사를 바꿀 수 있다는 생각에 영향을 미쳤을 것이다. 소년 윌슨의 렌즈를 통해서 바라본 전쟁의 참상은 훗날 그가 대통령이 되었을 때 미국 역사와 외교정책에 매우 중요한 관점을 제공했다. 윌슨에게 시민전쟁의 경험은 그의 인생을 통해 추구했던 국가적 화해와 통합, 그리고 그의 외교정책의 근본인 도덕적 원리를 끌어냈다. 윌슨의 도덕주의와 평화주의는 미국을 잔인한 싸움의 도가니 속으로 몰고 갔던 시민

전쟁에 대한 그의 어린 시절의 경험을 근거로 그로 하여금 이러한 비전으로 움직이게 했다.

윌슨의 도덕주의는 제1차 세계대전 이후 세계 평화 질서를 구축하기 위해 그에게 국제연맹의 창설을 이끌도록 했다. 그는 국제연맹에 대한 그의 사상을 통해, 미국은 보다 더 위대한 일을 위해 투쟁해야 한다고 믿었다. 윌슨은 제1차 세계대전은 민주주의로 세계를 안전하게 만들기 위하여, 그리고 국제 사회에서 전쟁을 종식시키고 영구적인 평화 질서를 보장하는 국제연맹을 위해 싸워야만 하는 것으로 생각했다.

1918년 1월 8일 윌슨은 미 의회에서 강대국과 약소국 모두의 영토 보존과 정치적 독립의 보장을 돕는 것을 목적으로 하는 조직으로서 "정복 없는 평화"와 "대등한 국가들 사이에서의 평화"라는 국제연합의 사상을 포함하여 그의 유명한 '14개 조항'Fourteen Points을 발표했다.

윌슨의 '14개 조항'은 전쟁을 종식하고 모든 나라들의 공정한 평화를 목적하는 수단으로 구성되었다. 윌슨은 이 연설에서 공개적인 평화협약, 평시나 전시를 막론하고 공해상에서의 항해 자유, 경제적 장벽 철폐, 군비 축소, 민족자결의 원칙, 유럽의 영토 복구와 재건, 그리고 강대국과 약소국의 정치적 독립과 영토 보전의 상호보장 등을 발표했다.

그는 연설을 마치면서 자신의 14개 조항은 확실하게 어떤 의혹이나 의문도 인정할 수 없을 만큼 구체적인 용어들이라고 확신했다. 특히, 마지막 14번째 조항은 정치적 독립과 영토 보존의 상호보장을 강대국과 약소국 모두에게 동일하게 적용하는 것을 목적으로 하는 특별한 계약 아래서 전반적인 국가연맹을 제안하는 것이었다. 이 조항은 윌슨이 세계 평화 질서 구축의 도덕적 원리를 밝히는 것이었다.

윌슨은 전후 유럽의 복구와 평화협상을 위하여 파리에서 6개월을 보냈다. 미국의 공화당은 "승리 없는 평화"를 지속적으로 비판했다. 그러나 그는 자신이 천명한 '14개 조항'에 근거한 협정이 이루어지도록 쉬지 않고 수고했다. 그의 가장 중요한 목표는 국제연맹League of Nations의 창설이었다. 그것은 윌슨에게 있어서 세계의 도덕적 힘을 조직하는 것이었다. 마침내 국제연맹 헌장은 베르사이유 평화조약에 포함되었다. 전후 유럽의 복구와 세계 평화 질서 구축을 위한 윌슨의 열정과 헌신은 세계 평화가 세계의 희망임을 세계에 알려 주는 것이었으며, 이는 엄격한 도덕적 원리에 기초하고 있음을 보여 주는 것이었다. 이 일로 윌슨은 1919년 노벨 평화상을 수상했다.

국제연맹은 제1차 세계대전의 결론으로서 윌슨의 가장 중요한 외교정책 목표였다. 그는 세계 평화 질서를 구축하기 위하여 많은 나라들이 연합한다면, 미래의 세계에 또 다른 큰 전쟁의 기회가 줄어들 것이라고 믿었다. 집단 안보에 근거한 세계에 대한 그의 도덕적 비전은 국가 간 연합 조직의 창설이라는 결과를 이끌었다.

우드로 윌슨은 역대 미국 대통령들 가운데 가장 대중적으로 인식되어 있는 지도자가 아닐 수 있다. 그러나 그의 대통령직은 미래 대통령들의 모델이었다. 그의 대통령직은 미국인들의 불확실한 시대에서 수행되었다. 윌슨의 외교적 이상주의와 반대편인 현실주의에 서 있던 헨리 키신저는 "윌슨은 자신의 시대에서 미국의 역사를 근본적으로 바꾸는 보기 드문 지도자들 가운데 한 사람으로서 미국의 분수령이었다"라고 평했다.

윌슨은 엄격한 도덕주의자였다. 그는 전후 평화 질서 구축을 위해 국제연맹의 창설을 이끌었고, 민족자결주의를 주창했다. 그는 국제관계가 도덕과 정의의 원칙에 근거하여 지배되길 원했다. 국가 간 무력보다는 평화적인 방법에 의해 분쟁이 해결되고, 주권과 영토의 존중을 주창했다. 그의 민족자결주의는 훗날 제2차 세계대전 후 약소국들의 독립에 영향을 끼쳤고, 유엔헌장에도 반영되었다.

전쟁 없는 국제질서를 구축하여 평화적인 세계를 구축하고자 했던 우드로 윌슨은 매우 훌륭한 리더십을 발휘했다. 그는 갈등과 분쟁을 넘어 화해와 화평의 공간을 창조하는 피스메이커였다. 그는 자신의 리더십의 기초를 도덕적이며 윤리적인 것으로 삼았던 크리스천 리더였다. 그의 윤리적 리더십은 오늘날 갈등하는 세계에 여전히 영향력을 행사한다. 윌슨은 다음과 같은 말을 남겼다.

"거부할 수 없는 것이 도덕적 힘이다. 세계를 억누르기 위한 노력을 무력화시킨 물리적 힘처럼 강한 것이 도덕적 힘이다."

존 모트 John R. Mott(1865-1955)[61]

모트는 뉴욕 리빙스턴 매너Livingston Manor에서 태어났다. 그의 가족은 아이오와 주 포스트 빌로 이사를 갔는데, 아버지는 목재 상인이 되어 첫 번째 시장으로 선출되었다. 그는 경건한 감리교 신자의 집안에서 성장했다.

모트는 자신의 미래를 법조계나 아버지의 목재사업을 이어받는 것으로 설계하고 있었다. 그러나 코넬 대학교 재학 시절 복음주의의 영향을 받고 변화된 후 중국 선교사로 섬겼던 허드슨 테일러와 함께 일하는 스터드CT Studd와 개인적인 대화를 나누던 중 모트는 위대한 일을 찾지 말고 먼저 하나님의 나라를 구하라는 스터드의 권고에 깊은 감명을 받았다. 그리고 얼마 후 매사추세츠 헐몬산에서 있었던 무디Dwight L. Moody의 여름 컨퍼런스에서 영감을 받아 처음으로 "하나님께서 허락하신다면, 해외 선교사가 되는 것이 나의 목적입니다"라고 헌신을 다짐했다.

그러나 모트의 운명은 해외 선교에 있는 것이 아니라 대학생들에게 복음을 전하고 그들에게 다른 선교사역에 영감을 불어넣는 데 있었다. 그는 이미 코넬 대학교의 YMCA 지부 회장을 맡고 있었기 때문에 졸업 후 1888년에 복음주의적인 YMCA 본부의 대학 담당 비서관이 되었다. 그해에 모트는 YMCA와 YWCA를 중심으로 복음주의 해외 학생선교 단체인 SVM(Student Volunteer Movement for Foreign Missions)을 조직하는 일을 도왔다.

모트는 그 사명에 헌신한 감리교도 평신도, 학생 지도자, 국제 교회 지도자였다. 그는 YMCA에서 대학 담당 비서관(1888-1915)과 사무총장(1915-1928)으로서 44년간 봉사 활동을 펼쳤다. 연속적인 SVM 컨퍼런스에서 그의 열정적인 연설, 카리스마, 복음주의적 열정, 그리고 "이 세대에서 세계복음화"를 향한 부르심의 결과로 1951년까지 무려 2만 명이 넘는 선교 지원자들을 현장으로 보냈다.

모트가 대학생들에게 그의 세대에 가장 유명한 전도자가 된 것은 복음적인 열정 때문이었다. 모트는 크리스천 학생들이 하나님을 향해 세상을 움직일 수 있는 힘이 된다고 믿었다. 그는 1895년에 스웨덴의 칼 프라이Karl Fries 와 함께 세계학생기독교연맹World's Student Christian Federation(WSCF)을 결성하여 사무총장(1895-1920)과 회장(1920-1928)을 맡아 이끌었다. 모트는 YMCA, SVM 및 WSCF를 대신하여 세계를 돌아다녔는데 이 여행은 정교회와 개신교 간의 최초의 에큐메니칼 연계와 전쟁에 참전했던 국가들의 크리스천들 간의 화해를 비롯해 국가적 협의체 형성을 자극했다.

북미 대외 선교대회(1893)의 창립자 중 한 사람인 모트는 1910년 영국 에딘버러에서 열린 세계 선교사 대회 회장으로 섬기면서 대회 계획과 계속위원회를 이끌었다. 그는 1915년부터 1928년까지 YMCA 국제위원회 사무총장을, 1926년부터 1937년까지 YMCA 세계위원회 총재를 역임했다.

1912년과 1913년에 그는 학생, 청년, 교회의 전국 연합체 형성을 자극하고 중국과 인도에서 대규모 복음화 운동을 실시하기 위해 지구를 돌았다. 그는 1914년 뉴욕시에 선교사 도서관 설립에 도움을 주었다. 1921년 그는 올드햄 J.H. Oldham과 팀을 이루어 국제선교협의회International Missionary Council(IMC)

를 설립하여 회장(1928-1946)으로 섬겼다. 모트는 IMC를 통해 선교에 대한 국제 협력을 증진하고 에큐메니칼 운동의 규범이 된 동서양 교회들에서 대표적인 지도력의 모범을 발전시켰다.

모트는 세계 평화와 정의 문제에 관한 기독교가 국제적으로 증인이 되어 활동하는 가치의 중요성을 발견했다. 그의 리더십 하에서, IMC와 YMCA는 정부와 다양한 파트너십을 창조적으로 협력했다. 모트는 YMCA 회장을 역임하면서 National War Work Council 사무총장을 맡아 1915년에 군대와 수감자들에게 구호 활동과 봉사 활동을 위해 2만 명의 남녀를 입대시켰다.

제1차 세계대전이 시작되었을 때, 모트는 자신의 리더십 하에서, 다양한 자원을 활용하여 전쟁 포로 상태를 개선하고 불우한 사람들에게 인도적 지원을 제공하며, 전쟁이 끝난 후 평범한 삶으로 돌아갈 준비를 하는 사람들을 지원하는 구제프로그램을 만들어 이를 지원하기 위해 유럽 등지를 돌아다니면서 약 2억 5천만 달러의 기부금을 가져왔다.

그는 윌슨 대통령의 중국 대사 제안을 이미 거절했지만, 1916년 멕시코위원회 멤버로, 1917년에는 러시아 특별 외교 사절단 멤버로 봉사한 공로로 윌슨 대통령으로부터 미국공로상American Distinguished Service award을 수상했다. 그리고 1946년에는 노벨 평화상을 수상했다. 모트는 국제적으로 영향력 있는 위대한 정치 지도자는 아니었다. 그는 평신도로서 복음에 열정을 지닌, 그리고 복음으로 세계 평화를 이루고자 하는 사명을 지닌 국제 크리스천 피스메이커였다. 노벨위원회는 평화 문제를 해결하고 인류의 개선에 대한 그의 평생 헌신을 인정했다.

노벨위원회 멤버인 허만 스미스 잉게브레스텐은 그의 프리젠테이션 연설에서 모트의 업적에 대해, "모트의 업적은 모든 것의 가장 근본적인 문제에 집중해 왔다. 그는 온 세상에 나가 평화, 이해, 사랑, 관용에 이르기까지 마음을 열었다. 그는 하나님의 부르심에 대한 응답으로, 그리고 그 부르심의 인도를 받아 그것을 했다. 그는 세상의 희망을 위해 토양을 준비했는데 그 토양 안에서 세계의 희망은 자라날 것이다"라고 말했다.[62]

모트는 노벨 평화상 수상 강연에서 새로운 세계 질서를 창조하는 데 있어서 리더십의 본질적인 가치를 강조했다.

"지금 당장 필요한 리더십은 진정으로 창조적이어야 한다. … 리더십은 정치가와 같아야 한다. 그리고 여기서 진정한 정치가로서 진실한 크리스천 정치가의 특성을 상기시켜 드리겠다. 그는 단순히 비전의 사람이어야 한다. 그는 군중이 보지 못하는 것을 본다. 그는 더 넓은 반경을 취하고 다른 사람들이 보기 전에 바라본다. 비전이 없는 곳에서는 사람들이 멸망한다는 것은 진실이다."[63]

모트는 평신도로서 복음의 열정으로 세계 평화에 기여한 리더다. 그는 평생을 피스메이커로 헌신했다. 그는 세상을 오직 복음으로 변화시키고자 노력했으며, 대학생들이 세상을 변화시킬 수 있다는 믿음으로 젊은 세대들에게 비전을 제시하고 그들이 피스메이커가 되도록 격려하고 영감을 불어넣었다.

오늘날에도 모트는 평범한 그리스도인들이 서로의 차이로 갈등과 분쟁이 있는 곳에서 그리스도의 화평의 복음으로 피스메이커가 될 수 있는 비전과 희망을 제시한다.

윈스턴 처칠 Winston Churchill(1874-1965)

처칠은 제2차 세계대전을 승리로 이끌며 자유세계의 새로운 평화 질서를 구축한 위대한 리더다. 제2차 세계대전은 인류 역사 이래 약 5천만 명이 희생된, 그리고 유럽이 완전히 파괴되어 가장 비참하게 큰 피해를 남긴 전쟁이었다. 이 전쟁을 승리로 이끈 당시의 지도자들은 처칠, 스탈린, 루스벨트였는데, 이 가운데 가장 훌륭한 리더십을 발휘한 리더는 처칠이다. 그는 유럽이 가장 불안할 때 탁월한 리더십을 발휘하여 히틀러를 패배시키고 새로운 세계 질서를 평화롭게 구축하고 유럽 재건의 토대를 구축하는 데 지대한 공헌을 했다.

독일의 나치 정권에 의한 전쟁 발발로 영국을 비롯해 유럽은 공포의 도가니로 빠져들었다. 영국 수상 체임벌린의 잘못된 판단과 리더십으로 유럽의 평화를 유지하기란 어려웠다. 영국 의회는 위기의 시대에서 전쟁의 승리를 가져다주는 리더십은 비전·대담함·신속함, 그리고 결정의 지속성으로 판단했다. 전시에 이러한 덕목을 갖춘 지도자를 찾는 것이 급선무였다. 영국 의회는 처칠을 적임자로 판단하고 1940년 5월 10일 그를 수상 겸 국방장관으로 임명했다.

처칠은 전시내각을 꾸렸다. 그리고 나치의 유럽 지배를 막기 위해서라면 무슨 일이든 하겠다고 다짐했다. 방송 연설에서 처칠은 영국 국민들에게 힘들고 어려워도 참고 견디자고 용기를 북돋웠다. 그는 자신은 끝까지 싸울 것이며 영국을 지키기 위해 결코 포기하지 않겠다고 선언했다.

처칠은 영국과 유럽인들이 공포와 좌절로 고통의 시간을 보내고 있을 때 전쟁의 승리에 대한 영감을 불어넣었다. 처칠은 어린 시절 하나님에 대한 믿음과 예수 그리스도가 세상의 구세주이며, 성경은 하나님의 영감으로 기록된 책임을 믿었다.[64] 뿐만 아니라 그는 1932년에 쓴 에세이 "Moses: People of Leader of a People"에서 "하나님은 이스라엘뿐만 아니라 모든 인류가 섬기기를 원했던 하나님이다. 하나님은 공의로우시며 자비로우신 분이다. 하나님은 자기 보존과 생존뿐만 아니라 동정과 희생, 그리고 감당할 수 없는 사랑의 하나님이다"라고 고백했다.[65]

처칠은 악의 세력을 물리치는 선한 싸움을 싸우고자 할 때마다 하나님을 의지했다. 1940년 5월 13일 처칠은 총리로서 하원에서 행한 첫 번째 연설에서, 어둡고 슬픈 인류의 역사에서도 일찍이 볼 수 없던 악랄한 독재에 대해, 피와 수고와 눈물과 땀, 그리고 하나님께서 우리에게 줄 수 있는 모든 능력과 힘을 갖고 바다와 땅 그리고 공중에서 전쟁을 벌일 것이라는 자신의 정책을 발표했다. 그리고 1940년 5월 19일 그는 중요한 라디오 연설 "Be Yes of Men of Valor"를 했는데, 처칠은 이 연설의 마지막 말을 "하나님의 뜻이 하늘에 있듯, 이곳에서도 허락하소서"라고 간구했다.

그 후 6월 4일 하원에서 행한 그의 "덩케르크Dunkirk"[66] 연설에서, 처칠의 마지막 문장은 새로운 세계가 하나님의 때에 구세계를 구출하고 해방시킬 수 있을 것이라고 강조했다. 이 주제는 1940년 6월 18일 하원에서 행한 그의 유명한 연설 "최고의 시간"Finest Time에서도 계속되었다. 이 연설은 1940년 9월 11일, 독일 공군기가 최초로 런던을 공습한 지 나흘 만에 BBC 라디오를 통해 전 영국인에게 했던 연설이다. 처칠은 카랑카랑한 목소리로 그리고 매우 침착한 음성으로 연설했다. 처칠은 독일의 공습으로 공포에 휩싸인 영국인들에게 현재의 전황이 아주 불리하고, 영국이 히틀러에 맞선 대가로 많은 것을 잃을 수도 있을 것이며, 국가 자체가 풍전등화와도 같은 위기에 직면해 있음을 솔직하게 토로했다. 그리고 처칠은 이렇게 말했다. "기독교 문명의 생존은 이 전쟁에 달려 있습니다."

비참한 전쟁을 종식시키고 유럽의 평화를 갈망하는 처칠은 피스메이커로서 오직 하나님만 의지했다. 1941년 2월 9일 "우리 안에 당신의 신뢰를 두소서"라는 라디오 연설을 하면서, 처칠은 마지막에 아직 이 전쟁에 참여하지 않은 미국의 프랭클린 루스벨트 대통령을 향해 "당신의 믿음과 축복을 우리에게 주소서. 그리고 (하나님의) 섭리 하에 모든 것이 잘 될 것입니다"라고 하나님에 대한 자신의 믿음을 고백했다.

히틀러는 패배했다. 처칠의 믿음대로 전쟁은 승리했다. 유럽에서 전쟁은 종식되었다. 1945년 5월 8일 유럽 전승기념일VE Day에 처칠은 하원 연설에서 "전능하신 하나님께 겸손하고 경건한 감사의 말씀을 전하며, 국가의 행운과 운명을 만들고 설계하시는 것 같은 위대한 능력에 감사드린다"라고 고백했다.

처칠은 노벨 평화상을 자신의 인생에서 행한 일들에 대한 궁극적인 인정으로 생각했다. 그는 1900년대 초반 이래로 단호하고도 분명한 피스메이커였다. 그는 보어 전쟁Boer War을 끝내고 중동 정착촌을 설계한 아일랜드 조약Irish Treaty을 협상하여 유대인의 고향 정착을 장려했다. 제2차 세계대전을 승리로 이끌면서 지난 20년 동안 힘을 통한 평화를 위한 노력을 두 배나 기울였다. 종전 후 냉전시대에서 처칠은 냉전과 잠재적인 핵전쟁을 막으려고 노력했다. 그러나 처칠은 《제2차 세계대전 회고록》으로 노벨 평화상이 아닌 노벨 문학상을 수상했다.

미국의 저명한 칼럼니스트 찰스 크라우 터머는 자신의 칼럼들을 모아 편집 출판한 《Things That Matter: Three Decades of Passions, Pastimes and Politics》(2013)에서 "Winston Churchill: The Indispensible Man"(윈스턴 처칠: 필수 불가결한 인물)이라는 짧은 에세이에서 "처칠만이 절대적으로 필요한 기준을 지니고 있기 때문에 그는 필수 불가결한 존재다. 처칠이 없으면 오늘날 세계는 인식할 수 없을 것이다. 어두움, 빈곤, 고문 … 무엇보다도 승리는 처음에 싸움을 잃어버린 한 남자가 필요했다. 윈스턴 처칠이 필요했다"라고 썼다.

처칠은 평화를 갈망하고 사랑했다. 제2차 세계대전이 가져올 엄청난 희생과 피해를 생각할 때 평화는 더욱 필요했다. 처칠은 전쟁의 위기 속에서 평화를 위한 반복된 노력을 회상하며 살았으며, 그는 도덕적 신념만이 길고도 의심스러운 어두운 날들에서 사람들의 힘을 새롭게 할 수 있다고 믿었다.

처칠은 세상의 많은 사람들에게 단순한 전쟁지도자로 인식되지 않는다.

그는 누구보다도 평화를 위해 헌신적인 삶을 살았다. 처칠은 나치와의 전쟁을 기독교 문명의 생존이라는 관점에서, 또한 하나님의 뜻이 하늘에서 이룬 것같이 지금 이 전쟁의 현실에서도 이루어지게 해달라고 기도했던 하나님의 피스메이커였다. 그는 평생을 이 땅에서 평화유지군으로 살았다. 전쟁이 평화를 가져다주는 것은 아니었지만 그는 평화를 위해 전쟁의 위험수단을 기꺼이 감수했던 평화유지군이자 피스메이커였다.

함께 생각 나누기

1. 마태복음 5장 9절을 읽고 다음 질문에 대해 생각을 나누자.

   ① 평화는 무엇이며, 평화의 주체는 누구인가?

   ② 평화와 예수 그리스도의 정체성의 관계에 대해 생각을 나누자.

   ③ 이사야 11장 2-5절을 읽고 하나님의 평화를 이룰 메시아의 속성과 역할에 대해 생각을 나누자.

   ④ 예수님이 우리에게 주시는 평화가 세상이 주는 것과 다른 이유는 무엇인가?

   ⑤ 피스메이커는 무슨 일을 하는가?

2. 전쟁과 평화의 관계에 대해 구체적으로 생각을 나누자.

3. 바울은 예수 그리스도의 희생이 화평을 가져왔다고 강조한다. 에베소서 2장 14-17절과 이사야 53장 5절을 읽고 예수 그리스도의 십자가의 희생과 화평의 관계에 대해 생각을 나누자.

4. 성경 속에서 배우는 화평의 이야기들로서 아브라함, 에서와 야곱, 다윗과 아브넬, 다윗과 므비보셋, 아비가일, 그리고 느헤미야와 바나바의 사례를 중심으로 피스메이커의 역할에 대해 생각해 보자. 그리고 오늘날 작게는 우리의 생활 속에서, 넓게는 사회공동체와 세상에서 우리가 피스메이커로서 살고자 한다면 어떤 자세를 가져야 하는지 구체적으로 대화를 나누자.

제7장 피스메이커의 법칙: 화평

함께 생각 나누기

5. 바울은 하나님께서 우리에게 화목하게 하는 직책을 주셨다고 말한다. 고린도후서 5장 18-20절을 읽고 우리에게 부여된 "화목하게 하는 직책"은 무엇을 의미하며, 우리는 어떤 이유에서 피스메이커로 살아야 하는지, 그리고 과연 나는 피스메이커로 부름을 받았는지에 대해 구체적으로 생각을 나누자.

6. 우드로 윌슨, 존 모트, 그리고 윈스턴 처칠은 대표적인 피스메이커로서 자신의 사명을 담당했던 위대한 크리스천 리더들이다. 그들의 삶에서 배우는 피스메이커의 교훈은 무엇인지 그리고 리더십의 멘토로 어떤 영향을 주는지 생각을 나누자.

7. 존 모트는 우드로 윌슨과 윈스턴 처칠과는 달리 정치 지도자가 아닌 평신도로서 세계 평화에 기여한 공로로 노벨 평화상을 수상했다. 어떤 점이 그로 하여금 이런 위대한 일을 하게 했으며, 그의 삶은 나에게 어떤 영향을 주는지 구체적으로 생각을 나누자.

8. 피스메이커의 법칙은 나에게 어떤 도전을 주는지 구체적으로 생각을 나누자.

8

용기의 법칙: 박해

"의를 위하여 박해를 받은 자는 복이 있나니"
−마태복음 5:10

불가피한 고난
박해받는 자
의를 위하여
롯의 처를 기억하라
용기의 본이 되는 위대한 크리스천 리더들

> "나는 용기가 두려움의 부재가 아니라 그것을 극복하는 승리라고 배웠다. 용감한 사람은 두려워하지 않는 사람이 아니라 그 두려움을 정복하는 사람이다."
>
> – 넬슨 만델라

불가피한 고난

예수님은 팔복의 마지막 말씀으로 "의를 위하여 박해를 받는 자"의 복을 선포하셨다. 일곱 번째 복이 "화평하게 하는 자"의 복이었는데, 예수님은 뒤를 이어 의를 위하여 박해를 받는 자가 누리는 축복에 대해 말씀하신 것이다. 화평과 박해(고난)를 연계한 예수님의 의도가 궁금하다. 이에 대해 존 스토트는 다음과 같이 설명한다.[67]

모든 복은 모든 그리스도인 제자들이 어떤 존재가 되어야 하는지를 묘사하므로, 우리는 멸시받고 거부당하고 비방과 박해를 당하는 상태도, 마음이 청결하고 긍휼히 여기는 것만큼이나 그리스도의 제자에게 통상적으로 나타나는 표시라는 결론을 내리게 된다. 모든 그리스도인은 화평하게 하는 사람이 되어야 하며, 모든 그리스도인은 반대를 예상해야 한다.

그리스도인이 화평을 위하여 많은 수고와 희생을 해도 그것을 반대하는 세력은 언제나 존재한다. 우리의 화평을 향한 열정을 비방하고 반대하는 것은 우리의 화평이 "의를 위한" 것이기 때문이다.

그리스도인에게 화평이란 그리스도의 복음으로 세상을 변화시키는 것이다. 그러나 세상에는 복음을 위한 화평의 노력을 거부하면서 박해를 가하는 세력들이 존재한다. 그들은 복음에 나타난 "의"를 반대하기 때문이다. 따라서 의에 주리고 목마른 사람들, 화평을 위하여 헌신하는 사람들은 그들이 갈망하는 의 때문에 고난을 받는다.

바울은 디모데후서 3장 11-12절에서, "박해를 받음과 고난과 또한 안디옥과 이고니온과 루스드라에서 당한 일과 어떠한 박해를 받은 것을 네가 과연 보고 알았거니와 주께서 이 모든 것 가운데서 나를 건지셨느니라 무릇 그리스도 예수 안에서 경건하게 살고자 하는 자는 박해를 받으리라"고 말했다. 바울은 예수 그리스도의 성품을 따라 사는 사람에게 고난과 박해는 불가피하다는 사실을 강조하고 있다.

예수님은 말씀하셨다.

"세상이 너희를 미워하면 너희보다 먼저 나를 미워한 줄을 알라 너희가 세상에 속하였으면 세상이 자기의 것을 사랑할 것이나 너희는 세상에 속한 자가 아니요 도리어 내가 너희를 세상에서 택하였기 때문에 세상이 너희를 미워하느니라"(요한복음 15:18-19).

그리스도인은 예수님이 부르시고 택한 자이다. 그리스도인은 세상에 속한 자가 아니다. 그리스도인은 그리스도 안에 존재하는 구별된 사람이다. 그렇기 때문에 그리스도의 복음을 위해 살 때 그리스도인은 세상의 적대감과 반대, 그리고 비방을 정면에서 맞이한다. 고난과 박해는 불가피하게 그리스도인의 삶을 압박한다. 예수님의 삶이 언제나 그러했다.

하나님 나라의 복음을 전파하는 예수님의 사역에서 사탄의 세력은 끊임없이 예수님을 유혹하고 위협하고 방해하고 저항했다. 예수님은 그럴 때마다 그들과 정면으로 대결했다. 예수님의 십자가 고난이 그것을 가장 잘 설명한다. 그리스도의 복음을 위해 살려고 한다면 자신의 손에 쥔 첼로를 내려놓고 십자가를 져야만 한다. 우리가 십자가를 질 때 세상은 무서운 힘으로 우리를 대항할 것이다. 그때 우리는 십자가 신앙의 고백을 해야 한다.

박해받는 자

하나님과 그리스도의 복음을 위해 헌신하는 의로운 사람들은 죽음의 고통과 박해를 받았다. 다니엘과 그의 세 친구는 하나님을 예배하는 삶을 포기하지 않는다는 이유로 핍박을 받았다. 다니엘의 친구인 사드락, 메삭, 아벳

느고는 느부갓네살 왕이 금으로 만든 신상에 절하지 않은 이유로 맹렬히 타는 풀무불 가운데로 던져졌다(다니엘 3:19-21). 그리고 다니엘은 하루에 세 번씩 예루살렘을 향해 기도했다. 다니엘은 그를 시기하는 주변 사람들의 음모로 만들어진 금령, 즉 삼십 일 동안 왕 외의 어떤 신에게나 사람에게 무엇을 구하면 금령을 위반했다는 이유로 사자 굴에 던져지기도 했다(다니엘 6:10-16).

그리스도의 복음의 역사는 고난과 박해의 이야기다. 최초의 교회에 위기가 닥쳤다(사도행전 4장과 5장). 예수 그리스도의 십자가 고난과 죽음, 그리고 부활의 사건을 유대인들을 향해 선포하고 예수의 이름으로 구원을 얻는다는 강력한 메시지는 유대 공동체를 흔들었다. 이에 위기를 감지했던 유대 관원들과 종교지도자들은 사도들을 옥에 가두었지만 주의 사자가 밤에 문을 열어 그들을 꺼내 주었다.

대제사장이 사도들을 다시 잡아오라고 했지만 백성들의 저항이 두려워 관원들은 강제로 끌고 오지 못했다. 아마도 사도들은 제 발로 순순히 관원들을 따라 공회로 갔을 것이다. 이 사건은 그리스도의 복음이 전파되는 것을 강제하고 저항하려는 기득권 세력이 내부적으로 위기감을 심각하게 느꼈음을 보여 준다.

드디어 최초의 교회에서 박해로 인한 순교 사건이 발생했다. 스데반 집사의 순교다. 이후 예루살렘 교회는 세상의 권력에 의해 핍박을 받기 시작했고, 교회의 사도들과 성도들은 세상 밖으로 흩어졌다. 이 사건으로 바울의 회심이 일어나고 바울은 복음을 전하면서 이루 말할 수 없는 고난과 박해를 받았으며, 궁극적으로 초대교회는 핍박의 역사로 얼룩졌다.

스데반 스데반은 예루살렘 교회의 일곱 집사 가운데 한 사람이었으며, 그는 은혜가 충만하고 권능이 있는 사람이었다. 스데반 집사는 많은 사람들에게 기사와 표적을 보여 주었다(사도행전 6:8). 스데반의 영향력이 대중들에게 확산되는 것은 유대 지도자들에게는 위기의 확산이었다. 그들은 스데반이 모세와 하나님을 모독했고, 성전을 무시했다는 이유로 그를 고소했다. 그리고 스데반을 체포하는 과정에서 장로와 서기관들을 충동하였고, 심지어 거짓 증인까지 내세웠다. 마침내 스데반이 공회 앞에 섰다(사도행전 6:9-14).

스데반은 공회 앞에서 이스라엘 역사를 하나님의 구속의 관점에서 설교한 후에, 하늘이 열리는 것을 보면서 많은 사람들에게 자신은 하나님의 영광과 예수님이 하나님 우편에 서신 것을 보고 있노라고 외쳤다. 스데반의 설교를 듣고 흥분한 군중들은 결국 스데반을 돌로 쳐서 죽였다. 스데반은 교회사에서 최초의 순교자가 되었다.

스데반의 순교는 초대교회가 유대교의 울타리를 넘어 이방인 지역까지 그리스도의 복음을 전파하는 결정적 계기가 되었다. 스데반의 죽음으로 예루살렘 교회는 흩어지기 시작했다. 예수 그리스도의 복음은 스데반의 헌신과 희생으로 유대와 사마리아 땅 끝까지 전파되는 도화선이 되었다. 의를 위한 한 사람의 희생과 핍박은 공동체의 새로운 변화를 촉구한다.

바울 그리스도의 복음을 위한 사도 바울의 삶은 고난 그 자체였다. 그는 자신에게 인간으로서 극복하기 어려운 고난이 초래될 것임을 알았다.

"오직 성령이 각 성에서 내게 증언하여 결박과 환난이 나를 기다린다 하시나"(사도행전 20:23).

바울은 무리들에게 납치당해 매를 맞아 죽음의 위협을 받았고(사도행전 21:27-31), 여러 차례 체포되었고(사도행전 21:33, 22:24, 31, 23:35, 28:16), 송사를 당했고(사도행전 22:30, 24:1-2, 25:2, 7, 28:4), 심문을 받았고 (사도행전 25:24-27), 난파당했고(사도행전 27:41), 독사에 물렸다(행 28:3).

또한 사도 바울은 자신의 고난과 핍박을 고린도 교회에 보낸 두 번째 편지에서 이렇게 고백한다.

"그들이 그리스도의 일꾼이냐 정신 없는 말을 하거니와 나는 더욱 그러하도다 내가 수고를 넘치도록 하고 옥에 갇히기도 더 많이 하고 매도 수없이 맞고 여러 번 죽을 뻔하였으니 유대인들에게 사십에서 하나 감한 매를 다섯 번 맞았으며 세 번 태장으로 맞고 한 번 돌로 맞고 세 번 파선하고 일주야를 깊은 바다에서 지냈으며 여러 번 여행하면서 강의 위험과 강도의 위험과 동족의 위험과 이방인의 위험과 시내의 위험과 광야의 위험과 바다의 위험과 거짓 형제 중의 위험을 당하고 또 수고하며 애쓰고 여러 번 자지 못하고 주리며 목마르고 여러 번 굶고 춥고 헐벗었노라"(고린도후서 11:23-27).

사도 바울은 주후 67년에 로마 황제 네로에 의해서 고문당하고 참수되는 비참한 죽음으로 순교했다.

사도들 성경에는 사도들의 죽음에 대해 상세한 기록이 없다. 다만 야고보의 죽음만을 전하고 있는데(사도행전 12:2), 그는 헤롯 왕에 의해 칼로 죽임을 당했다. 사도들의 죽음에 대한 기록은 없으나 교회에서 전통적으로 전해지는 이야기들에 의하면, 베드로는 로마에서 십자가에 거꾸로 매달려 순교했고, 마태는 에디오피아에서 설교하던 중 칼에 맞은 심각한 상처 때문에 고통을 당하다 순교했다.

사도 요한은 로마의 박해가 점점 더 가혹해지는 시기에 기름이 끓는 큰 가마솥 안에 던져졌지만 기적적으로 죽음의 고비를 넘기고, 훗날 밧모 섬에 유배되어 광물을 캐는 감옥에서 형벌을 받았다. 사도 요한은 순교하지는 않았다. 예수님의 형제 야고보는 사도는 아니었지만, 예루살렘 교회의 지도자로서 그리스도에 대한 굳건한 믿음을 지켰다. 그는 성전 꼭대기에서 아래로 던져졌지만 목숨이 살아 있는 것을 확인한 사람들이 곤봉으로 때려서 죽였다.

나다나엘(바돌로매)은 아시아 지역에서 복음을 전하는 선교사가 되었는데, 아르메니아에서 설교하다가 붙잡혀서 살이 벗겨지도록 죽을 때까지 채찍을 맞아 순교했다. 빌립은 터키에서 채찍을 맞고 감옥에 갇혔다가 십자가 처형을 당했다. 안드레는 터키 에데사에서 X자 모양의 십자가에 달려 순교했는데, 그는 자신의 생명이 다하는 마지막 순간까지 고문을 가하는 사람들을 대상으로 설교했다. 도마는 인도에 교회를 세우기 위해 수차례 선교 여행을 갔다가 창에 찔려 죽었고, 유다를 대신해서 사도로 선택된 맛디아는 돌에 맞고 참수되었다. 마가복음의 저자 마가는 알렉산드리아에서 몸이 갈기갈기 찢겨져 죽임을 당했다.

초대교회 순교자들 2세기에서 4세기 기간 초대교회에는 많은 순교자들이 있었다. 그들은 그리스도의 복음의 진리를 변증하고 수호하기 위해 극한의 박해와 죽임을 당했다. 화형을 당한 폴리캅Polycarp of Smyrna, 참수형을 당한 저스틴Justin Martyr, 투기장에서 온몸이 찢겨서 죽은 퍼피투아와 펠리시티Perpetua and Felicity, 오랜 시간 투옥되었다가 처형을 당한 프로레매우스와 루치우스Ptolemaeus and Lucius, 투옥되어 고통을 받던 중 죽임을 당한 포티누스Pothinus, bishop of Lyon, 화형을 당한 제롬Saint Jerome, 온몸에 화살이 꽂혀 죽은 세바스찬Saint Sebastian, 처녀로 참수형을 당한 아그네스Saint Agnes, 많은 사람들 앞에서 단칼에 목숨을 잃은 카르타고의 키프리안Cyprian 등 대표적인 순교자들이 있다.

의를 위하여

구약의 선지자들은 "의를 위하여" 고난의 삶을 살았다. 그들은 하나님의 의를 세상에 선포했다. 아모스, 이사야, 예레미야, 에스겔 그리고 말라기 등 많은 선지자들은 하나님의 의와 공의가 사라져 버린 삶의 현장에서 부패한 사회를 고발하고, 도덕적 해이와 윤리의 실종으로 만연된 사회악과 위정자들의 기득권과 부정 부패, 나아가 이스라엘 종교지도자들의 부패를 고발하면서 하나님의 의와 공의의 회복을 선포했다. 그것은 사회정의였다. 아모스는 이렇게 외쳤다.

"오직 정의를 물같이, 공의를 마르지 않는 강같이 흐르게 할지어다"(아모스 5:24).

하나님은 정의를 사랑하시는 분이다. 다윗은 하나님께서 공의와 정의를 사랑하신다고 노래한다.

"여호와의 말씀은 정직하며 그가 행하시는 일은 다 진실하시도다 그는 공의와 정의를 사랑하심이여 세상에는 여호와의 인자하심이 충만하도다"(시편 33:4-5).

"악에서 떠나 선을 행하라 그리하면 영원히 살리니 여호와께서 정의를 사랑하시고 그의 성도를 버리지 아니하심이로다 그들은 영원히 보호를 받으나 악인의 자손은 끊어지리로다"(시편 37:27-28).

하나님의 의와 공의의 회복을 외쳤던 선지자들은 의를 위하여 핍박을 받은 자들이었다. 그들은 하나님의 소명에 순종하여 하나님의 의와 공의가 살아나는 사회공동체를 회복하는 꿈을 가졌다. 이사야는 흔들리는 공동체의 정체성 위기와 국가의 운명 앞에서 이렇게 선포했다.

"내가 붙드는 나의 종, 내 마음에 기뻐하는 자 곧 내가 택한 사람을 보라

> 내가 나의 영을 그에게 주었은즉 그가 이방에 정의를 베풀리라 그는 외치지 아니하며 목소리를 높이지 아니하며 그 소리를 거리에 들리게 하지 아니하며 상한 갈대를 꺾지 아니하며 꺼져가는 등불을 끄지 아니하고 진실로 정의를 시행할 것이며 그는 쇠하지 아니하며 낙담하지 아니하고 세상에 정의를 세우기에 이르리니 섬들이 그 교훈을 앙망하리라"(이사야 42:1-4).

선지자들의 꿈은 하나님의 의와 공의가 강물처럼 흐르는 사회공동체를 건설하는 것이었다. 선지자들이 꿈꾸는 하나님의 나라는 기존의 정치사회 그리고 종교적 기득권층들을 위협하는 것이었다. 그들은 기득권층의 중상모략과 핍박으로 고난의 삶을 살 수밖에 없었다. 그들은 생명까지도 포기했다.

이사야는 또한 장차 오실 메시아가 하나님의 나라를 다시 회복하실 것이라는 확고한 믿음을 가졌다. 비록 지금 메시아는 오시지 않았지만, 먼 훗날 하나님의 종 메시아는 반드시 이 땅에 오셔서 하나님의 정의가 강물처럼 흐르는 평화의 나라, 아름다운 사회공동체를 세우실 것이라는 믿음을 선포했다. 이사야는 하나님의 종 메시아가 하실 의로운 일이 무엇이며, 그분은 하나님의 의를 위하여 어떤 핍박과 고난을 받을 것인지 구체적으로 선포했다.

메시아가 세우실 평화의 나라는 어떤 나라인가? 그 나라는 이리가 어린 양과 함께 지내며 어린아이가 평화롭게 송아지와 어린 사자를 함께 끌고 다니는, 그리고 용맹스런 사자가 소처럼 얌전하게 풀을 뜯어 먹고, 젖을 뗀 갓난아기가 독사의 굴에 손을 넣어도 아무런 해를 입지 않는, 나아가 하나님을 아는 지식이 물이 바다를 덮음같이 세상에 충만한 나라다(이사야 11:6-9). 그리고 메시아는 평화의 나라를 세우기 위해 사역을 펼치신다.

"주 여호와의 영이 내게 내리셨으니 이는 여호와께서 내게 기름을 부으사 가난한 자에게 아름다운 소식을 전하게 하려 하심이라 나를 보내사 마음이 상한 자를 고치며 포로된 자에게 자유를, 갇힌 자에게 놓임을 선포하며 여호와의 은혜의 해와 우리 하나님의 보복의 날을 선포하여 모든 슬픈 자를 위로하되 무릇 시온에서 슬퍼하는 자에게 화관을 주어 그 재를 대신하며 기쁨의 기름으로 그 슬픔을 대신하며 찬송의 옷으로 그 근심을 대신하시고 그들이 의의 나무 곧 여호와께서 심으신 그 영광을 나타낼 자라 일컬음을 받게 하려 하심이라"(이사야 61:1-3).

그러나 평화의 나라를 세우는 메시아는 그가 선포한 의 때문에 핍박과 고난을 받는다. 메시아의 고난을 이사야는 이렇게 노래한다.

"그는 멸시를 받아 사람들에게 버림 받았으며 간고를 많이 겪었으며 질고를 아는 자라 마치 사람들이 그에게서 얼굴을 가리는 것같이 멸시를 당하였고 우리도 그를 귀히 여기지 아니하였도다 그는 실로 우리의 질고를 지고 우리의 슬픔을 당하였거늘 우리는 생각하기를 그는 징벌을 받아 하나님께 맞으며 고난을 당한다 하였노라"(이사야 53:3-4).

예수님은 화평을 말씀하시고 의를 위한 핍박을 강조하신다. 예수님의 하나님 나라 운동은 화평을 세상에 충만하게 하시는 일이었으며, 그분의 화평을 위한 사역은 하나님의 의로 평화의 나라를 세우는 것이었기 때문에 예수님은 의로 인해 핍박과 고난을 받으셨다.

예수님의 하나님 나라 운동은 기득권자들에게는 세상이 완전히 뒤바뀌는 혁명적 사건으로 다가갔으며, 그들은 자신의 기득권을 빼앗기지 않기 위해 예수님을 죽이고자 음모를 꾸미고 핍박을 가했다. 예수님의 십자가의 고난과 죽음은 "의를 위하여" 핍박받는 자에게 가장 위로가 되는 사건이다. 베드로는 평화의 나라를 위해 자기 생명을 바치고 십자가의 고난을 당하신 예수님에게서, "그의 약속대로 의가 있는 곳인 새 하늘과 새 땅을 바라보도다"(베드로후서 3:13)라고 말했다.

롯의 처를 기억하라

오늘날 교회가 비판을 받는 가장 큰 이유는 아무도 의를 위해 박해를 원하지 않는다는 것이다. 교회 밖의 많은 사람들은 목회자들과 성도들이 진정으로 세상의 소금과 빛의 사명을 감당하며 세상에 선한 영향력을 끼치고 있는가에 대해 의문을 제기한다. 교회와 그리스도인들은 롯의 아내가 소돔을 바라보는 것(창세기 19:26)과 같이 하나님의 나라가 아닌 세상의 나라에 더 많은 관심을 갖고 있다는 비판을 받는 것은 어제 오늘의 이야기가 아니다. 교회는 세상의 대안공동체가 아니라 세속화, 상업화되어 세상과 경계 없는 하나의 기관으로 전락되어 세상 속에 함몰되어 있고, 세상은 교회를 더 이상 의의 공동체로 바라보지 않는다.

교회는 세상의 변화에는 관심이 없고 교회 안의 삶에만 스스로 만족한다. 세상을 마주 보고 세상과는 다른 세상을 만들며 스스로 자기만족에 쉽게 빠진다. 세상의 부패와 부정 그리고 불의에 대한 교회와 그리스도인의 의무를 다하는 일에 대해 회피한다. 우리는 그런 일들에 대해 침묵하고, 안락한 거실에서 따뜻한 슬리퍼를 신고 세상이 만든 즐거움과 쾌락을 즐기기를 더 좋아한다.

오늘날 교회와 성도들에 대해 예수님은 "롯의 처를 기억하라"(누가복음 17:32)고 경고하신다. 세상 것에 미련을 두고 바라보는 교회와 그리스도인들을 향한 예수님의 말씀은 세상의 죄악에 대해 무관심하고 오히려 세상이 주는 즐거움과 쾌락만을 바라보는, 그래서 세상에서 소금과 빛의 사명을 감당하지 않고, 복음의 의를 세상에 드러내지 못하는 모습에 대한 책망이다. 예수님의 산상수훈은 대항적 삶을 요구하지만 교회와 그리스도인의 모습은 진정한 대립이 없는 삶이다. 교회는 세상 안에서 다른 세상으로서의 새로운 대안공동체가 되어야 한다. 그것이 사도행전 교회가 보여 준 복음의 의를 위해 박해받는 용기 있는 삶이다.

우리에게 진정한 대립이 없기 때문에 우리는 세상을 사랑하는 것이며 의를 위한 박해를 원하지 않는 것이다. 바울은 "우리가 주목하는 것은 보이는 것이 아니요 보이지 않는 것이니 보이는 것은 잠깐이요 보이지 않는 것은 영원함이라"(고린도후서 4:18)고 말했다. 세상에 있는 것들을 사랑하는 것은 아버지의 사랑에서 벗어난 것이다. 세상에 있는 모든 것은 육신의 정욕과 안목의 정욕과 이생의 자랑이다. 이것들은 세상으로부터 온 것이다(요한일서 2:15-16).

세상을 향한 하나님의 마지막 때의 심판 경고는 이미 내려져 있다. 우리는 롯의 아내가 되어서는 안 된다. 교회와 그리스도인은 아버지의 사랑 안에서 복음의 의를 드러내는 일을 사랑해야 한다. 그것이 의를 위해 박해받는 부름 받은 자의 사명이다. 세상은 우리를 비난하거나 미워하는 것이 아니다. 세상은 '의'를 거부한다. 그리스도를 거부한다. 그래서 예수님은 이렇게 말씀하셨다.

> "그러나 사람들이 내 이름으로 말미암아 이 모든 일을 너희에게 하리니 이는 나를 보내신 이를 알지 못함이라 내가 와서 그들에게 말하지 아니하였더라면 죄가 없었으려니와 지금은 그 죄를 핑계할 수 없느니라 나를 미워하는 자는 또 내 아버지를 미워하느니라 내가 아무도 못한 일을 그들 중에서 하지 아니하였더라면 그들에게 죄가 없었으려니와 지금은 그들이 나와 내 아버지를 보았고 또 미워하였도다"(요한복음 15:21-24).

예수님은 이 땅에 오셔서 죄를 드러내셨다. 인간과 세상의 내재된 죄는 그럴 듯한 포장으로 숨겨두었어도 예수님 앞에서는 그 실체가 그대로 드러날 수밖에 없었다. 세상의 권력은 두려웠다. 그들의 죄가 민낯으로 드러나는 현실 앞에서 예수님을 미워할 수밖에 없었다.

그리스도인은 부패한 사회에서 소금과 빛의 사명을 갖고 살아야 한다. 소금과 빛으로 사는 삶에는 반드시 고난이 뒤따른다. 사실 고난은 진정한 제자도의 표지다. 그리스도를 따른다는 것은 고난을 따르는 것이기 때문에 고난을 받는다. 예수님은 "십자가를 지고 나를 따르라"고 하셨다.

제자도는 고난 받는 그리스도에게 충성을 다하는 것을 의미한다. 따라서 참된 제자는 그리스도를 위해, 복음을 위해 박해를 받고 때론 순교한다. 그렇기 때문에 그리스도인은 고난 받도록 부름을 받은 것이다. 이것에 대해 바울은 빌립보서 1장 29절에서 "그리스도를 위하여 너희에게 은혜를 주신 것은 다만 그를 믿을 뿐 아니라 또한 그를 위하여 고난도 받게 하려 하심이라"고 말한다.

그리스도의 복음과 의를 위한 박해는 그리스도인들을 하나님의 나라로 인도한다. 그곳은 그들의 나라이며 그들이 그곳의 주체. 박해는 하나님의 나라를 소유하고자 현재의 열망과 의식을 보다 생생하고 즐겁게 만든다. 그래서 소명의식이 필요하다.

박해는 희망을 밝게 하고 그것을 더욱 확고하게 만든다. 마치 스데반이 순교할 때 보았던 것처럼 하늘이 열리는 축복을 누린다. 우리는 그리스도를 위한 우리의 작은 시련이나 고난에서 하나님 나라에 대한 동일한 의식으로 그 나라를 소유할 수 있으며 그 희망을 더욱 밝게 만들 수 있다.

세상의 거짓과 위선, 부정과 부패, 그리고 기득권에 저항하는 리더십은 언제나 고난을 수반한다. 리더십은 고난을 피해서는 안 된다. 고난을 피하거나 두려워하면 리더의 자격이 없다. 하나님은 그분의 방식대로 우리를 부르시고 선택하시며 성령의 권능을 부여하시기 때문이다.

용기의 본이 되는 위대한 크리스천 리더들

수잔 B. 앤서니Susan Brownell Anthony(1820-1906)[68]

미국 여성운동사에서 가장 영향력 있는 중요한 인물 가운데 한 사람이 수잔 앤서니다. 수잔 앤서니는 미국 여성 투표권 운동의 주도적 인물이자 노예제 폐지론자였다. 그녀는 1820년 2월 15일 매사추세츠 주 아담스에서 태어났다. 그녀의 가족은 퀘이커 교도였으며, 앤서니는 어려서부터 모두가 하나님 아래 평등하다는 퀘이커 교도의 신념에 영감을 받는데, 이것을 통해 얻은 이상들은 훗날 그녀의 삶 전체에 걸쳐 그녀를 인도했다.

1848년에 한 여성 그룹이 뉴욕의 세네카 폴스Seneca Falls에서 국제 대회를 개최했다. 그것은 미국 최초의 여성 권리 협약이자 여성 참정권 운동의 시작이었다. 1851년 앤서니는 노예제 폐지 회의에 참석했다가 엘리자베스 캐디 스탠턴Elizabeth Cady Stanton(1815-1902)을 만났다. 두 사람은 1852년에 뉴욕 주 여성절제협회Women's New York State Temperance Society를 설립했다. 앤서니와 스탠턴은 이후 50여 년간 여성 참정권 운동을 위해 동반자로서 긴 여정을 함께했다.

두 사람은 오랫동안 뉴욕 주 여성권리위원회Women's Rights Committee를 구성하여 여성의 권리를 위해 싸웠다. 앤서니는 또한 여성들이 재산을 소유하고 투표할 권리가 있음을 청원하기 시작했고, 여성을 대표하여 미국 전역을 광범위하게 여행했다. 앤서니는 1856년에 미국 반노예협회Anti-Slavery Society

대리인으로 일하기 시작했다. 그녀는 남북전쟁 때까지 협회의 일을 홍보하는 데 수년을 보냈다.

앤서니는 노예제 폐지를 위해 노력했다. 그녀는 스탠턴과 함께 1863년 5월 14일 미국 헌법 개정안에 따라 노예제를 폐지하기 위한 캠페인을 펼치기 위해 Women's Loyal National League를 조직했다. 그것은 미국 최초의 전국 여성 정치단체였다. 앤서니는 노예제 폐지를 위한 탄원서 서명을 모으기 시작했다. 거의 400,000명의 서명을 받았는데, 이것은 그 당시 미국 역사상 최대 규모의 청원 동원이었다. 마침내 1865년 의회는 수정헌법 제13조를 통과시켜 미국에서 노예제는 종식되었다. WLNL은 목적이 달성된 후에 해체되었다. 앤서니는 이 조직의 활동을 통해 새로운 세대의 여성 지도자들과 활동가들을 배출하였다.

남북전쟁이 끝난 후 앤서니는 여성의 권리에 대해 더 많은 관심을 기울이기 시작했다. 그녀와 스탠턴은 1866년에 미국인 평등권협회American Equal Rights Association를 설립하여 인종이나 성에 관계없이 모든 사람에게 동일한 권리가 부여되어야 한다고 촉구했다. 그리고 1868년 앤서니와 스탠턴은 여성의 권리를 위해 로비 활동을 하는 주간지인 〈혁명〉The Revolution의 편집인이 되어 신문 제작에도 참여했다. 〈혁명〉의 좌우명은 "남자, 그들의 권리, 그리고 아무것도 더; 여성, 그들의 권리, 그리고 아무것도 덜"이었다.

한편, 미국인 평등권 협회는 나중에 흑인 남성이 선거권을 얻는 것을 지지하는 그룹과 여성과 흑인이 동시에 투표권을 획득해야 하는 것을 지지하는 그룹으로 분류되어 활동하다가 1869년 두 개의 조직으로 분리되었다. 비롯 미국인 평등권협회가 두 개로 분리되었지만 이 조직은 여성과 아프리카계 미국인이 동등한 권리를 얻기 위한 조직적인 노력을 시작하는 데 매우 중요했다.

1869년 5월 앤서니는 스탠턴과 함께 전국여성선거권협회National American Woman Suffrage Association를 창립하여 정치적으로 독립적인 여성의 권리 운동을 위해 일을 하고 동시에 여성과 흑인 남성을 위한 선거권을 요구했다. 앤서니는 이 조직을 중심으로 여성들의 인식을 넓히고 지식과 경험을 공유하도록 도왔다.

앤서니에게 중요한 사건이 발생했다. 이 사건으로 여성의 선거권 문제는 전국적인 이슈가 되었다. 1871년에 전국여성선거권협회는 여성들에게 투표를 거부하고, 이로 인해 소송을 제기하는 전략을 채택했다. 1872년 대통령 선거 당시 앤서니와 50여 명의 여성이 투표를 시도했고, 앤서니의 투표는 그녀의 체포로 이어지는 논란을 불러 일으켰다. 그녀의 재판은 언론에 의해 광범위하게 다루어졌고 여성의 참정권 문제가 전국적인 주목을 받는 계기가 되었다. 대법원은 앤서니에게 100달러의 벌금을 선고했으나 그녀는 결코 지불하지 않았다.

앤서니는 여성의 참정권을 위한 투쟁을 포기하지 않았다. 그녀는 모든 인간이 하나님 앞에서 평등하다는 기독교적 신념에 근거하여 여성에게 평등하게 투표권이 주어지는 것이 사회정의라고 믿고 용기 있게 지속적인 운동을 펼쳤다. 1878년에 스탠턴과 함께 앤서니는 여성에게 투표권을 부여한 수정안을 의회에서 발표할 준비를 했다. 이 수정안은 'Susan B. Anthony Amendment'로 널리 알려져 있으며 나중에는 미국 헌법 제19차 수정헌법에 여성에게 투표권을 부여하는 데 중요한 역할을 담당했다.

앤서니의 활동은 미국에만 머물지 않았다. 그녀는 스탠턴과 함께 유럽 여행을 하면서 유럽 여성운동 지도자들을 만나 국제여성단체 창설에 합의를 보고 1888년 워싱턴 D.C.에서 미국과 유럽 9개국의 53개 여성단체를 대표하는 80명의 스피커들과 43명의 대의원들이 모여 국제여성협의회International Council of Women(ICW)를 발족시켰다. 앤서니는 이 대회에서 16개 세션Sessions 가운데 8개 세션의 의장을 맡아 국제여성협의회 창설에서 핵심적인 역할을 담당했다. ICW는 중요한 국제조직이 되었으며, 여전히 유엔과 협력관계를 유지하면서 유엔에서 성취할 수 있는 NGO로서 가장 높은 위치에서 총괄 자문을 담당하고 있다.

앤서니는 전국여성선거권협회 회장에서 물러난 후 그녀의 후계자인 캐리 채프먼 커트Carrie Chapman Catt가 일했던 국제여성참정권협회International Women's Suffrage Association를 도와주었다. 이것을 계기로 1904년 국제여성참정권동맹International Woman Suffrage Alliance이 창설되었는데, 앤서니는 창립회의 의장을 맡았다. 이 조직이 창설된 후 그녀는 새로운 조직의 명예회장을 맡아 IWSA의 활동을 후원했다. 나중에 이 조직은 국제여성동맹International Alliance of Women으로 명칭을 변경하고 여전히 국제적인 여성권리 조직으로서 활발한 활동을 펼치고 있다.

앤서니가 평생에 걸쳐 헌신했던 여성 참정권 운동의 열매는 앤서니가 사망한 후 14년이 지난 1920년에 모든 성인에게 투표권을 부여하는 제19차 헌법 수정안The Nineteenth Amendment(Amendment XIX)이 의회에서 통과되면서 맺어졌다. 앤서니는 1906년 3월 13일 뉴욕의 로체스터에 있는 그녀의 집에서 86세의 일기로 사망했다. 앤서니는 죽기 직전에 뉴욕 타임즈의 기사에 따르면, "나는 자유를 위해 60년이 넘는 어려움을 겪었고, 그렇게 하지 않으면 죽는 것이 너무 잔인해 보인다"라고 친구 안나 쇼에게 말했다.[69]

미국 재무부는 여성참정권 운동에 대한 그녀의 열정과 헌신의 노력을 인정하여 앤서니의 초상화를 1979년 달러 동전에 넣었다. 앤서니는 세상을 떠난 지 73년 만에 그리고 여성 참정권에 대한 수정안이 의회에서 통과된 지 59년 만에 처음으로 영광을 안았다.

앤서니는 미국여성운동의 페미니스트 아이콘으로 간주된다. 그녀는 그녀의 시대에 매우 영향력 있는 크리스천 리더로서 탁월한 연설가였으며, 매년 75회에서 100회 정도의 연설을 했다. 그녀는 대중 강연을 통해 전국적인 인물로 부상했고 1880년대 미국 여성운동에서 가장 영향력 있는 리더로서 미국의 주요 정치 인사들 가운데 한 명이었다.

오늘날 앤서니는 여성의 권리에 대한 그녀의 공헌에 찬사를 받고 있으며, 그에 걸맞은 상징적 지위를 얻었다. 1979년에 미연방 조폐국US mint는 수잔 앤서니Susan B. Anthony 달러 동전을 발행하여 그녀가 미국 역사에서 실제 여성Non-fictitious Woman이 최초로 화폐 모델이 되는 영예를 안겼다. 맨해튼의 세인트 존 대성당Cathedral of St. John에는 20세기의 영적 영웅 4인을 기념하는 조각상이 있는데, 그들은 마틴 루터 킹, 알버트 아인슈타인, 마하트마 간디, 그리고 수잔 앤서니이다.

앤서니는 '모든 인간은 하나님 앞에서 평등하다'는 기독교적 신념을 어려서부터 퀘이커 교도 가르침에서 영감을 받아 키웠으며, 그녀는 영감을 통해 얻은 이상들을 훗날 노예제폐지운동과 여성참정권운동을 통해 구체적으로 실천하는 비전을 소유하고 그것의 성취를 위해 용기 있는 투쟁을 펼쳤던 크리스천 리더였다.

안창호(1878–1938)

안창호의 삶은 기독교 정신이 온몸에 배여 있는 그리스도인의 삶이었다. 그의 삶과 신앙은 하나님의 부르심을 받은 그리스도인의 사명과 용기 있는 삶의 헌신은 어떠해야 하는가를 우리에게 보여 준다. 오늘날 한국교회가 사회로부터 외면당하고 갈등과 대립, 그리고 부패한 현실에 대한 예언자적 목소리조차 내지 못하는 현실에서 안창호는 우리의 현주소를 돌아보며 회개하고 하나님 앞에서 새로운 결단과 사명에 헌신을 다짐하게 만드는 거울이다.

안창호는 1878년 평안남도 대동강 하류 도롱섬에서 태어났다. 그는 열여섯 살 때 평양에서 청일전쟁을 경험하면서 민족의 힘을 키우는 것이 중요하다는 생각을 가졌다. 그리고 그곳에서 서당 수업을 받다가 청일전쟁이 끝날 무렵인 1895년 서울로 가서 새로운 문물의 교육을 받고 싶어 언더우드 선교사가 설립한 예수교학당에 입학해서 3년간 언더우드의 지도를 받았다. 안창호는 예수교학당에서 서구 근대 사상을 받아들이며 자기 성장에 큰 계기를 만들었고, 이 학교의 기독교 교육은 그의 인격과 사상 그리고 신앙 형성에 지대한 영향을 끼쳤다.

1895년 안창호는 기독교에 입문한 후 자신이 죄인임을 깨닫고 나름대로 신앙을 고백하고 그리스도의 복음을 받아들인 후 기독교의 진리를 전도하고 교회를 건립하는 일에 적극적이었다. 예수를 믿기 시작한 초기에 열심히 전도한 안창호의 영향력은 강서군 일대에 여러 교회를 세우는 계기가 되었고, 강서군 탄포리교회는 안창호가 평양에서 이곳으로 와서 전도하여 믿게 된 성도들이 설립했으며, 강서군 청산리교회도 안창호의 전도를 받은 사람들이 세웠다.

안창호는 1897년 조직된 독립협회에 가입하여 활동하는 한편, 이후 5년간 전국을 다니면서 유세하며 청년웅변가와 애국운동자로 명성을 떨치게 됐다. 이후 고향에 돌아와서는 점진학교를 세워 경영하다, 1902년 새로운 학문과 서구문명에 대한 경험을 통해 조국의 미래를 이끌고자 하는 비전을 품고 미국 유학에 올랐다.

그러나 안창호는 미국에서 공부하던 중 현지에서 동포들의 어려운 처지를 보고 학업을 포기하고 교민 지도에 나섰다. 그는 한인들이 상부상조와 함께 자신들의 품위를 높이기 위해서는 조직이 필요하다는 것을 깨닫고, 1903년 9월 23일 샌프란시스코에서 상항친목회를 조직해서 회장에 피선돼 교민을 지도하기 시작했다. 안창호의 리더십으로 이전에 비난받던 한인사회가 몰라볼 정도로 정화되고 미국인들로부터 칭찬을 받게 되었다.

이를 바탕으로 그는 초창기 미국 교민사회에서 대중적 지도자로서 성장해 공립협회의 초대 회장이 되었다. 공립협회는 1905년 4월에 창립되어 그가 귀국하기까지 직접 이끌었던 2년 미만의 단기간에 600명의 회원을 모았다. 또한 현지에서 3층 건물의 공립회관을 건립하고 매월 두 차례 공립신보를 발간해 당시로서는 국내외를 통틀어 매우 영향력 있는 단체 가운데 하나로 자라났다.

안창호가 미국에 있던 5년 동안 국내정세는 날로 위기가 깊어지고 있었다. 그는 조국의 위급한 현실 앞에서 홀로 미국에 머물러 있을 수 없었다. 결국 안창호는 동지들과 오랜 상의 끝에 조국에서 본격적인 구국운동을 전개하기 위해 귀국하기로 결심하고 1907년 초 귀국 길에 올랐다. 이때 그의 가슴속에는 이미 국내에서 전개할 구국운동의 새로운 목표와 방법론과 조직형태가 그려져 있었다. 민주공화국가 건설이라는 민족운동의 목표와 독립전쟁 준비론이라는 국권 회복의 방법론과 비밀결사인 신민회 조직안이 바로 그것이었다.[70]

안창호는 귀국 즉시 성동감리교회의 전덕기 목사를 비롯해 양기탁, 이동휘, 박은식, 신채호 그리고 김규식 등과 국내 계몽운동의 핵심인물들을 만나 자신의 새로운 구상을 설명하고 비밀결사조직을 만드는 일에 착수했다. 드디어 1907년 신민회가 창립되었다. 안창호는 신민회를 중심으로 전국의 애국

지사들을 규합해 가는 한편, 그들로 하여금 교육, 언론, 산업 등 여러 부문에 걸쳐 다양한 사업들을 벌이게 하였다. 1911년 이른바 105인 사건으로 일제에 의해 강제로 해산당할 때까지, 약 3년간 그가 주도했던 신민회운동은 비록 나라를 지키는 데는 실패하였지만 일제하의 독립운동에 커다란 원동력이 되었다.[71]

1910년 안창호는 나라의 운명이 기울어지는 것을 보면서, 망명의 길에 오른다. 중국과 러시아 등 여러 지역을 다니면서 독립운동을 했던 그는, 1913년 샌프란시스코에서 민족운동단체로 흥사단을 창립했다. 흥사단은 그가 공을 들여 키웠던 샌프란시스코의 공립협회와 구국운동 비밀결사단체인 신민회에 뿌리를 두고 있으며, 신민회 산하 청년학우회가 흥사단의 전신이다. 그는 흥사단 지부를 뉴욕, 시카고, 상해, 그리고 멕시코에까지 두면서 독립운동을 전개했는데, 이는 그가 얼마나 광범위한 독립운동을 펼쳤는지 짐작하게 한다.

흥사단은 창립 이후부터 해방이 될 때까지 조국의 광복과 새로운 나라 건설의 이념적 기초를 제공하였을 뿐만 아니라 독립운동을 위한 조직적 재정후원과 일꾼 양성을 통해 민족독립의 사명을 완수했다. 안창호는 흥사단의 궁극적인 목표는 민족 부흥을 위한 민족의 힘을 기르는 데 있고, 힘을 기르기 위해서는 인격 훈련, 단결 훈련, 민주시민 훈련을 동맹수련해야 하며, 국민 모두가 민족 사회에 대한 주인의식을 가져야 한다고 강조했다.

1919년 3·1 운동이 일어났다. 안창호는 그해 3월 13일 북미 샌프란시스코 대한인국민회大韓人國民會 중앙총회 위원회 석상에서 "3·1 운동을 계승"이라는 제목으로 연설을 했다. 여기서 그는 하나님의 지휘명령 아래 독립운동을 추진할 것이라는 의지를 표명하는 한편, 종교계(기독교계)가 한국 기독교도의 참상을 널리 고하고, 위하여 기도하며, 비인도적인 일본인의 만행을 세계에 폭로해야 할 것을 당부했다. "우리 2천만 동포가 모두 손에 신약전서를 한 권씩 가지는 날에는 희망이 있다"라고 외친 안창호는 민족의 희망을 기독교에서 발견한 선각자이며 기도하는 사람이었다. 그는 또한 나라를 위하여 밤을 밝히면서 근심하고 회개하면서 희망을 가졌다.[72]

1931년 일제가 만주를 침략하자 안창호는 오래 기다리던 기회가 오고 있다고 판단하여 본격적인 반일투쟁을 준비하기 시작했다. 그러나 한국 대일전선 통일동맹을 추진하던 그는 윤봉길 의거의 여파로 일제 경찰에 체포되어 국내로 끌려오게 되었다. 도산은 4년 반에 걸친 두 차례의 감옥생활 끝에 얻은 병이 악화되어 1938년 3월 10일 경성대학(서울대) 부속병원에서 만 59년 4개월을 일기로 세상을 떠났다.

안창호는 기독교에서 민족의 미래와 희망을 보았다. 그의 신앙은 고통받는 민족의 현실을 외면하지 않았으며, 민족 문제를 하나님 앞에 내어놓고 해결점을 찾는 적극적인 믿음이었다. 그는 또한 의와 사랑의 보편적인 가치를 희구하며 그 가치를 구체적으로 구현하기 위하여 어떤 압박에도 굴하지 않고 용기를 갖고 헌신했던 크리스천 리더였다.

안창호의 기독교적 삶과 신앙 그리고 사명에 대한 용기와 헌신은 분단된 민족의 현실 앞에서 고개 숙인 한국교회와 성도들에게 자신의 모습을 돌아보게 하는 거울이다. 그의 용기 있는 삶은 오늘날 복음을 위해 자신의 삶의 자리에서 사명자의 길을 걷고자 하는 그리스도인들에게 위대한 교훈을 준다.

디트리히 본회퍼 Dietrich Bonhoeffer(1906-1945)

제1차 세계대전의 패배로 독일 국민은 매우 낙담했고 독일 경제는 극심한 디프레션 depression에 빠졌다. 이때 등장한 카리스마 넘치는 히틀러는 독일 국민들의 기도에 응답하여 나타난 영웅이었다.

히틀러의 등장에 대해 독일교회의 헤르만 구르너 목사는 "독일 국민을 위해 히틀러의 시대가 도래했고, 히틀러 때문에 도우시는 분이자 구원자인 그리스도가 우리 가운데 효과를 드러냈고, 히틀러는 독일 국민이 그리스도의 교회에 들어가게 하는 하나님의 영과 의지의 길이다"라고 말했다. 또 다른 목사는 더욱 간결하게 "그리스도는 아돌프 히틀러를 통해 우리에게 오셨다"라고 표현했다.

히틀러는 1933년 1월 독일 총리가 되었고, 1년 반 만에 대통령이 되었다. 히틀러의 반유대주의 레토릭과 행동은 신학자 칼 바르트, 마틴 니묄러 목사, 그리고 젊은 본회퍼를 포함하여 반대 세력을 결속시켰다. 그들은 다른 목회자들과 신학자들과 함께 고백교회 Confession Church를 조직했다. 그리고 고백교회는 1934년에 '바르멘 선언' Barmen Declaration을 발표했는데, 여기서 처음으로 예수 그리스도에 대한 충성을 공개적으로 "우리는 교회가 다른 사건과 권력, 개인들을 하나님의 말씀과 계시로서 인식하고, 인식할 수 있어야 한다는 그릇된 가르침을 부인한다…"라고 발표했다.

고백교회를 세우고, 바르멘 선언에 참여하고, 히틀러에 저항하는 의식을 키워가고 행동에 옮기는 삶을 살면서 본회퍼는 안락한 기독교를 거부하고, 그리스도의 부르심에 대해 신실하고도 급진적인 순종을 요구하는 《The Cost of Discipleship》(1937)을 썼다. 그는 여기서 "값싼 은총은 회개를 요구하지 않는 용서를 설교하는 것이며, 교회의 제자훈련 없이 세례를 말하는 것이며, 고백 없는 성찬을 설파하는 것이다 … 값싼 은총은 제자도가 없는 은총이며, 십자가 없는 은총이자, 예수 그리스도의 삶과 성육신이 없는 은총이다"라는 유명한 글을 남겼다. 이 말은 히틀러에 대한 저항운동 초기에 본회퍼의 신학적 성찰을 가장 잘 반영한다.

나치 정권은 공개적으로 신학교의 교육을 금지시켰다. 본회퍼는 지하신학교인 핀켄발데Finkenwalde에서 신학생들과 목회자들을 가르쳤으나 신학교가 발견되어 폐쇄되고 말았다. 나치의 감시가 점점 강화되고 히틀러가 '아리안 법령'을 발포해서 유대인들이 무참하게 죽어 가는 현실에 대해 고백교회가 침묵하는 모습을 보고 본회퍼는 괴로워하면서 도덕적 반대가 점차 비효율적임을 깨닫고 자신의 저항전략을 바꾸기 시작했다. 이 시점에 그는 평화주의자였으며 종교적 행동과 도덕적 설득을 통해 나치에 반대하고자 했다.

1939년 히틀러가 전쟁을 일으키자 뉴욕의 유니온 신학교Union Theological Seminary 교수인 라인홀드 니버는 본회퍼를 강사로 초청했다. 미국에 체류하면서 본회퍼는 독일에 대한 책임감을 떨쳐 버릴 수 없었다. 그는 다시 독일로 돌아가기로 결심했다. 이때 니버와 여러 신학자들은 본회퍼에게 독일로 돌아가지 말고 이곳에 머물 것을 권유했다. 본회퍼는 니버에게 편지를 썼다.

"나는 미국에 와서 실수를 저질렀다. 나는 우리 민족의 역사적 시기에 독일의 기독교인들과 함께 이 어려운 시기를 살아야 한다. 내가 나의 국민과 함께 이 시기의 시련을 함께 나누지 않는다면, 전쟁이 끝난 후 나는 독일에서 그리스도인의 삶을 재건할 어떤 권리도 갖지 못할 것이다."[73]

독일로 돌아온 후 본회퍼는 유대인 구출을 돕는 저항운동을 시작했다. 그는 매형의 도움으로 독일 군정보부의 민간인 요원으로 채용되어 일했다. 그가 민간인 요원으로 일하게 된 것은 두 가지 이유에서였다. 하나는 유럽 전역의 교회 컨퍼런스에 참석해서 그곳에서 일어나는 일들을 보고하는 공식적 업무를 하면서 자유롭게 이동하기 위해서였으며, 다른 하나는 개인적인 비밀 행동으로서 나치의 억압을 받고 있는 유대인들을 돕기 위한 것이었다.

본회퍼는 이 시기에 그의 매형과 군정부 내 반히틀러 고위층 세력들의 히틀러 암살 계획에 참여하게 되었다. 물론 그는 이 계획의 중심에 있지는 않았다. 그의 저항운동은 유대인을 구출하는 일이었다. 그러나 히틀러 암살계획은 사전에 발각되었고 본회퍼의 저항운동도 발각되었다. 그는 테겔 감옥으로 호송되었다.

본회퍼는 가족과 친구들과 함께 감옥에 수감되어 그곳에서 수감자들을 돌보면서 "Jesus Christ for today"의 의미를 묵상하며 2년 동안 지냈다. 묵상의 시간이 수개월 지나면서 새로운 신학에 대한 윤곽을 그리기 시작했는데, 그것은 역사 속에서 그리스도인의 행동의 본질에 대한 그의 묵상으로부터 영감을 받은 것을 그리는 것이었다. 그는 자신의 신학적 묵상을 통해 세상으로부터 십자가에 못 박힌 하나님과 고난 받는 하나님, 그리고 그분의 연약함과 고난으로 인간을 도우신다는 사상을 발전시켰다. 그리고 본회퍼는 그리스도인이 된다는 것은 세속적 삶 속에서 하나님의 고난에 참여하는 것임을 강조했다. 그의 묵상은 훗날 《옥중서신》으로 출간되었다.

본회퍼는 결국 테겔 감옥에서 부헨발트 수용소로 옮겨졌다가 다시 플로센버그 수용소로 이송되었다. 1945년 4월 9일 독일이 항복하기 1개월 전에 본회퍼는 6명의 다른 저항자들과 교수형을 당했다.

10년 후 본회퍼의 교수형을 목격한 캠프의 한 의사는, "오두막의 한 방에 있는 열린 문을 통해 나는 본회퍼 목사가 바닥에 무릎을 꿇고 하나님께 뜨겁게 기도하는 모습을 보았다. 나는 이 사랑스런 사람이 기도하는 방식에 매우 깊은 감동을 받았다. 그의 기도하는 모습이 감동적이었다. 그의 기도가 너무 헌신적이고 분명해서 하나님은 그의 기도를 들었다고 나는 믿었다. 사형장에 도착해서 그는 다시 기도했다. 그리고 용감하게 교수형대로 걸어 올라갔다. 그의 죽음은 단지 몇 초 만에 일어났다. 나는 50년 동안 의사로 일하면서 이처럼 하나님의 뜻에 전적으로 순종하면서 죽은 사람을 본 적이 없었다"라고 고백했다.[74]

본회퍼는 안락한 기독교가 아니라 세속적 삶 속에서 하나님의 고난에 참여하여 세상을 변화시키는 그리스도인의 모습을 대변한다. 그는 폭압적인 권력이 신격화되는 세속적 삶의 자리 어느 곳에서, 그리고 사회적 불의와 부정의의 현실 가운데 교회가 침묵하는 자리에서, 과연 예수 그리스도의 제자가 되는 것이 어떤 의미가 있는지 우리 자신에게 진지하게 고민을 하게 만든다.

본회퍼에게 있어서 그리스도인이 된다는 것은 하나님의 고난에 참여하는 것이다. 고통받는 세속적 삶의 현실에 참여하는 것은 도전과 변화를 추구하는 용기다. 현실에 대한 냉철한 분석과 의식 그리고 깊은 자아성찰을 통해 나타나는 내적 변화를 구체적인 행동으로 옮기는 용기는 변혁적인 것이다. 용기는 리더를 도전과 변화에 부응하도록 이끈다.

함께 생각 나누기

1. 마태복음 5장 10절을 읽고 다음 질문에 대해 생각을 나누자.

   ① 그리스도인에게 고난이 불가피한 이유는 무엇인가?

   ② 그리스도인이라 할지라도 박해를 두려워하지 말아야 하는 이유는 무엇인가?

   ③ 제자도의 대가는 무엇이라고 생각하는가?

2. 다니엘과 그의 세 친구들은 무엇 때문에 박해를 받았는가? 지금 나에게 그들과 같은 박해가 가해진다면 나는 어떻게 믿음을 지킬 것인지 생각을 나누자.

3. 사도행전 4장과 5장을 읽고 최초의 교회가 박해를 받은 이유와 스데반 집사의 순교로 어떤 일들이 펼쳐졌는지 설명하고, 이 사례를 중심으로 한 사람의 의를 위한 박해는 공동체에 어떤 영향을 끼치는지 생각을 나누자.

4. 바울과 사도들, 그리고 초대교회 순교자들의 고난과 박해의 사례들을 설명하고, 오늘날에도 복음을 전하는 현장에서 어떤 고난과 박해가 있는지 사례들을 소개하고 나 자신도 복음을 위해 어떤 고난과 박해를 견딜 수 있는 용기가 있는지에 대해 생각을 나누자.

제8장 용기의 법칙: 박해

함께 생각 나누기

5. 구약의 선지자들은 의를 위하여 고난의 삶을 살았다. 그들은 하나님의 소명에 순종하여 하나님의 의와 공의가 살아나는 사회공동체를 회복하는 꿈을 가졌다. 오늘날 우리 사회공동체 안에서 행해지는 부정과 불의의 모습과 차별된 사회현실의 구체적인 사례들이 있다면 소개해 보자. 그리고 이런 일들을 바로잡아 우리 사회를 하나님의 정의가 회복되는 공동체로 변화시키기 위한 나의 역할이 있다면 무엇이며, 나는 어디서부터 그런 역할을 감당하며 살 것인지 생각을 나누자.

6. 이사야는 장차 오실 메시아가 하나님의 나라를 다시 회복하실 것이라는 믿음을 가졌다. 메시아가 세우실 이상적인 평화의 나라는 어떤 나라이며(사 11:6-9), 메시아는 이 나라를 세우기 위하여 어떤 사역을 펼치시는가?(사 61:1-3). 그러나 이사야는 메시아가 이 일을 위하여 고난을 받는다고 노래한다. 메시아가 받는 고난에 대해 생각해 보자(사 53:3-4). 과연 의를 위해 박해를 받는 제자로서 살아갈 용기가 있는가?

7. 요한복음 15장 21-24절을 읽고 의를 거부하는 세상과 세상의 소금과 빛의 삶을 살아야 하는 그리스도인의 사명에 대해 생각을 나누자. 용기의 법칙은 반드시 큰일이나 사건에만 해당되는 리더십의 법칙이 아니다. 그것은 극히 작은 삶의 자리에서부터 적용될 수 있다. 어떤 일부터 시작할 수 있는지 구체적으로 생각을 나누자.

함께 생각 나누기

8. 수잔 앤서니, 안창호, 그리고 본회퍼의 용기 있는 삶을 이야기하고 그들로부터 배우는 리더십의 교훈은 무엇인지, 그리고 그들은 크리스천 리더십의 멘토로서 어떤 영향을 주는지 생각을 나누자.

9. 용기의 법칙은 나에게 어떤 도전을 주는지 구체적으로 생각을 나누자.

마치면서

"너희는 세상의 소금이니 소금이 만일 그 맛을 잃으면 무엇으로 짜게 하리요 후에는 아무 쓸 데 없어 다만 밖에 버려져 사람에게 밟힐 뿐이니라 너희는 세상의 빛이라 산 위에 있는 동네가 숨겨지지 못할 것이요 사람이 등불을 켜서 말 아래에 두지 아니하고 등경 위에 두나니 이러므로 집 안 모든 사람에게 비치느니라 이같이 너희 빛이 사람 앞에 비치게 하여 그들로 너희 착한 행실을 보고 하늘에 계신 너희 아버지께 영광을 돌리게 하라"(마태복음 5:13-16).

크리스천 리더십의 최고의 가치는 사랑이다. 예수님은 "네 이웃을 네 몸과 같이 사랑하라"(마 22:39)고 말씀하셨다. 이웃을 사랑하는 것이 크리스천 리더십의 핵심이며 리더십의 행위가 가장 이상적으로 표현되는 것이 사랑이다. 예수님이 이런 리더십의 가치를 구체적으로 설명하신 것이 팔복이다. 예수님이 가르쳐 주신 팔복은 크리스천 리더십의 본질로서 그것은 리더십의 성품이자 마음을 이끄는 힘이다. 8가지 크리스천 리더십의 법칙은 모든 대상과 사랑의 관계를 구축하는 가장 이상적인 다리이다. 그것은 겸손, 이타심, 자기희생, 사명, 섬김, 피스메이커, 그리고 용기로 구성된다. 예수님은 팔복을 통해 매우 직관적이며 통찰력 있는 리더십의 본질을 제시하셨다.

팔복은 하나님께서 우리에게 신성한 영감을 주시고 우리를 보다 완전한 인간이 되도록 초대하는 8가지 방법을 제시한다. 그것은 그리스도인들이 보다 더 완전한 리더가 되도록 초청하는 크리스천 리더십의 방법이다. 하나님은 인간의 삶 속에 부드럽게, 오래 참으시며, 급진적으로 들어오셨다. 그리고 그분은 우리에게 리더십의 8가지 법칙을 제시하시며 우리로 하여금 그 법칙을 따르도록 초대하셨다. 하나님은 우리가 그 초대에 응하여 그 길을 걷도록 영감을 주시고 영향을 끼치신다.

팔복은 궁극적으로 그리스도인이 세상에 선한 영향력을 끼치며 살아가도록 인도한다. 그리스도인의 선한 영향력은 소금과 빛의 삶이다. 심령이 가난하고, 온유하고, 애통하고, 긍휼히 여기는 자, 그리고 의에 주리고 목마른 자, 청결한 자, 화평하게 하는 자와 의를 위해 핍박받는 자들이 세상에 주는 유익함이란 소금과 빛의 삶으로 세상을 변화시키는 것이다.

세상은 언제나 음식이 상하듯 부패하고 썩는다. 인간의 죄의 속성과 탐욕은 타락과 부패를 즐기며 죄의 문화를 통해 끊임없이 분출된다. 그러나 그리스도인은 죄의 유혹과 욕망을 극복하고 세상의 부패를 막는다. 그리스도인은 청결한 마음(도덕성의 법칙), 의에 주리고 목마름(사명의 법칙), 의를 위한 핍박(용기의 법칙)의 삶을 통해 세상의 부패를 막고 깨끗하게 하는 소금의 선한 영향력을 행사한다.

그리스도인의 두 번째 선한 영향력은 빛의 역할이다. 세상의 그늘지고 소외된 낮은 자리에, 그리고 어두운 삶의 자리에 희망의 빛을 비추는 착한 행실 그리고 공동선을 추구하는 이웃과 공동체를 향한 사랑의 행위와 갈등과 분쟁을 넘어서는 모든 행위는 그리스도인의 빛의 선한 영향력이다. 심령이 가난하고(겸손의 법칙), 애통하고(이타심의 법칙), 온유하며(자기희생), 긍휼하고(섬김의 법칙), 화평하게 하는(피스메이커의 법칙) 행위를 통해 그리스도인은 세상의 빛으로서 선한 영향력을 끼친다.

정치, 경제, 사회와 문화, 그리고 종교의 영역에서 진정한 리더십의 부재로 인한 피해가 너무 크다. 그리스도인은 오늘날 삶의 자리에서 일어나는 리더십의 부재를 바라보면서 선한 영향력을 끼치는 선한 리더가 되어야 한다. 크리스천 리더십의 위대함은 팔복의 성품으로 하나님을 의지하며, 영적 풍요로움의 축복을 위하여 전적으로 그분의 길을 따라 사는 것에 있다. 지금 나에게 주어진 지위나 권력 그리고 물질적 풍요가 있다면 그것은 나의 것이 아닌 나의 이웃과 더불어 나눠야 하는 하나님의 선물이라는 마음의 자세가 필요하다. 따라서 선한 크리스천 리더는 이웃의 사랑의 필요에 대해 언제나 개방적인 마음 자세를 가져야 한다. 그런 마음의 자세가 우리로 하여금 팔복으로 이웃과 세상을 이끄는 삶을 살도록 인도한다.

하나님은 그리스도인이 처해 있는 어떤 상황에서도 포기하지 않고 성령을 통해 그리스도인의 성품 개발과 성장을 이끄신다. 이것이 나 자신에게 적합한 것이 되기 위해서는 성령의 권능과 인도하심 가운데서 하나님의 뜻에 기꺼이 순종하고 하나님께 초점을 맞추어야 한다. 성경과 역사 속의 위대한 크리스천 리더들과 이름도 빛도 없이 부르심에 순종하여 헌신했던 수많은 하나님의 사람들은 하나님의 뜻에 자기를 내려놓고 그분의 비전과 목표에 자신의 삶을 새롭게 초점을 맞추었다. 그리고 그것에 의해 가장 적합하게 빚어지도록 헌신함으로써 하나님께 영광을 올려드렸다.

　팔복은 하나님께 초점을 맞춘 영적 리더가 되는 가장 축복받은 리더십의 법칙이며, 우리의 행실을 통해 하나님께 영광을 올리고, 하나님께서 우리를 통해 영광을 받는 방법이다. 하나님은 우리가 팔복을 사모하며 팔복의 법칙으로 세상에 도전하고 변화를 추구하며 소금과 빛의 선한 영향력을 끼치는 크리스천 리더가 되기를 기뻐하신다.

미주

서론
1. 존 스토트, 《존 스토트의 산상수훈》, 생명의 말씀사, 2018. p. 31.

1. 겸손의 법칙
2. 헨리 나우웬, 《예수님의 이름으로》, 두란노. pp. 84-85.
3. Doris Kearns Goodwin, 《Team of Rivals: The Political Genius of Abraham Lincoln》, 2006.
4. 마이클 베슐로스, 《대통령의 리더십》, 정상환 옮김, 2016. pp. 183-184.
5. Burton W. Folsom, "John D. Rockefeller and the Oil Industry," https://fee.org/articles/
6. 위의 글.
7. Grant Segall, 《John D. Rockefeller: Anointed with Oil》, 2001.
8. Bethany Moreton, 《To Serve God and Wal-Mart: The Making of Christian Free Enterprise》, Harvard University Press, 2009.
9. Cameron C. Taylor, Lessons on Humility from the Life of Sam Walton, https://cleverdude.com/content/lessons-on-humility-from-the-life-of-sam-walton/
10. Don Soderquist, 《Live Learn Leader to a Difference》, Nashville, TN : J. Countryman, 2006.

2. 이타심의 법칙
11. Archie B. Carroll, 《Business and Society Review》, 1998.
12. 정영호, 《STEP으로 리드하라》, 2016. pp. 305-320 참조.
13. Billy Graham, 《영혼의 설교자 빌리 그레이엄》, 지혜의서, 2018. p. 229.
14. 위의 책, p. 240.
15. https://www.usnews.com/news/us/articles/
16. Grant Wacker, 《AMERICA'S PASTOR》, Harvard University Press, 2014.
17. Randall Herbert Balmer, "Crusade: The Life of Billy Graham", 1996.
18. Scopes trial은 테네시 주 데이톤의 한 학교 교사인 존 토마스 스코프스(John Thomas Scopse)가 학교에서 진화론을 가르쳤는데 스코프스가 Tennessee's Butler Act(테네시 주의 모든 학교에서는 진화론을 가르치지 못한다는 법)를 위반하여 테네시 주와 스코프스가 벌였던 재판을 일컫는 말이다.

19. 1940년대 초 미국의 영적 부흥운동으로서 그리스도인들이 텐트 안에 모여 예배를 드리고 치유집회를 가졌다.
    Tent Revivals는 지방과 전국에서 열렸으며, 많은 크리스천들이 설교자의 설교를 듣기 위해 모였는데 이 운동은 이어 전개된 오순절 계통의 치유부흥(Healing Revivals)에 큰 영향을 끼쳤다.
20. Keith J. Hardman, 《Seasons of Refreshing: Evangelism and Revivals in America》, 1994.
21. 빌리 그레이엄, 앞의 책, pp. 62-63.
22. 김시우, 《민족기업인 유일한은 독립운동가였다》, 올댓스토리, 2017. pp. 119-133 참조.
23. 위의 책, pp. 134-155 참조.
24. http://www.economytalk.kr/news/article
25. "유한양행 설립자 유일한 박사", http://news.kmib.co.kr/article
26. "이 시대의 참다운 기업가, 유일한", http://www.ohmynews.com/

3. 자기희생의 법칙

27. 존 맥아더, 《팔복》, 생명의 말씀사, 2018, pp. 118-119.
28. 간디는 그리스도인은 아니지만 그가 예수 그리스도의 사랑과 십자가의 고난으로부터 자신의 비폭력 무저항주의의 원리를 배웠기 때문에 소개한다. 정영호, 《STEP으로 리드하라》, 엘캠퍼니, 2016, pp. 45-63 참조.
29. 간디의 비폭력 무저항주의 정신은 사티아그라하(Satyagraha)이다. Satyagraha는 진실(Satya), 비폭력(Ahimsa), 그리고 자기 고통(Tapasya)의 세 가지 원칙을 가지고 있다. 간디는 예수님의 사랑과 고난으로부터 이것을 배웠다.
30. 하워드 가드너, 《통찰과 포용》, 북스넷, 2007.
31. 넬슨 만델라의 어머니는 독실한 감리교 신자였다. 그는 어려서부터 어머니의 신앙을 따라 성장했고, 그의 어머니는 만델라가 어린 시절에 세례를 받도록 인도했다. 만델라는 여섯 살 때 처음 학교에 갔는데, 이 학교는 감리교 미션스쿨이었으며, 학교 교장인 세실 해리스 목사(Rev. Cecil Harris)는 그가 태어나서 처음으로 악수한 백인이었다. 그는 학교에 간 첫날에 넬슨(Nelson)이란 이름을 받았다. 그 당시 학교에 입학하면 영어 이름을 아이들에게 주었는데, 그의 선생이 만델라에게 넬슨이란 이름을 주었다. 정영호, 《STEP으로 리드하라》, 2016, pp. 177-192 참조.

32. ANC는 아파르트헤이트 폐지 이후 1994년 최초로 치러진 민주적 자유선거에서 넬슨 만델라를 대통령으로 당선시킨 이후 집권당의 자리를 유지하고 있다.
33. 아파르트헤이트는 1948년에 제정되어 1990년대 초까지 유지되었던 남아프리카 공화국의 인종차별정책이다. 이것은 권위주의 정권에 의해 소수 백인을 남아프리카 공화국 내 아프리카 흑인과 유색인종에 대한 차별을 정당화시켰다.
34. 매년 영적 차원에서 통찰력, 영적 실천 등 영적 삶에서 뛰어난 모습을 보여준 종교계 지도자에게 주어지는 상. 1972년 존 템플턴 경의 기금으로 시작되었다. 최초의 수상자는 마더 테레사였다.
35. "한경직, 종교계의 노벨상 템플턴상 수상 세계의 聖者로 추앙받다", http://weekly.chosun.com/
36. 한경직 목사 홈페이지, https://www.hankyungchik.org/
37. "한경직, 종교계의 노벨상 템플턴상 수상 세계의 聖者로 추앙받다", http://weekly.chosun.com/

4. 사명의 법칙

38. 존 스토트, 앞의 책, pp. 52-53.
39. 정영호, 앞의 책, pp. 195-214 참조.
40. Franklin D. Roosevelt's First Inaugural Address, https://www.presidency.ucsb.edu/
41. Joseph Hartropp, "The Faith Of Franklin D Roosevelt", https://www.christiantoday.com/
42. 위의 글.
43. 정영호, 앞의 책. pp. 157-174 참조.

5. 섬김의 법칙

44. 헨리 나우웬, 《긍휼》, IVP, 2002.
45. 헤르만 헤세, 《동방순례》, 이숲에올빼미, 2013.
46. Robert K. Greenleaf, 《Servant Leadership》, 1977.
47. 피부와 피하조직에 림프가 울체(鬱滯)하여 결합조직의 증식을 가져오는 병. 아열대 지방에 많은 병.
48. 이상규, "장기려 박사님의 가난과 고난과 섬김의 삶을 기리며", http://www.churchr.or.kr/

49. 위의 글.
50. 이상규, "성산 장기려의 신앙과 영성", http://www.amennews.com/
51. 지미 카터에 대해서는 아래 자료의 도움을 받았다.
    https://www.nobelprize.org/prizes/peace/2002/carter/facts/;
    http://time.com/5394938/jimmy-carter-houses/;
    http://www.nytimes.com/2015/08/25/opinion/jimmy-carters-unheralded-legacy.html;
    https://www.grandmagazine.com/2015/11/president-jimmy-carter-leaving-grand-legacy-us/

6. 도덕성의 법칙

52. 헨리 블랙커비, 《영적 리더십》, 두란노, 2017, pp. 210 재인용.
53. 게리 멕킨토시·새뮤얼 리마, 《극복해야 할 리더십의 그림자》, 두란노, 2015. pp. 93-99.
54. 정영호, 앞의 책, pp. 237-251. 참조.
55. 최재건, "배민수의 항일활동과 항일노선의 변천", 《한국교회사론》, CLC, 2018. pp. 814-815.
56. 위의 책, p. 822.
57. 위의 책, p. 824.
58. 위의 책, p. 829.
59. 제리 팔웰에 대해서는 아래 자료의 도움을 받았다..
    http://www.wiu.edu/cas/history/wihr/pdfs/Banwart-MoralMajorityVol5.pdf;
    https://www.nytimes.com/2007/05/15/obituaries/15cnd-falwell.html;
    https://www.nationalreview.com/2007/05/moral-majority-story-nro-symposium/;
    https://en.wikipedia.org/wiki/Jerry_Falwell;
    https://www.thoughtco.com/moral-majority-evangelical-conservative-movement/

7. 피스메이커의 법칙

60. 정영호, 앞의 책, pp. 217-235. 참조.
61. Norman E. Thomas, "John R. Mott" in Biographical Dictionary of Christian Missions, ed. Gerald H. Anderson (New York: Macmillan Reference USA, 1998), 476. 인용.
62. http://www.nobelpeacelaureates.org/pdf/American_Peacemakers.pdf, p. 58.
63. 위의 글. p. 60.
64. Heather Sells, "Divine Destiny: Churchill's Faith and the Defeat of Evil", https://www1.cbn.com/
65. John Broom, "Winston Churchill and Christianity", https://faithinwartime.wordpress.com/
66. 제2차 세계대전에서 독일군의 공격으로 프랑스 덩케르크 해안 지역에 발이 묶여 있는 영국군과 프랑스군 등 약 40만 명의 연합군을 구조하는 작전. 처칠은 뛰어난 판단력과 탁월한 리더십으로 이 작전을 성공적으로 수행했으며, 히틀러의 전쟁 패배에 큰 영향을 끼쳤다.

8. 용기의 법칙

67. 존 스토트, 앞의 책, pp. 64.
68. https://en.wikipedia.org/wiki/Susan_B._Anthony;
    https://www.womenshistory.org/education-resources/biographies/susan-b-anthony;
    http://susanbanthonyhouse.org/her-story/biography.php;
    https://www.theopeneyetheater.org/susan-b-anthony.html;
69. https://archive.nytimes.com/www.nytimes.com/learning/general/onthisday/bday/0215.html
70. 흥사단, "도산 안창호 생애와 업적", http://www.yka.or.kr/
71. 위의 글.
72. 이효상, "한국교회, 도산 안창호 선생을 기억하다", http://kr.christianitydaily.com/articles/
73. Dietrich Bonhoeffer's Letter to Reinhold Niebuhr About Coming to America (1939), https://bonhoefferblog.wordpress.com/
74. John Macquarri, "Dietrich Bonhoeffer", https://www.nytimes.com/

도움이 되는 책들

가드 린. 2005. 《부패한 사회를 개혁한 영국의 양심: 윌버포스》. 송준인 옮김. 두란노.
게리 윌리스. 2012. 《링컨의 연설》. 권혁 옮김. 돋을새김.
도리스 컨스 굿윈. 2007. 《권력의 조건》. 이수연 옮김. 21세기북스.
루이스 피셔. 2015. 《간디의 삶과 메시지》. 박홍규 옮김. 문예출판사.
마더 데레사. 2010. 《마더 데레사의 아름다운 선물》. 이해인 옮김. 샘터사.
마더 데레사, 호세 루이스 곤잘레스 발라도. 2010. 《마더 데레사 자서전》. 송병선 옮김. 민음인.
베로니크 타조. 2014. 《넬슨 만델라》. 권지현 옮김. 북콘.
신홍범. 1997. 《마더 테레사: 그 사랑의 생애와 영혼의 메시지》. 두레.
알베르트 슈바이처. 2003. 《슈바이처의 유산》. 이종인 옮김. 시공사.
_____ 2006. 《열정을 기억하라》. 심재관 옮김. 좋은 생각.
에밀 루드비히. 2009. 《링컨의 일생》. 이동진 옮김. 해누리.
자크 랑. 2007. 《넬슨 만델라 평전》. 윤은주 옮김. 실천문학사.
존 맥스웰. 2016. 《리더의 조건》. 전형철 옮김. 비즈니스북스.
_____ 2018. 《리더십 불변의 법칙》. 홍성화 옮김. 비즈니스북스.
존 맥아더. 2018. 《팔복》. 2018. 생명의 말씀사.
케빈 벨몬트. 2008. 《윌리엄 윌버포스, 세상을 바꾼 그리스도인》. 오현이 옮김. 좋은 씨앗.
파스칼 앨런 나자렛. 2013. 《간디의 위대한 리더십》. 진영종 옮김. 홍익출판사.
하워드 가드너. 2006. 《열정과 기질》. 임재서 옮김. 북스넛.
_____ 2007. 《통찰과 포용》. 송기동 옮김. 북스넛.
Andrew III, John A. 1999. *Lyndon Johnson and the Great Society*. Ivan R. Dee.
Blanchard, K., & Hodges, P. 2005. *Lead like Jesus. Lessons from the greatest leadership role model of all time*. Nashville, TN: Thomas Nelson.
Boice, J. M. 1972. *The sermon on the mount*. Grand Rapids, MI: Zondervan.
Brower, Charles F. 2011. *George C. Marshall: Servant of the American Nation* (The World of the Roosevelts). Palgrave Macmillan.
Bullion, John. 2007. *Lyndon B. Johnson and the Transformation of American Politics*. Pearson.
Carson, Clayborne. 2001. *The Autobiography of Martin Luther King, Jr.* Warner Books.
Carter, Jimmy. 2005. *Our Endangered Values: America's Moral Crisis*. Simon &

Schuster Audio.

_____ 2018. *Faith*. Simon & Schuster Audio.

Conley, John J. and Joseph W. Koterski. 1999. *Prophecy and Diplomacy: The Moral Doctrine of John Paul II*. Fordham University Press.

Depree, M. 1989. *Leadership is an art*. New York: Doubleday Publishing.

Ebener, Dan R. 2012. *Blessing for Leaders: Leadership Wisdom from the Beatitudes*. Liturgical Press.

Ferrell, Robert H. 2006. *Presidential Leadership: From Woodrow Wilson to Harry S. Truman*. University of Missouri.

Formicola, Jo Renee. 2002. *Pope John Paul II: Prophetic Politician*. Georgetown University Press.

Falwell, Jerry. *Listen America!*. Bantam Books. 1981.

_____ *Falwell: An Autobiography*. Tap Books. 1996.

Gandhi, M. K. 2012. *An Autobiography: The story of My Experiments with Truth*. Mahadev H. Desai(Translator). Washington DC: Public Affairs Press.

Goodwin, Doris Kearns. 1991. *Lyndon Johnson and the American Dream: The Most Revealing Portrait of a President and Presidential Power Ever Written*. St. Martin's.

_____ 1994. *No Ordinary Time: Franklin and Eleanor Roosevelt: The Home Front in World War II*. Simoom & Schuster, Inc.

_____ 2005. *Team of Rivals: The Political Genius of Abraham Lincoln*. New York: Simon & Schuster.

Greenstein, Fred I. 2009. *The Presidential Difference: Leadership Style from FDR to Barack Obama*. Princeton University Press

Greenleaf, Robert K. 2012. *Servant Leadership. 15th Anniversary Edition*. Paulist Press TM.

Howell, J. C. 2006. *The beatitudes for today*. Louisville, KY: Westminster John Knox Press.

Husted, Stewart W. 2006. George C. *Marshall: Rubrics of Leadership*. Army War College Foundation Press.

Jeffers, H. Paul and Alan Axelrod. 2011. *Marshall: Lessons in Leadership*. St. Martin's Griffin.

Journalists of Reuters and Mikhail Gorbachev. 2003. *Pope John Paul II: Reaching Out Across Borders(Reuters Prentice Hall Series on World Issues)*. Reuters Prentice Hall.

King Jr., Martin Luther. 2003. *I Have a Dream: Writings and Speeches That Changed the World, Special 75th Anniversary Edition*. Harper One.

Knock, Thomas J. 1995. *To End All Wars: Woodrow Wilson and the Quest for a New World Order*. Princeton University Press.

Kolbell, E. 2003. *What Jesus meant: The beatitudes and a meaningful life*. Louisville, KY: Westminster John Knox Press.

Mandela, Nelson. 1995. *Long Walk to Freedom: The Autobiography of Nelson Mandela*. Back Bay Books.

Maynard, W. Barksdale. 2008. *Woodrow Wilson: Princeton to the Presidency*. Yale University Press.

Metaxas, Eric. 2007. *Amazing Grace: William Wilberforce and the Heroic Campaign to End Slavery*. Haper Collins.

North, Wyatt. 2014. *Mother Teresa: A Life Inspired*. Wyatt North Publishing, LLC.

O'Sullivan, John. 2008. *The President, the Pope, and the Prime Minister: Three Who Changed the World*. Regnery History.

Phillips, Donald T. 1993. *Lincoln on Leadership: Executive Strategies for Tough Times*. Warner Books, Inc.

Rieder, Jonnathan. *Gospel of Freedom: Martin Luther King, Jr.'s Letter from Birmingham Jail and the Struggle That Changed a Nation*. Bloomsbury Press.

Richard J. Bowerman. 2013. *Nelson Mandela: 10 Leadership Lessons from Mandela's Life*. Well-Being Publishing House.

Schweitzer, Albert. 2009. *Out of My Life and Thought: An Autobiography*. Johns Hopkins University.

Tomkins, Stephen. 2007. *William Wilberforce: A Biography*. Wm.B. Eerdmans Publishing Co.

Trueblood, Elton. 2012. *Abraham Lincoln: Lessons in Spiritual Leadership*. HarperOne.

Uldrich, Jack. 2005. *Soldier, Statesman, Peacemaker: Leadership Lessons from*

George C. Marshall. AMACOM.

Walton, Sam. 1993. *Sam Walton: Made In America*. Bantam; Reissue edition.

Wilkes, G. 1998. *Jesus on leadership: Timeless wisdom on servant leadership*. Carol Stream, IL: Tyndale Publishing.

Winston, B. 2002. *Be a leader for God's sake*. Virginia Beach, VA: Regent University School of Global Leadership & Entrepreneurship.

8가지 크리스천 리더십의 법칙

팔복으로 리드하라

1판 1쇄 인쇄 _ 2019년 5월 10일
1판 1쇄 발행 _ 2019년 5월 15일

지은이 _ 정영호
펴낸이 _ 이형규
펴낸곳 _ 쿰란출판사

주소 _ 서울특별시 종로구 이화장길 6
편집부 _ 745-1007, 745-1301~2, 747-1212, 743-1300
영업부 _ 747-1004, FAX 745-8490
본사평생전화번호 _ 0502-756-1004
홈페이지 _ http://www.qumran.co.kr
E-mail _ qrbooks@gmail.com / qrbooks@daum.net
한글인터넷주소 _ 쿰란, 쿰란출판사
등록 _ 제1-670호(1988.2.27)
책임교열 _ 오완·최진희

© 정영호 2019   ISBN 979-11-6143-247-2 93230

책값은 뒤표지에 있습니다.
이 출판물은 저작권법에 의해 보호를 받는 저작물이므로 무단 복제할 수 없습니다.
파본(破本)은 구입처에서 교환해 드립니다.